La flexibilidad es el arte cotidiano.

Descubra una nueva cara de USM – www.usm.com

Solicite información detallada o visite nuestras exposiciones.
Distribución para España: Unidad de sistemas modulares SL, Gran Via Carles III, 98 1º3ª
Edificio Trade Torre Norte, 08028 Barcelona, Tel. +34 933 390 204, Fax +34 933 390 188, usminfo@telefonica.net
USM showrooms: **Milano** Via S. Radegonda 11, **Berna** Gerechtigkeitsgasse 52, **Berlín** Französische Strasse 48
Hamburgo Neuer Wall 73–75, **París** 23 Rue de Bourgogne, **New York** 28–30 Greene Street
Headquarter: USM U. Schärer Söhne AG, 3110 Münsingen/Switzerland, Tel. +41 31 720 72 72, info@usm.com
www.usm.com

USM
Sistemas Modulares

tune the light

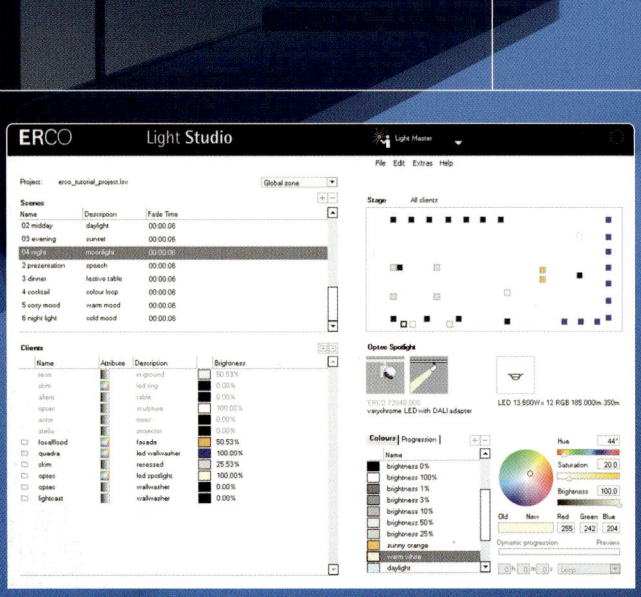

Un espacio dotado de iluminación diferenciada, con herramientas de iluminación y lámparas igualmente diferenciadas, desde la lámpara halógena al LED. Lo que los une: la direccionabilidad digital conforme al estándar DALI, el sistema de control Light System DALI de ERCO y un interfaz de manejo común: el software integrado ERCO Light Studio. Un sistema donde el todo es más que la suma de sus partes. Nunca jamás fue tan confortable e intuitivo transferir creatividad a las complejas funciones de la luz. Tune the light – con ERCO.

www.erco.com

bulthaup
Santa & Cole

bulthaup

En bulthaup comprendemos los deseos de los más exigentes, los fascinados por la sensualidad de los materiales nobles y por la estética funcional de las formas. Con bulthaup podrá diseñar espacios vitales que van más allá del ámbito de la cocina. Donde vea el nombre de bulthaup, encontrará especialistas en la nueva arquitectura de la cocina.

SANTA & COLE
www.santacole.com

Johann Sebastian Bach, 7. 08021 Barcelona. tel. 932 418 740. bach7@santacole.com
Santiago Bernabeu, 6. 28036 Madrid. tel. 915 646 297. mad@santacole.com

Imagine there were only one model.

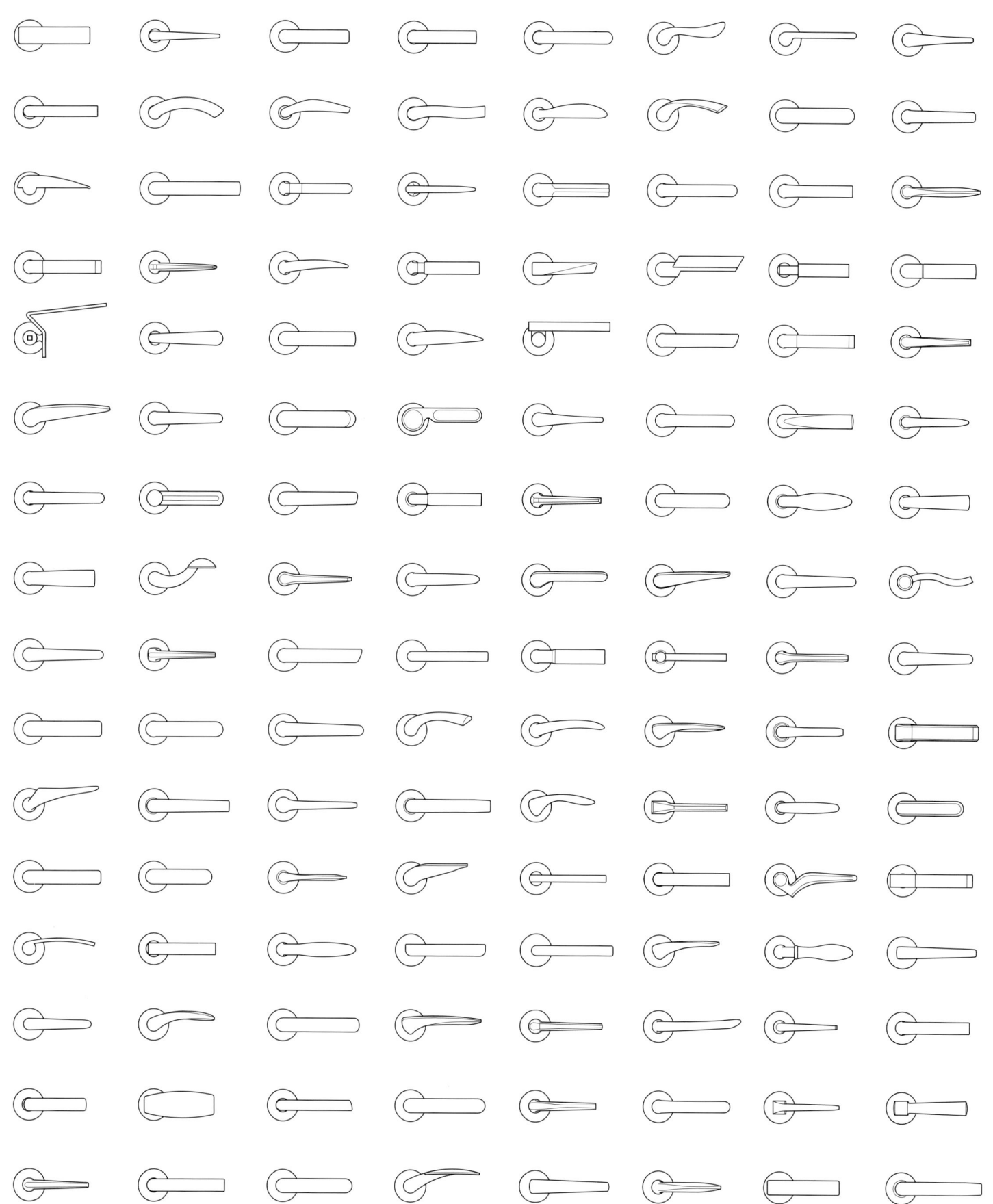

¿Una luz nueva? ¿Arte? ¿Un clásico del diseño? Independientemente de cómo se denomine, todo encaja perfectamente. La TRILUX Torso.

TRILUX
NUEVA LUZ.

Cada luminaria de TRILUX ofrece mucho más que simple luz. Por ejemplo, la TRILUX Torso: con un cuerpo de luminaria de vidrio soplado y un soporte de acero fino ofrece una combinación perfecta de los elementos prácticos y estéticos. Y el resultado: cuando se enciende aporta un encanto agradable e inspirador a cada espacio. Y si se apaga, también. www.trilux.es

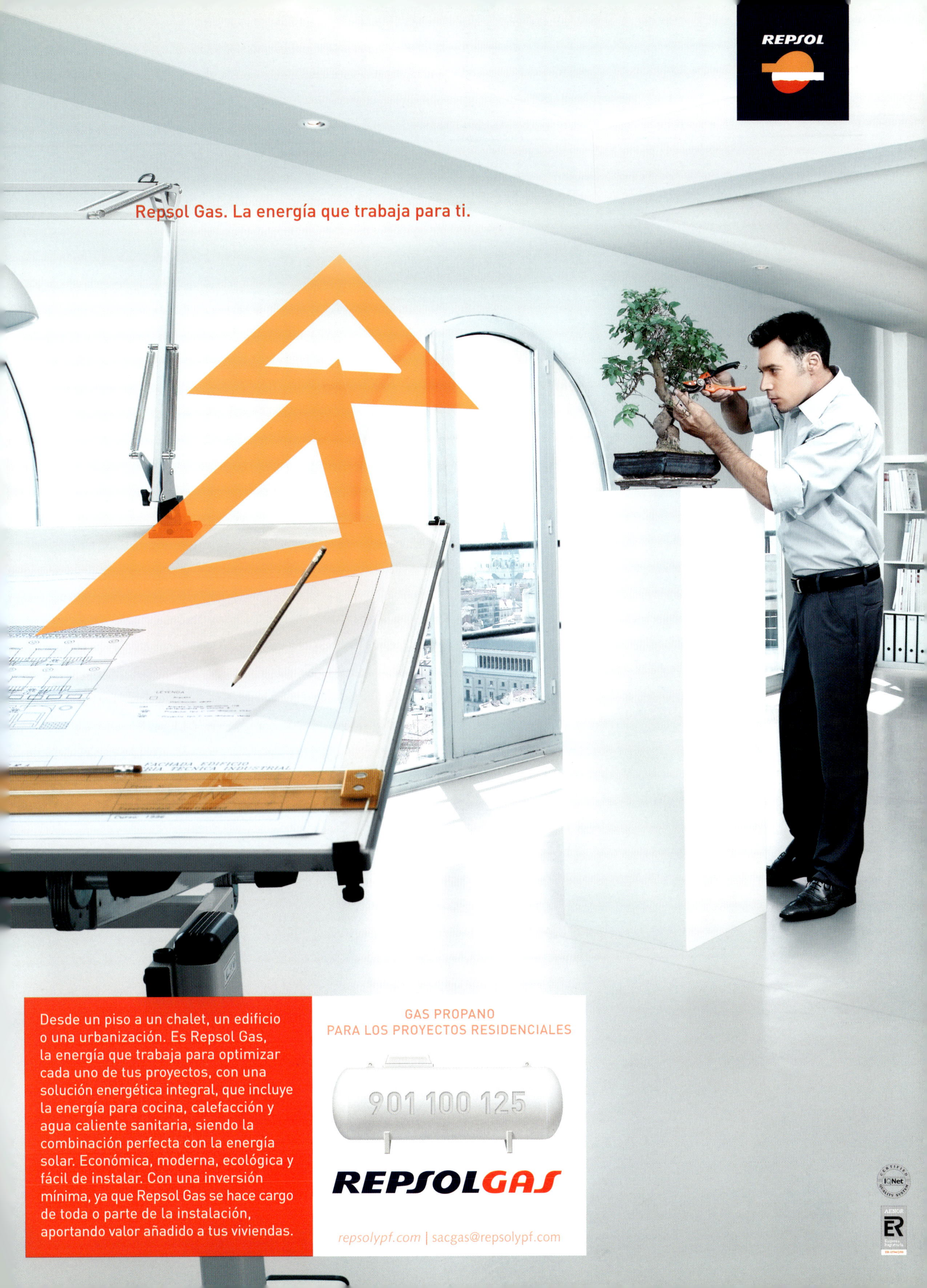

Repsol Gas. La energía que trabaja para ti.

Desde un piso a un chalet, un edificio o una urbanización. Es Repsol Gas, la energía que trabaja para optimizar cada uno de tus proyectos, con una solución energética integral, que incluye la energía para cocina, calefacción y agua caliente sanitaria, siendo la combinación perfecta con la energía solar. Económica, moderna, ecológica y fácil de instalar. Con una inversión mínima, ya que Repsol Gas se hace cargo de toda o parte de la instalación, aportando valor añadido a tus viviendas.

GAS PROPANO
PARA LOS PROYECTOS RESIDENCIALES

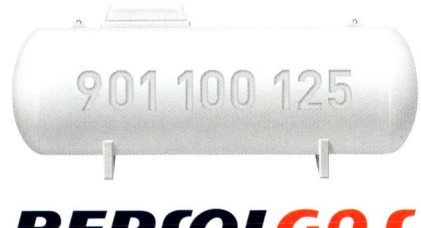

REPSOL GAS

repsolypf.com | sacgas@repsolypf.com

sistema de paneles ligeros para fachadas arquitectónicas

En *British* **Robertson** damos respuestas a las nuevas necesidades de la arquitectura actual, construyendo edificios emblemáticos personalizados que pasan a ser símbolos de identidad, integrados en cualquier espacio, respetando al medio ambiente con las nuevas tecnologías, construyendo edificios verdes inspirados en la naturaleza. Los Sistemas Inteligentes de Fachadas Ligeras *British* **Robertson**, para cerramientos arquitectónicos, facilitan una amplia selección de posibilidades estéticas y constructivas a todos los profesionales del mundo de la construcción. Arquitectos, ingenieros y constructores encontrarán en nuestra compañía, un equipo humano cualificado para el asesoramiento y atención de sus consultas.

all-round lighting
VIVO
Sistema de proyectores con libertad de movimiento en la luz: precisión de trescientos sesenta grados.
Design: EOOS
Humanergy Balance
Soluciones de iluminación para el equilibrio entre la precisión, la energía y las personas.
A1
Lledó
iluminación
www.lledosa.com
T 91 665 61 80
www.zumtobel.com/vivo
ZUMTOBEL

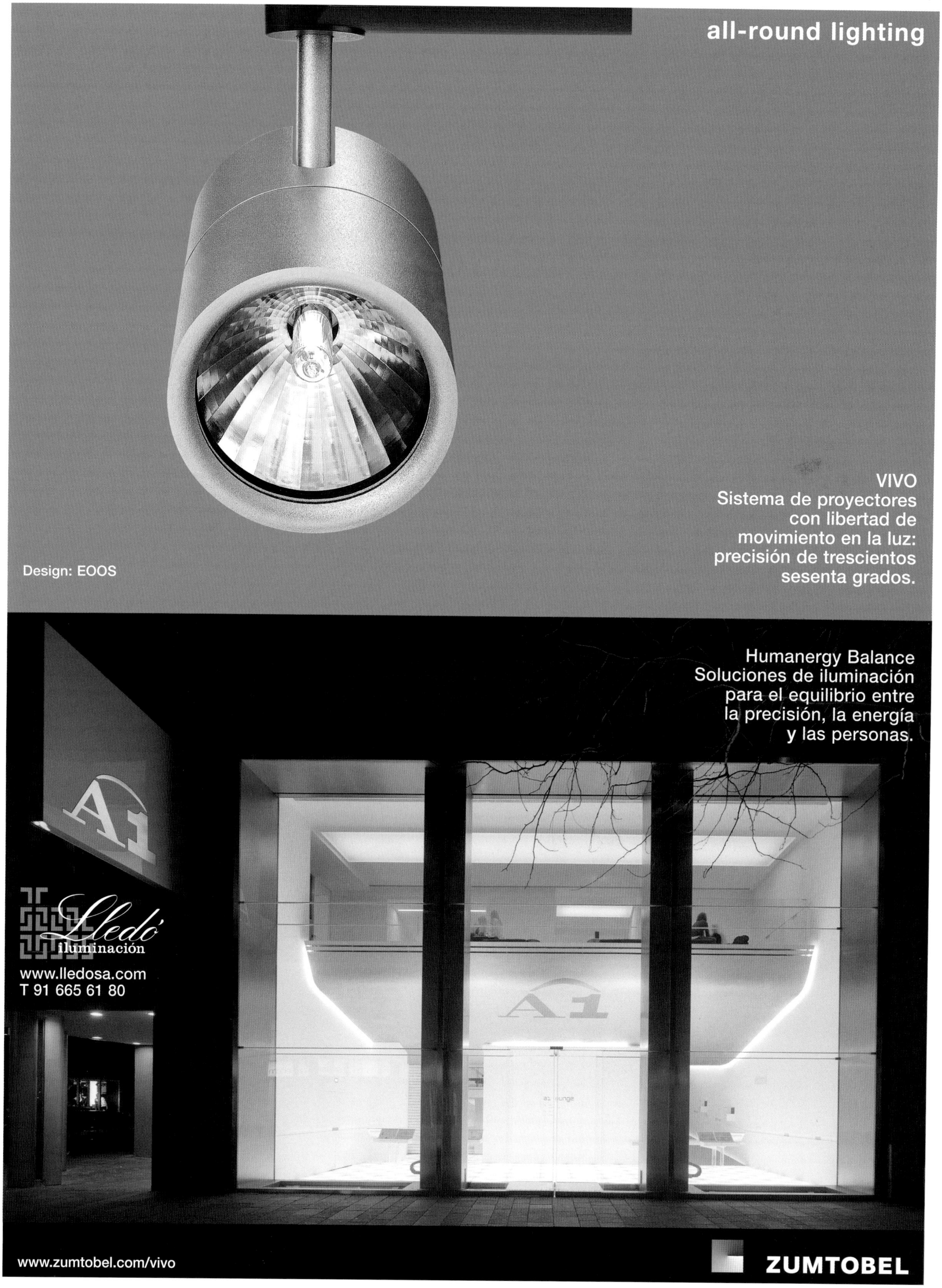

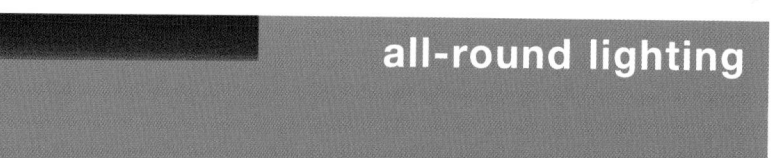

Rock & Rock

www.rocatile.com

ANGULOS COMO FLECHAS ... ESCULTURA GEOMETRICA ... POESIA HABITADA ... O TAL VEZ SOLO FACHADA

Rock & Rock

FACHADA VENTILADA

ROCA

www.rocatile.com
proyectos@rocatile.com

EXPO ZARAGOZA 2008

EXPERTOS EN MATERIALES DE CONSTRUCCIÓN

EXPONOR
FEIRA INTERNACIONAL DO PORTO

CONCRETA 07
FERIA INTERNACIONAL DE CONSTRUCCIÓN Y OBRAS PÚBLICAS

SÓLO PARA PROFESIONALES.
PROHIBIDA LA ENTRADA A MENORES DE 14 AÑOS.

23 - 27 OCTUBRE

SU SOCIO DE NEGÓCIOS

www.concreta.exponor.pt

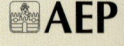

EXPONOR- Feira Internacional do Porto | 4450-617 Leça da Palmeira - Portugal | Tel.: +351 22 998 14 00 | Fax: +351 22 998 14 82 / 337 | info@exponor.pt | www.exponor.pt   AEP

CONCRETA 07

FERIA INTERNACIONAL DE CONSTRUCCIÓN Y OBRAS PÚBLICAS

SÓLO PARA PROFESIONALES.
PROHIBIDA LA ENTRADA A MENORES DE 14 AÑOS.

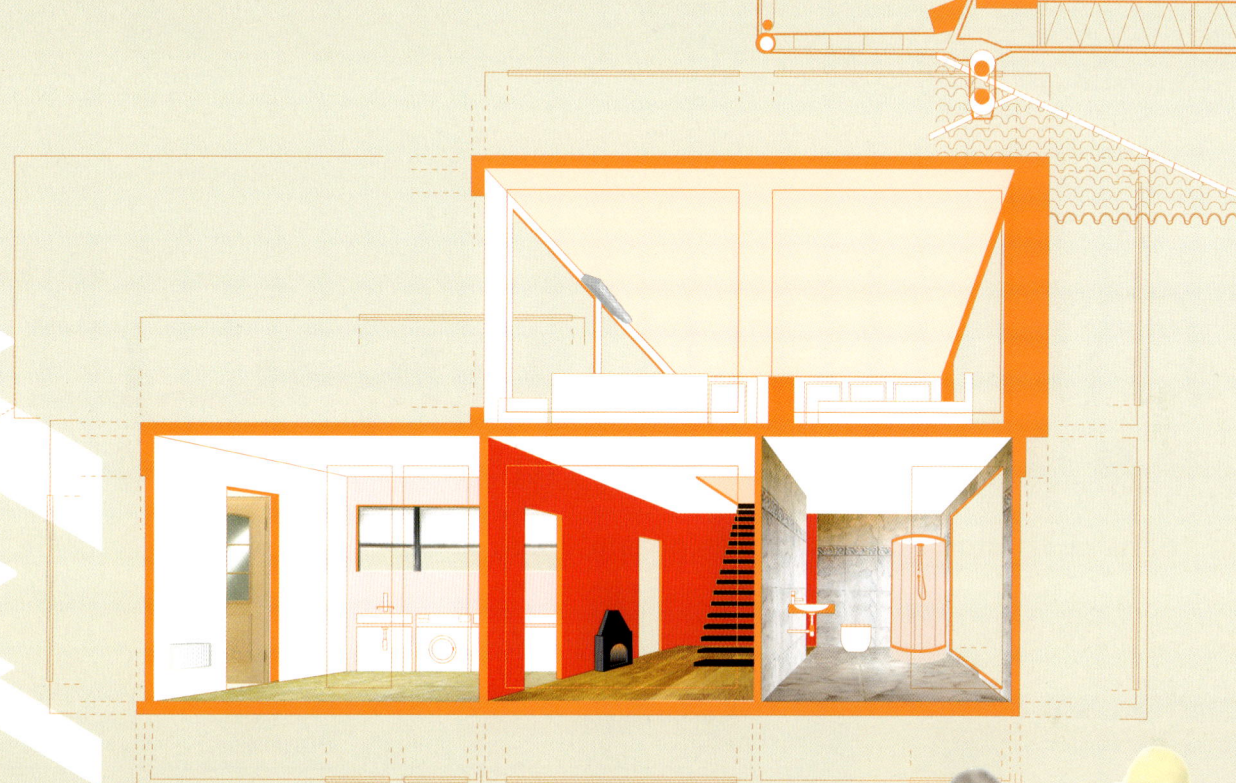

23 - 27 OCTUBRE

SU SOCIO DE NEGÓCIOS

www.concreta.exponor.pt

 EXPONOR- Feira Internacional do Porto | 4450-617 Leça da Palmeira - Portugal | Tel.: +351 22 998 14 00 | Fax: +351 22 998 14 82 / 337 | info@exponor.pt | www.exponor.pt

Vigo: info.vigo@exponor.com • Madrid: tel.: +34.91 315 31 47 • fax: +34.91 315 19 84 • info.madrid@exponor.com • Barcelona: tel.: +34.93 241 29 73 • fax: +34.93 209 12 90 • info.barcelona@exponor.com

Apoyos

Revista Oficial

www.marmomacc.com

organized by
VERONAFIERE

MARMOMACC
ARCHITECTURE AND DESIGN

42 International Exhibition of Stone Design and Technology — Verona Italy Octubre 4 - 7 2007

PREMIO INTERNACIONAL ARQUITECTURAS DE PIEDRA

LAS MEJORES OBRAS REALIZADAS EXPOSICIÓN DE LAS OBRAS, PRESENTACIÓN Y PREMIOS

JURADO
Marco Casamonti, Luis Fernandez Galiano, Werner Oechslin, Vincenzo Pavan, Francesco Venezia

OBRAS PREMIADAS
Paulo David
Piscinas do Atlantico, Madeira, Portugal
Jensen & Skodvin Arkitektkontor
Mariakloster, Cistercian Monastery, Tautra Island, Trondheimsfjord, Norway
Rafael Moneo
Ampliaciòn del Banco de España, Madrid, España
Antonio Jiménez Torrecillas
Terminaciòn de la Muralla Nazarí, Granada, España
Beniamino Servino
Casa bifamiliar, Pozzovetere, Caserta, Italia

PREMIO AD MEMORIAM
Nello Aprile, Cino Calcaprina, Aldo Cardelli, Mario Fiorentino, Giuseppe Perugini
Mausoleo de las Fosse Ardeatinas, Roma, Italia, 1944-1949

PREMIO "ARCHITECTURA VERNACULAR
Architectura de piedra de la Lessinia
Provincia de Verona

Marmomacc al Encuentro del Diseño

DIEZ DISEÑADORES INTERNACIONALES INTERPRETAN EL TEMA "LA LIGEREZA DEL MÁRMOL". ITINERARIO DE DISEÑO

PROYECTOS DE
Riccardo Blumer, Aldo Cibic, Michele De Lucchi, Odile Decq, Kengo Kuma, Alberto Meda, Simone Micheli, Marco Piva, Denis Santachiara, Tobia Scarpa

CON LA PARTICIPACIÓN DE:
Campolonghi, Cedal Graniti, Fratelli Testi, Grassi Pietre, Gruppo Grein, Il Casone, Pibamarmi, Pietra della Lessinia, Rocamat, Santa Margherita

Nueva Arquitectura de Piedra en España

OBRAS, AUTORES Y MATERIALES DE PIEDRA EN LA PENÍNSULA IBÉRICA EXPOSICIÓN FOTOGRÁFICA EN COLABORACIÓN CON ICEX ESPAÑA

OBRAS DE
Antòn Garcia Abril, Artengo-Menis-Pastrana, Alberto Campo Baeza, Carlos Ferrater, Madridejos-Osinaga, Francisco Mangado, Rafael Moneo, Juan Navarro Baldeweg, Palerm & Tabares de Nava, Paredes+Pedrosa, Picado-de Blas, Cesar Portela, RCR Arquitectos, Vicens-Ramos

Marmo Donna

CONGRESO EN COLABORACIÓN CON LA ASOCIACIÓN NACIONAL LE DONNE DEL MARMO (LAS MUJERES DEL MÁRMOL)

La concepción femenina de la piedra en una conversación interdisciplinaria que entreteje temas, lugares y obras de la cultura contemporánea.

Puglia Paisaje de Piedra

EXPOSICIÓN DE ARQUITECTURA DE OBRAS REALIZADAS CON PIEDRA DE PUGLIA.

La identidad de una región que relaciona estrechamente sus piedras con la transformación del paisaje.

Best Communicator Award

LOS MEJORES STANDS REALIZADOS PARA LA 42ª EDICIÓN DE MARMOMACC RECORRIDO INDICADO EN LA FERIA

JURADO
Mauro Albano, Vincenzo Pavan, Aldo Bottoli (ADI), Livio Salvadori (Casabella)

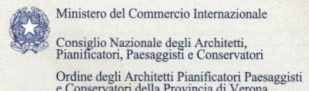

En colaboración con

LA ARMONÍA DEL ESPACIO BAJO CUBIERTA

VELUX
La ventana para tejados

Atención al Cliente
902 400 484

Servicio Técnico
902 902 369

Más información en: **www.velux.es**

XIX EXPOSICIÓN INTERNACIONAL DE EDIFICACIÓN Y VIVIENDA

EXPO CIHAC 2007

Somos el Centro Impulsor de nuevas oportunidades

16 - 20 / OCT.
Centro Banamex

Ciudad de México

CENTRO IMPULSOR DE LA CONSTRUCCIÓN Y LA HABITACIÓN, A.C.
Av. Minerva 16 ▪ Col. Crédito Constructor ▪ 03940 México, D.F.
tel: 52 (55) 5661.0844 ▪ fax: 52 (55) 5661.3445

expo@cihac.com.mx ▪ www.expocihac.com.mx

Discover Europe in A10.

If you want to get a picture of what's happening in European architecture today, read **A10 new European architecture**. Every two months, our network of over 70 correspondents keeps you updated about the latest developments, from the Arctic Circle to the Mediterranean Sea, with equal attention to the architectural production in Western and in Eastern Europe. With clear and informative reporting, A10 presents new buildings and projects by tomorrow's stars, forgotten masters and as yet unknown talents, wherever in Europe they may be.

Single issues: €7.50 / One-year subscriptions: €42.50 / Subscribe on www.a10.eu/subscribe

→ www.a10.eu

2G10! n.42

HildundK
Obra reciente Recent work

GG

Directora Editor-in-chief **Mónica Gili** | Editores Editors **Moisés Puente, Anna Puyuelo** | Fotografías Photographs **Michael Heinrich** | Coordinación editorial Editorial staff **Saskia Adriaensen** | Diseño Gráfico Graphic design **PFP, Quim Pintó, Montse Fabregat** | Traducción Translation **J. Roderick O' Donovan, Emilia Pérez Mata** | Corrección de estilo Text revision **Carme Muntané, Paul Hammond** | Suscripciones Subscriptions **Editorial Gustavo Gili, SL** Tel. 93 322 81 61 / Fax 93 322 92 05 | Publicidad Advertising **Pilar Tendero García** | Tel. 93 580 39 33 / Fax 93 691 84 47 Rosselló 87-89. 08029 Barcelona | Producción Production **Andreas Schweiger** | Fotomecánica Colour separations **Cousins, Barcelona** | Impresión Printing **Ingoprint** | Encuadernación Binding **Arte, SA** | Printed in Spain. Revista trimestral. Depósito legal: B. 9.309-2000. ISBN: 978-84-252-2159-0. | Precio en España Price in Spain **29,50 € IVA incluido** | ISSN: 1136-9647. © Editorial Gustavo Gili, SL, 2007 | Editor Publisher **Editorial Gustavo Gili, SL 08029** Barcelona Rosselló 87-89. Tel. 93 322 81 61 / Fax 93 322 92 05. e-mail: info@ggili.com - http://www.ggili.com **Portugal, 2700-606 Amadora** Praceta Notícias da Amadora Nº 4-B. Tel. 214 91 09 36

Queda prohibida, salvo excepción prevista en la ley, la reproducción (electrónica, química, mecánica, óptica, de grabación o de fotocopia), distribución, comunicación pública y transformación de cualquier parte de esta publicación —incluido el diseño de la cubierta— sin la previa autorización escrita de los titulares de la propiedad intelectual y de la Editorial. La infracción de los derechos mencionados puede ser constitutiva de delito contra la propiedad intelectual (arts. 270 y siguientes del Código Penal). El Centro Español de Derechos Reprográficos (CEDRO) vela por el respeto de los citados derechos. La Editorial no se pronuncia, ni expresa ni implícitamente, respecto a la exactitud de la información contenida en este libro, razón por la cual no puede asumir ningún tipo de responsabilidad en caso de error u omisión. All rights reserved. Legally constituted exceptions aside, no part of this publication, including the cover design, may be reproduced, distributed, publicly transmitted or transformed by any means, electronic, chemical, mechanical, optical, tape recording or photocopy, without prior permission in writing from both the copyright holders and the Publisher. Infraction of the rights mentioned may constitute an infringement of intellectual copyright (articles 270ff of the Penal Code). The Spanish Centre for Reprographic Rights (CEDRO) looks after the respecting of the rights cited above. The Publisher makes no assertion, either expressly or implicitly, as to the accuracy of the information contained in this book, and so cannot assume responsibility of any kind in the event of error or omission.

First class. And a class of its own.

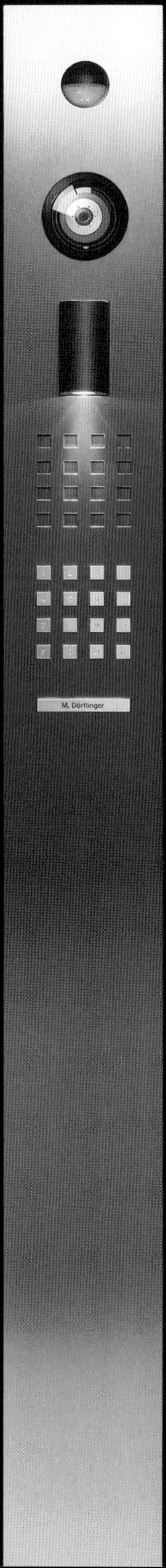

iF product
design award 2007

Red dot award:
product design 2007
»best of the best«
for highest
design quality

Innovation and
Design Award
Livinluce
Enermotive 2007
Top Selection 2007

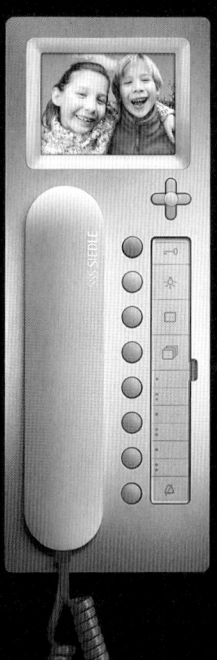

From the outside in, and from the inside out. The Siedle-Steel enables perfect communication – in perfect harmony with its surroundings. The new in-house and hands-free telephones come in a choice of materials and colours – so whatever the architectural style, we have the look to match. And when it comes to security, the Siedle video system guarantees razor-sharp images, brilliant colour – and peace of mind. Cutting edge and high quality, Siedle communication systems are versatile in form and function.

You have high standards.
And so do we.

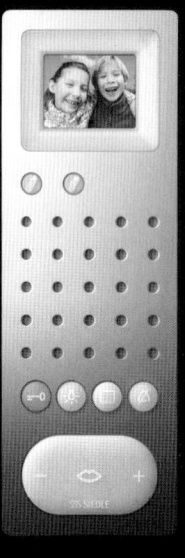

SSS SIEDLE
www.siedle.com

Stratum

Formas simples y lineales de marcado aire arquitectónico, adecuadas para la vida doméstica y eficientes en entornos de trabajo.

Patrocinador Oficial

EXPO ZARAGOZA 2008

Visite nuestra tienda en www.roca.com

2G10! 97/07 n.42

LULU
DORNBRACHT

SENSIBILITÉ

DORNBRACHT

the SPIRIT *of* WATER

¿Es un baño? ¿Es un lounge? ¿Hay alguna diferencia? La nueva serie de griferías es moderna, gráfica, excepcional. Aúna las superficies elegantes y las suaves formas redondas. LULU ha sido diseñada por Sieger Design. **Aloys F. Dornbracht GmbH & Co. KG**, Köbbingser Mühle 6, D-58640 Iserlohn. Solicite un prospecto de producto detallado aquí: Dornbracht España S.L., C/Bruc 94 2º 2ª, E-08009 Barcelona, Tel. 93 272 39 10, Fax 93 272 39 13, E-Mail info@dornbracht.es   www.dornbracht.com

HildundK
Obra reciente Recent work

Mechthild Stuhlmacher	La arquitectura como diálogo	Architecture as dialogue	4
Mark Pimlott	Objetos, otros objetos	Things, other things	18
	Vivienda unifamiliar en Aggstall	Single-family house in Aggstall	24
	Rehabilitación de una fachada, Berlín	Facade refurbishment, Berlin	32
	Balcones para un edificio residencial, Múnich	Balconies for a residential building, Munich	38
	Casa Fröhle, Eichstätt	Fröhle House, Eichstätt	42
	Oficinas de alta dirección para Munich Re Group, Múnich	Munich Re Group executive management offices, Munich	50
	Centro Informativo de la Construcción, Múnich-Riem	Building Information Centre, Munich-Riem	60
	Viviendas sociales Theresienhöhe, Múnich	Theresienhöhe social-housing apartments, Munich	68
	Edificio de aparcamientos, Múnich-Riem	Multi-storey car park, Munich-Riem	76
	Viviendas y oficinas en el Alter Hof, Múnich	Alter Hof housing and offices, Munich	82
	Viviendas sociales en Lohengrinstrasse, Múnich	Social-housing apartments on Lohengrinstrasse, Munich	88
	BFTS, Centro de Investigación y Tecnología Bávaro para las Ciencias del Deporte, Múnich	BFTS, Bavarian Research and Technology Centre for Sport Sciences, Munich	96
	Viviendas sociales en Stockholmstrasse, Múnich-Riem	Social-housing apartments on Stockholmstrasse, Munich-Riem	106
	Palco VIP en el estadio Allianz Arena, Múnich	VIP box in the Allianz Arena stadium, Munich	112
	Montaje expositivo en Bayerisches Nationalmuseum, Múnich	Exhibition design for the Bayerisches Nationalmuseum, Munich	118
	Cervecería Pschorrbräu, Múnich	Pschorrbräu Beerhall, Munich	120
	Acondicionamiento del castillo Hohenkammer, Hohenkammer	Refurbishment of Hohenkammer Castle, Hohenkammer	122
Martin Tschanz	Revestimiento	Cladding	124
	Tres fachadas en Hamburgo, Bad Reichenhall y Múnich	Three facades in Hamburg, Bad Reichenhall and Munich	126
	Biografía	**Biography**	128
Andreas Hild, Dionys Ottl	**nexus** Sobre arquitectura y contaminación. Correspondencia de final del verano.	**nexus** On architecture and contamination. Letters for late summer.	129

Cubierta: Vivienda unifamiliar en Aggstall **Cover:** Single-family house in Aggstall **Fotografía Photography:** Michael Heinrich

La arquitectura como diálogo
Architecture as dialogue

La primera vez que oí y vi a Andreas Hild me di cuenta inmediatamente de que se trataba de una persona a la que le encantaba hablar; no alguien a quien sólo le gusta la audiencia o el tema, sino el propio discurso con todos los matices, pequeños gags y gestos que conforman el lenguaje. No se trata de alguien que sencillamente da una conferencia, sino de una persona capaz de trasmitir a su público la sensación de que está involucrado de forma directa en una conversación. La arquitectura de HildundK me produce una sensación muy parecida. Es una arquitectura de gestos y alusiones, una arquitectura, para ser más exactos, que invita al observador a unirse al diálogo y continuar el relato con sus propias asociaciones.

Andreas Hild proviene de una familia de publicistas. En casa de sus padres la comunicación era el tema dominante, y se aprendía a simplificar, ilustrar y clarificar los hechos para que resultasen coherentes. El deseo de expresarse de una forma que resulte comprensible, que desde el primer momento ha conformado todo el trabajo creativo del despacho, sigue cautivando a Andreas Hild y a su socio Dionys Ottl. Sus edificios y sus interiores utilizan un lenguaje que a veces es directo e inmediato y otras veces críptico; un lenguaje que puede saltar de una referencia a otra, que evoca recuerdos, que establece conexiones inesperadas y que permite distintas interpretaciones.

Después de la prematura muerte de su primer socio, Tillmann Kaltwasser, Andreas Hild ha dirigido su estudio junto a Dionys Ottl, quien desde el inicio estuvo estrechamente vinculado a todos los proyectos del estudio. Ottl procede de una familia de artesanos y trabajadores de la construcción de la pintoresca localidad de Murnau, en la Alta Baviera. Este origen no sólo ha influido en él como persona, sino también en los proyectos desarrollados en el despacho. Dionys Ottl sigue sintiéndose vinculado a las tradiciones decorativas artesanales de su región, que él ha incorporado como una rica referencia —también muy útil— al trabajo en equipo del estudio. Desde entonces, el

The first time I heard and saw Andreas Hild, it very quickly became clear to me that here was someone who loves to talk. Not someone who loves just his audience and topic, but speech itself, with all its nuances, little gags and gestures that make up a language. Not someone who just gives a lecture, but someone who can give his audience the feeling that it is personally involved in a conversation. The unusual thing is that I feel much the same way about the architecture of HildundK. It's an architecture of gestures and allusions and, to be more precise, one that invites the observer to join in the dialogue and continue the story with one's own associations.

Andreas Hild comes from a family of advertisers. In his parental home the main theme was communication. One practised simplifying, illustrating and clarifying facts in order for them to be coherent. To this day the desire to express themselves in an understandable way still captivates Andreas Hild and his partner Dionys Ottl, and it has shaped the entire creative work of the practice from the very beginning. Their buildings and interiors speak a language that is sometimes direct and immediate, sometimes cryptic, a language that can spring from one reference to another, that evokes memories, makes unexpected connections and permits very different kinds of interpretations.

Since the premature death of his first partner, Tillmann Kaltwasser, Andreas Hild has run his practice together with Dionys Ottl who, ever since the founding of the office, has been closely involved in all projects. He comes from a family of craftspeople and construction workers from the picturesque Upper Bavarian village of Murnau. This particular background has not only shaped him but also shapes the work of the practice. Dionys Ottl still feels tied to the decorative craft traditions of the region, which he has introduced as a rich—and still very useful—reference into the joint work of the office. Since that time the theme of folk culture has played an important role in their search for an accessible architectural language.

MECHTHILD STUHLMACHER (Alemania, 1963) estudió música y arquitectura en Alemania y Holanda, y se licenció en esta última en 1992. A partir de esa fecha trabajó en varios estudios en Holanda y Reino Unido. Es miembro del equipo de redacción de la revista OASE desde 1995, e imparte clases de proyectos en la Technische Universiteit Delft desde 1997. En 2001 fundó el estudio de arquitectura Korteknie Stuhlmacher Architecten en Róterdam (Holanda) junto a Rien Korteknie. El estudio ha participado en diversos proyectos arquitectónicos, muchos de ellos de carácter experimental. Asimismo, la arquitecta ha colaborado en diversas exposiciones, publicaciones y proyectos de investigación, e imparte seminarios y conferencias en Holanda y otros países.

MECHTHILD STUHLMACHER (Germany, 1963) studied music and architecture in Germany and the Netherlands, graduated in 1992 and then worked in various offices in the Netherlands and the UK. She has been a member of the editorial team of the magazine OASE since 1995 and has taught architectural design at Delft University of Technology since 1997. In 2001, together with Rien Korteknie, she founded the architectural practice Korteknie Stuhlmacher Architecten in Rotterdam. The practice has been involved in a number of varied architectural projects, many of them with an explicitly experimental character. Furthermore, she is involved in various exhibition, publication and research projects and gives workshops and lectures in the Netherlands and abroad.

tema de la cultura popular ha jugado un papel importante en su búsqueda de un lenguaje arquitectónico accesible.

A pesar de su amor por el lenguaje, tanto Hild como Ottl evitan cualquier tipo de declaración escrita, porque opinan que el trabajo debe hablar por sí mismo. Únicamente en las conversaciones o conferencias cuentan anécdotas o aportan algún tipo de información respecto a su experiencia. En este terreno suele ser Andreas Hild el que toma la delantera (Dionys Ottl se ocupa de que las ideas se construyan) y facilita que sus oyentes sigan junto a él una línea de pensamiento aparentemente obvia y, sin embargo, muy personal. En estas conversaciones siempre están presentes dos conceptos sobre los que Andreas Hild vuelve una y otra vez: el "mundo de los edificios" y el "mundo de los objetos".

El mundo de los edificios

Venturi

Entre los arquitectos, Robert Venturi es el más cercano a la idea de que la arquitectura debe utilizar un lenguaje accesible a todo el mundo. Andreas Hild y Dionys Ottl consideran que es imprescindible huir de un discurso arquitectónico que sea meramente interno a la propia disciplina. Desde su punto de vista, si la arquitectura quiere sobrevivir como disciplina, debe ser también comprensible para el público no especialista. Andreas Hild vio en los dibujos y escritos de Venturi, y en su parecido con la publicidad, un marco teórico útil que prometía salvar la distancia entre los observadores, los usuarios finales y la propia arquitectura, en un momento en el que precisamente esa brecha parecía estar haciéndose cada vez mayor. Venturi legitimó referencias históricas y contemporáneas divergentes, e hizo que la popularidad se convirtiese en algo aceptable. "Esencialmente, lo que Venturi está diciendo es que todo lo que nos rodea, aquello que podemos ver y experimentar, puede constituir una fuente para la arquitectura, y con ese 'todo' se refiere a lo banal, a lo ordinario o a lo trivial. A nosotros nos gusta tomar ese 'todo' de una forma todavía más literal, de modo que signifique realmente todo, no sólo lo banal, y no sólo los objetos, sino también nuestros entornos construidos. Nos parece importante mantenernos en el 'mundo de los edificios' y recurrir a referencias del 'mundo de los objetos' únicamente de forma muy restringida, si es que lo hacemos".[1]

El extenso mundo de referencias con el que trabaja el estudio HildundK refrenda esta cita. El "todo" se encuentra en las condiciones específicas de cada uno de los proyectos, que los arquitectos aceptan en cada ocasión como un nuevo punto de partida para sus ideas arquitectónicas, ya se trate de algo valioso o barato, convencional e incluso vulgar, o exquisito. Para Andreas Hild y Dionys Ottl, el marco de referencia del "mundo de los edificios" es tan diverso y heterogéneo como su amplio abanico de clientes, encargos y presupuestos, o sus distintos contextos espaciales y culturales. Las referencias pueden aludir tanto a la ornamentación mediocre de la arquitectura de reconstrucción de posguerra como a la expresión barroca de los hermanos Asam; el arte arquitectónico de Richard Serra puede tomarse como punto de partida de una intervención arquitectónica en la misma medida que las formas convencionales y las necesidades

[1] Fragmento de una conversación con la autora, julio de 2004.

Despite their love of language, both Hild and Ottl avoid all manner of written declarations. The work, they believe, should speak for itself. It is only in conversations or lectures that they tell anecdotes or give any background information. In this area it is generally Andreas Hild who takes the lead (Dionys Ottl takes care of getting the ideas built) and takes his listeners with him on a seemingly evident yet highly individual train of thought. In these conversations there are two notions Andreas Hild returns to time and time again: the "world of buildings" and the "world of things."

The world of buildings

Venturi

Among architects, Robert Venturi is the closest to the opinion that architecture must speak a language accessible to everyone. Andreas Hild and Dionys Ottl regard it as imperative to escape from an architectural discourse that is purely internal. In their view architecture must also be comprehensible to the layman if it is to survive as a discipline. Andreas Hild saw in Venturi's writings and drawings, with their resemblance to advertising, a usable theoretical framework that promised to bridge the distance between observers, end users and architecture itself at a time when precisely this gap seemed to be growing ever wider. Venturi legitimised differing historical and contemporary references and made popularity acceptable.

"Essentially what Venturi is saying is that everything around us that we see and experience can be taken as a source for architecture, and with this 'everything' he means the banal and ordinary or trivial. We like to take this 'everything' even more literally and use it to mean really everything, not only the banal, and not only things, but also our built surroundings. We think it important to remain in the 'world of buildings' and only very sparingly, if at all, to gather references from the 'world of objects.'"[1]

The vast referential world the practice of HildundK operates in gives credence to the quote. The "everything" lies in the specific conditions of every single project that the architects embrace anew each time as the starting point for their architectural thoughts, be it precious or cheap, conventional, or even vulgar or exquisite. For Andreas Hild and Dionys Ottl the referential "world of buildings" is as diverse and heterogeneous as their wide-ranging clients, tasks and budgets and their different spatial and cultural contexts. References may be made as much to the mediocre ornamentation of postwar reconstruction architecture as to the baroque expression of the brothers Asam; the architectural art of Richard Serra can be taken as a point of departure for an architectural intervention just as much as the conventional shapes and structural necessities of a rural farmhouse; or the architects can become deeply involved in the commercial, shallow glamour of the world of football, the stiff formality of representational Bavarian interiors, or even the highbrow architectural discourse on modern housing as heroically addressed by the IBA exhibition of 1957 in Berlin. Andreas Hild and Dionys Ottl pay their respects to all of these "worlds of buildings" and comment on them in their work: at times ironically, at times with provocative bluntness or just skilfully and amicably.

[1] Excerpt from a conversation with the author, July 2004.

Casa Bonnin, Eichstätt, 1995.
Bonnin House, Eichstätt, 1995.

© Michael Heinrich

estructurales de una granja rural; o los arquitectos pueden verse profundamente implicados en el *glamour* comercial y superficial del mundo del fútbol, la rígida formalidad de los interiores representativos de Baviera, o incluso el discurso intelectual arquitectónico sobre la vivienda moderna que de forma tan heroica abordó la exposición IBA (Internationale Bauaustellung) de 1957 en Berlín. Andreas Hild y Dionys Ottl realizan un homenaje a todos estos "mundos de edificios", y a través de su obra los comentan: a veces de un modo irónico, a veces con franqueza provocadora, o sencillamente de una forma inteligente y cordial.

Analogía
A principios de la década de 1980, Andreas Hild realizó un viaje de estudios a Italia para ver las obras de Carlo Scarpa. Más que disfrutar de los elaborados detalles de Scarpa, descubrió la belleza intemporal de las villas de Palladio. El mismo viaje le llevó al sur de Suiza, donde visitó la casa del arquitecto suizo Fabio Reinhart. Esta casa, inspirada de forma ostensible en Palladio, le produjo una impresión tan intensa que decidió estudiar varios semestres en la ETH [Eidgenössische Technische Hochschule] de Zúrich, donde Reinhart impartía clases apoyado por su joven asistente Miroslav Sik, quien ejerció también una gran influencia sobre Hild. Sus estudios en Suiza le pusieron en contacto con la idea de la "arquitectura análoga" representada toda-

Analogy
In the early 1980s Andreas Hild went as a young student to Italy to see the works of Carlo Scarpa. Rather than enjoying Scarpa's elaborate detailing he discovered the timeless beauty of Palladio's villas. The same journey took him to the south of Switzerland, where he saw a house by the Swiss architect Fabio Reinhart. This house, visibly inspired by Palladio, made such a lasting impression on him that he decided to study for several semesters at the ETH in Zurich where Reinhart held a teaching position assisted by the young, and to Hild no less influential, Miroslav Sik. His Swiss studies brought him into contact with the idea of "Analogous Architecture," as is still represented by both Reinhart and Sik, a kind of thinking that formed the point of departure for his own practice, which he opened in Munich shortly after returning from Zurich.
Ever since their first tentative steps in the world of analogy, which began with the rather unknown extension of the Bonnin House in Eichstätt and the small theatre in Landshut, the formal language of HildundK's work has diverged considerably from that of Hild's Swiss teachers. Nevertheless the practice has so deeply absorbed the principles of "Analogous Architecture" that the following summarisation of Sik's work could be applied almost unaltered to the work of HildundK: "Through his work and teaching Miroslav Sik has successfully achieved the integration of contemporary architecture in the

Architecture as dialogue

Mechthild Stuhlmacher

Pequeño teatro, Landshut, 1996-1998.
Small theatre, Landshut, 1996-1998.

© Michael Heinrich

vía hoy por Reinhart y Sik, una forma de pensar que constituyó el punto de partida del estudio de arquitectura que Hild abrió en Múnich poco después de su regreso de Zúrich.

Desde sus primeros pasos vacilantes en el mundo de la analogía, que comenzaron con la ampliación de la casa Bonnin en Eichstätt (una obra bastante desconocida) y un pequeño teatro de Landshut, el lenguaje formal de HildundK se ha alejado de forma considerable del de los profesores suizos de Hild.

No obstante, el estudio ha absorbido de forma tan profunda los principios de la "arquitectura análoga", que el siguiente resumen de la obra de Sik podría aplicarse casi sin modificaciones a la obra de HildundK: "A través de su obra y de su tarea docente, Miroslav Sik ha logrado integrar con éxito la arquitectura contemporánea en la tradición de la arquitectura centroeuropea, y ha contrarrestado la frecuente demanda irresponsable de novedad y sorpresa —realizada de forma constante a lo largo de más de un siglo por la arquitectura de vanguardia— mediante un concepto que permite que la modernidad se exprese sin entrar en conflicto con el contexto, la tradición o lo artesanal. Este concepto también permite satisfacer las necesidades nostálgicas de los usuarios, que con demasiada frecuencia son rechazadas porque se consideran un anhelo por lo *Kitsch*".[2]

Al igual que algunos de sus compañeros de estudios con ideas afines como Miller & Maranta, Bearth + Deplazes y Valerio Olgiati (que

tradition of Central-European architecture and has countered the often heedless demand for novelty and surprise—continuously made by avant-garde architecture for over a century—with a concept that allows modernity to express itself but without conflicting with context, tradition or craftsmanship. This concept also allows nostalgic users' needs, which are often all too easily dismissed as an uncultured yearning for kitsch, to be satisfied."[2]

Together with a number of like-minded fellow students who studied under Sik at the same time, and who today make an important contribution to the young Swiss architecture scene, such as Miller & Maranta, Bearth + Deplazes and Valerio Olgiati, Andreas Hild and Dionys Ottl agree on the clearly defined role that, in their opinion, architecture can and should play. Their architecture should be understood as part of a long tradition of building and cultural conventions.

The normal

Part of this analogous self-image allows the "normal" an important place in architectural thought and design. In a lecture,[3] Andreas Hild described very precisely the differences between the concepts of "ordinary", "common", "everyday" and "banal", and in the end decided in favour of the "normal". The "normality" Andreas Hild and Dionys Ottl base their designs on can lie in various different areas

[2] Fragmento de un comunicado de prensa de la Fundación Alfred Töpfer, mayo de 2006.

[2] Excerpt from a press release of the Alfred Töpfer Foundation, May 2006.

[3] Lecture by Andreas Hild during the conference *The complexity of the ordinary*, held in Copenhagen and organised by The Royal Danish Academy of Fine Arts, School of Architecture, 5-7 October 2006.

también estudiaron con Sik en la misma época y que actualmente constituyen una aportación importante al ámbito de la joven arquitectura suiza), Andreas Hild y Dionys Ottl están de acuerdo en el papel claramente definido que, en su opinión, puede y debe jugar la arquitectura. Su arquitectura debería entenderse como parte de una larga tradición de convenciones constructivas y culturales.

Lo normal
Esta aproximación permite que lo "normal" ocupe un lugar importante en el pensamiento arquitectónico y en el diseño. Andreas Hild describió de forma muy precisa en una conferencia[3] las diferencias entre los conceptos "ordinario", "común", "cotidiano" y "banal", y al final se decantó por lo "normal". La "normalidad" en la que Andreas Hild y Dionys Ottl basan sus proyectos puede encontrarse en distintos ámbitos como la historia, el arte popular y las artes visuales, o también en las propiedades de un material y las convenciones constructivas. Sin embargo, esta normalidad no debe confundirse con la aceptación de la cultura de masas que Venturi deseaba introducir en el mundo de referencia de la arquitectura. En cualquier caso, esta frontera entre la banalidad y el significado ejerce una atracción muy especial tanto en Andreas Hild como en Dionys Ottl. En su esfuerzo por unir originalidad y analogía, ambos se embarcan una y otra vez en un ejercicio de equilibrio, plenamente conscientes de los peligros que supone.

Normalidad + x
El interés de los arquitectos por lo "normal" se manifiesta de forma evidente en su elección de materiales y elementos constructivos que, a menudo, fueron producidos originalmente para fines completamente distintos. Andreas Hild y Dionys Ottl suelen escoger los materiales por razones fundamentalmente pragmáticas. Esto puede aplicarse de forma especial a materiales muy sencillos y baratos como el hormigón o el mortero para revocos. El uso explícito y casi didáctico de estos materiales, a menudo con un ligero cambio de escala e imaginería, les otorga una expresividad poética que va mucho más allá de las formas a través de las que habitualmente son percibidos. En muchos de sus proyectos, la estrategia arquitectónica está basada en una alienación controlada de lo normal, evitando que la "normalidad" caiga en la banalidad. Andreas Hild describe este proceso como "Normalidad + x".
El proyecto para la rehabilitación de una fachada en Belziger Strasse, Berlín, ilustra con claridad el tipo de efectos que produce esa alienación. Un grupo de propietarios decidió mejorar el aspecto deprimente de la fachada de su edificio de apartamentos, pero después de valorar una serie de propuestas planteadas siguiendo patrones contemporáneos, únicamente pudieron ponerse de acuerdo en recrear la fachada original de finales del siglo XIX, de la que sólo se había conservado un dibujo bastante pequeño e impreciso. HildundK optó por ampliar el dibujo al tamaño real del edificio y utilizar esa copia ampliada, de una naturaleza gráfica extraña y tosca, para moldear tridimensionalmente el revoco de la nueva fachada. Este enfoque literal de carácter irónico dio como resultado una imagen atractiva, aparentemente familiar y convencional, aunque muy poco usual. Para el observador confiado, el edificio de apartamentos armoniza perfectamente con los otros edificios ricamente ornamentados del entorno:

[3] Conferencia de Andreas Hild en el congreso *The complexity of the ordinary* celebrado en Copenhague y organizado por The Royal Danish Academy of Fine Arts, Escuela de Arquitectura, 5-7 de octubre de 2006.

such as history, folk art and the visual arts, or the properties of material and building conventions. However, this normality is not to be confused with the acceptance of mass culture, which Venturi wished to introduce into the world of reference of architects. Yet this border between banality and meaning exerts a very special appeal to both Andreas Hild and Dionys Ottl. In their effort to link originality with analogy they embark time and time again on a balancing act, fully aware of the dangers involved.

Normality + x
The architects' interest in the "normal" is most notably expressed in the choice of simple materials and building components that have been often originally developed for completely different purposes. Andreas Hild and Dionys Ottl often choose their materials for the most pragmatic reasons. This applies particularly to very simple, inexpensive materials such as concrete or render. A slight shift of scale and imagery lends to the frequently explicit, almost didactic use of these materials a poetic expressiveness that goes far beyond the ways in which they are conventionally perceived. In many of their projects, the architectural strategy is based on a controlled estrangement of the normal, preventing "normality" from sliding into banality. Andreas Hild describes this process as "Normality + x."
A project for the renovation of a facade reconstruction in Belziger Strasse, Berlin, clearly illustrates the manner of such alienation effects. A group of apartment owners made a joint decision to enhance the dreary render facade of their apartment building, but after looking at a number of contemporary design proposals, they could only agree on recreating the original late 19th-century facade design, of which only a small and rather imprecise drawing survived. HildundK enlarged the drawing to the full size of the building and used the enlarged copy with its strange coarse graphic quality to three-dimensionally mould the new render facade. This ironically literal approach produced an appealing image, seemingly familiar and conventional, yet highly unusual. To the unsuspecting observer the apartment house once again blends perfectly with the richly decorated surrounding buildings: the group of clients was satisfied. The playful decoration of the facade is simultaneously a self-confident child of its time while also making a whimsical comment on its own genesis.

Material and place

Munich
For both Andreas Hild and Dionys Ottl the world of buildings is largely shaped by their city and (chosen) home: Munich. This city with all its beauty, peculiarities and clichés is important. Here tradition dominates all areas of life. Catholicism, political conservatism, family traditions and social conventions play a dominant role. Munich is the only city north of the Alps that manages to combine the idea of the "good life" with a view of the snow-covered Alps. For a long time now the citizens of Munich have called their city Italy's northernmost town, and on sunny summer days one might even believe them. Munich has streets and squares with almost southern European spatial qualities, and one can understand the eclectics of

el grupo de clientes se sintió satisfecho. La decoración juguetona de la fachada es una hija confiada de su tiempo que, simultáneamente, se muestra enigmática sobre su propia génesis.

Material y lugar

Múnich

Tanto para Andreas Hild como para Dionys Ottl, el mundo de los edificios está conformado en gran medida por Múnich, la ciudad en la que han elegido vivir. Se trata de una ciudad importante, llena de belleza, peculiaridades y clichés, donde la tradición domina todos los ámbitos de la vida, y el catolicismo, el conservadurismo político, las tradiciones familiares y las convenciones sociales tienen un papel fundamental. Múnich es la única ciudad al norte de los Alpes capaz de combinar la idea de la "buena vida" con las vistas a las nevadas cumbres alpinas. Desde hace mucho tiempo, los habitantes de Múnich han afirmado que la suya es la ciudad italiana situada más al norte, y, durante los días soleados de verano, uno casi podría creerlo. Múnich posee calles y plazas con unas cualidades espaciales casi meridionales, y es posible comprender a los eclécticos decimonónicos que, sencillamente, recrearon el gusto italiano por la vida en toda su escala a través de villas, frescos, calles enteras e iglesias barrocas. Las heridas atroces de la II Guerra Mundial se han eliminado cuidadosamente, y la arquitectura crítica (y menos crítica) del período de reconstrucción —una vez más con imágenes importadas de Italia y Escandinavia— conforma la imagen de una arquitectura urbana enlucida que, en algunos casos, está audazmente ornamentada, pero que es también reiteradamente nueva e intemporal. A través de sus edificios y sus reflexiones sobre la arquitectura, HildundK también se identifica con la tradición de realizar, a lo largo de los siglos, inserciones y referencias a los ideales espaciales de un tejido urbano armónico. La sensibilidad por la ornamentación y la forma externa, con frecuencia rigurosa y sobria, recorre todos los sectores de la sociedad; desde la Residenz y sus famosas fachadas del patio decoradas con esgrafiados hasta los rudimentarios interiores de estilo popular de las cervecerías, y proporciona una rica provisión de imágenes en las que Andreas Hild y Dionys Ottl a menudo se inspiran.

Murnau

"El barroco, el catolicismo y, sobre todo, las costumbres y tradiciones, son las influencias más claras e importantes de mi infancia que he sido capaz de hacer fluir de nuevo en nuestro trabajo conjunto. Creo que esas influencias son una especie de ancla sólidamente fijada, y me he dado cuenta de que el elocuente lenguaje de las imágenes de nuestro contexto (o quizás deberíamos decir de las regiones católicas) debe ser un factor importante e influyente en nuestro trabajo. La capacidad de abordar sin prejuicios un lenguaje pictórico en la arquitectura tiene mucho que ver con el hecho de que las únicas influencias históricas que tuve como niño de un pueblo de la Alta Baviera estén relacionadas con el lenguaje pictórico narrativo de las iglesias barrocas de la Alta Baviera. Nadie me habló nunca de arquitectura o pintura. Pero cuando se asiste cada domingo a la misa, se experimenta que hay determinadas cosas concebidas y construidas por el hombre, como el espacio interior y la arquitectura, que ejer-

the 19th-century who simply recreated the Italian feeling for life at full scale in the form of villas, frescoes, entire streets and baroque churches. The appalling wounds of the Second World War have been carefully removed, and a critical (and less critical) architecture of the reconstruction period—again with images imported from Italy and Scandinavia—shapes the image of rendered urban architecture that is in places daringly ornamented but is also repeatedly new and ageless. With their buildings and reflections on architecture, HildundK also relate to this tradition of inserting and referring over the centuries to the spatial ideals of a harmonious urban fabric. An often severe and restrained feeling for ornament and external form runs through all sectors of society from the Residenz, with its famous courtyard facades decorated with *sgraffito*, to the crudely folksy interiors of the beer halls, and provides a rich store of images from which Andreas Hild and Dionys Ottl regularly draw inspiration.

Murnau

"The baroque, Catholicism and, above all, customs and traditions are the strong, clear influences from my childhood that I have been able to let flow back into our joint work. I see these influences as a kind of solidly fixed anchor and have found that the eloquent language of images here (or shall we say in Catholic regions) must be an important and influential factor in our work. That we are able to approach in an unprejudiced manner a pictorial language of architecture has much to do with the fact that the only art historical influences on me as a child from a village in Upper Bavaria were related to the narrative pictorial language of Upper Bavarian church baroque—nobody there talked to me about architecture or painting. Attending Mass on Sunday you experience that there are things such as interior space and architecture, that they are first conceived by man, are then built and that, over the centuries, they exert a lasting physical effect upon third persons. Painting is similar: a person can tell you a long and ancient story just by recording it on canvas. And then there is also our gay King Ludwig, who simply attempted to flee to every imaginable art historical epoch, which taught me that there are such things as styles and formal idioms. These were the insights I gained that ultimately brought me to architecture, they cannot be extinguished and I believe I sometimes feel them when working. The theatre in Landshut was the project where I first felt this strongly; where I had the feeling that, for the first time, I could consciously employ the things I had brought with me from home, as through its spiritual affinity with rural architecture the building to be created could be rooted there and did not have to detach itself by denying the validity of any kind of handed-down forms."[4]

Without losing their closeness to the simplicity of traditional building, HildundK broaden their repertoire of forms using their sense for building material and their interest in technical conditions. Simply by virtue of their outstanding materiality, many of their buildings take their place in their surroundings in a completely natural way. For instance the "pattern" of the house in Aggstall is derived from the craft of bricklaying. This permits this clearly contemporary house to blend into its traditional hand-built, rural surroundings.

The designs of various projects such as the building centre and the multi-storey car park building in Munich Riem, the Kemeter warehouse in Eichstätt and the waste depot in Landshut were all based on

[4] Dionys Ottl in a letter to the author, October 2006.

cen un efecto físico duradero sobre terceras personas a lo largo de los siglos. La pintura es algo parecido: una persona puede contarte una historia larga y antigua con el mero hecho de plasmarla en un cuadro. Y después está nuestro rey homosexual, Luis II, que sencillamente intentó refugiarse en todas las etapas históricas del arte imaginables, lo que me enseñó que existen cosas como los estilos y los lenguajes formales. Esas fueron las ideas y las imágenes que adquirí y que, a la larga, me condujeron a la arquitectura; no es posible silenciarlas, y creo que a veces las percibo mientras trabajo. El teatro en Landshut fue el primer proyecto en el que las percibí de una forma muy intensa; allí tuve la sensación de que, por primera vez, podía utilizar de forma consciente aquello que había traído conmigo de mi hogar, como si a través de su afinidad espiritual con la arquitectura rural, el edificio que iba a crearse pudiese enraizarse allí, y no necesitara distanciarse para negar la validez de cualquier tipo de formas heredadas".[4]

Sin perder su cercanía a la sencillez de los edificios tradicionales, HildundK amplía su repertorio de formas utilizando su sensibilidad hacia los materiales y su interés por las condiciones técnicas. Sencillamente, en virtud de su sobresaliente materialidad, muchos de sus edificios ocupan su lugar en el entorno de una forma completamente natural. Por ejemplo, el "dibujo" de la casa en Aggstall deriva del oficio de la albañilería. Este hecho permite que esta casa claramente contemporánea armonice con su entorno artesanal y rural.

Varios proyectos, como el Centro Informativo de la Construcción y el edificio de aparcamientos en Múnich Riem, el almacén Kemeter en Eichstätt y el puesto de recogida de material (de hormigón dorado) en Landshut, están basados en ideas formales que derivan de forma directa de los procesos técnicos de la construcción con hormigón prefabricado. Todos estos proyectos se encuentran ubicados en barrios periféricos o zonas industriales, y, gracias a su materialidad directa y su escala, pueden relacionarse con el carácter de dichos entornos.

Cuatro proyectos iniciales

Casa Wolf
En la heroica etapa inicial del estudio, en la época en la que tenían que ganar dinero durante el día para poder hacer arquitectura durante la noche, Andreas Hild y su socio en aquel momento, Tillmann Kaltwasser, estaban fascinados por el refinado virtuosismo de la arquitectura germano-suiza, que en aquel momento suscitaba un gran interés. Los temas importantes eran abstractos y arquitectónicos, como, por ejemplo, la tersura de una piel o la posibilidad de abstraer un marco de ventana de madera. En su primera obra, la casa Wolf, que suponía la ampliación de una pequeña casa mediante la construcción de una nueva planta piso, los jóvenes arquitectos consiguieron colocar una visera mágica sobre el edificio, cubriéndolo con un revestimiento metálico bidimensional y brillante con las carpinterías de las ventanas enrasadas, que hicieron que el edificio original fuera irreconocible.

Almacenes Kemeter
A pesar del gran interés por cuestiones relacionadas con los materiales y los detalles constructivos, el manejo hábil de los aspectos técni-

[4] Fragmento de una carta de Dionys Ottl a la autora, octubre de 2006.

formal ideas directly derived from the technical processes of precast concrete construction. All of these projects are located in outlying districts and/or industrial areas; with their simple, direct materiality and rough scale, they relate to the character of these environments.

Four early projects

Wolf House
In the heroic early stages of the practice, at the time when they had to earn money during the day so that they could make architecture at night, Andreas Hild and his partner at the time, Tillmann Kaltwasser, were fascinated by the refined virtuosity of German-Swiss architecture that was then attracting enormous interest. The themes that appeared important were abstract, architectural ones such as the smoothness of a skin or the possibility of abstracting a timber window frame. In their first work, the Wolf House, which involved the addition of a floor to a bungalow, the young architects succeeded in placing a magic hood on the building, covering it with a shiny two-dimensional veil of metal with flush window frames that made the original building unrecognisable.

Kemeter Warehouse

Casa Wolf, 1994, Múnich.
Wolf House, 1994, Munich.

© Michael Heinrich

Almacenes Kemeter, Eichstätt, 1994-1995.
Kemeter Warehouse, Eichstätt, 1994-1995.
© Michael Heinrich

Despite the great interest in questions of material and detailing, the adept handling of the technical aspects of construction was soon afterwards no longer enough. The first commission was followed by a second in 1994, a warehouse and sales building for a paint wholesaler. The architectural ambition and interest in details that had completely shaped the Wolf House are here contrasted with a far coarser pragmatism. For reasons of fire protection the architects chose prefabricated concrete elements for the facade skin. Only the standard sizes in two different thicknesses and three different lengths were used. The architects staggered the simple repetitive elements, playfully creating a charming rhythm of openings and special lighting effects. The poetic and ornamental composition of material, shadow lines, windows and light lent the building a remarkable material elegance and gave it a cheerful monumentality. The very purpose of the building, paint, was completely avoided in the building's construction. The natural, unaltered colours of the applied materials that were chosen to store and protect the cans of paint were gladly accepted by the client, while the manufacturer of the concrete elements used photographs of the building in a countrywide advertising campaign.

Waste depot

cos de la construcción no fue suficiente. Al primer encargo le siguió el segundo en 1994, un almacén y edificio de venta para un mayorista de pintura. La ambición arquitectónica y el interés por los detalles que habían influido de forma determinante en la casa Wolf, se enfrentan en este caso a un pragmatismo mucho más rudimentario. Debido a las medidas de seguridad contra incendios, los arquitectos escogieron elementos prefabricados de hormigón para el revestimiento de la fachada. Utilizaron únicamente tamaños estándar con dos grosores y tres longitudes distintas. Los arquitectos alternaron estos elementos sencillos y repetitivos con flexibilidad, para crear un ritmo de huecos interesante y unos efectos luminosos poco comunes en el interior. La composición poética y ornamental de los materiales, las líneas de sombra, las ventanas y la luz confirieron al edificio una elegancia material notable y una monumentalidad jovial. En la construcción del edificio se obvió por completo su finalidad fundamental: la pintura. El cliente aceptó de buena gana los colores naturales e inalterados de los materiales escogidos para almacenar y proteger los botes de pintura; por su parte, el fabricante de los elementos de hormigón utilizó fotografías del edificio en una campaña publicitaria de ámbito nacional.

Puesto de recogida de material

El siguiente paso en la búsqueda de (o, de forma más exacta, el gusto por) una malla compleja de relaciones y referencias fue el puesto de recogida de material que construyeron en 1996 en la pequeña ciudad bávara de Landshut. El programa del encargo consistía en el proyecto de una zona de almacenamiento para contenedores de basura que quedara separada de una parada de autobús existente. Los muros de hormigón que suelen utilizarse generalmente para este tipo de edificios están condenados a acabar cubiertos de *graffiti*. Por tanto, la idea consistió precisamente en ofrecer un *graffiti* tridimensional de hormigón. Por razones prácticas, al igual que en el proyecto del almacén, el objetivo fue la utilización de elementos prefabricados de hormigón de una forma eficaz. En esta ocasión los arquitectos diseñaron grandes paneles, en los que se recortaron pequeños huecos idénticos y regulares para crear letras abstractas que formaban la palabra alemana '*sammeln*' (recoger). Las letras de hormigón se pintaron de color dorado: una referencia al ambiguo término alemán para designar el material reciclable, *Wertstoffe* (*Wert*, significa "valor"; *Stoffe*, "materias"). Al mismo tiempo, el color también hace referencia al lema que ese año había elegido la ciudad de Landshut, durante el cual quería celebrar el "Año de oro". La combinación de significados tuvo un efecto evidente: incluso años después de la finalización del proyecto, nunca ha sido utilizado como superficie para *graffitis* reales.

El descubrimiento de la ornamentación: una parada de autobús en Landshut.

Probablemente el proyecto más importante de los primeros años fue un encargo muy pequeño y a primera vista ingrato. Andreas Hild y Tillmann Kaltwasser recibieron el encargo de proyectar una parada de autobús en una plaza del centro de Landshut. Querían responder a este encargo tan modesto con un gesto muy expansivo, ya que parecía la forma apropiada de liberarlo de su banalidad. Se les ocurrió la idea de concebirlo como una escultura que se pareciese a las obras de Richard Serra, y empezaron a trabajar en un proyecto compuesto

The next step in the search for (or more accurately the delight in) a complex mesh of relationships and references was the little project for a waste depot, built in 1996 in the small Bavarian town of Landshut. The commission was to create a storage area for garbage containers and to separate it from an existing bus stop. The conventional concrete walls normally used for this purpose are predestined to be sprayed with graffiti. The idea, therefore, was to present the graffiti sprayers with a three-dimensional graffiti made of concrete. For pragmatic reasons, like in the warehouse project, the aim was to use precast concrete elements in an efficient way. This time the architects designed large uniform panels with small, equally regular cut outs to create abstract letters that formed the word "sammeln" (to collect). The concrete letters were painted with gold paint—a reference to the ambiguous German expression for "waste": *Wertstoffe* (*Wert* means worth; *Stoffe*, matter). At the same it referred to the motto chosen that year by Landshut, which wished to celebrate 1996 as the "Year of Gold". The combination of meanings had a noticeable effect: even years after the completion of the project it has not been used as a surface for "real" graffiti.

The discovery of ornament: a bus stop in Landshut.

Probably the most important project of the early years was a tiny and at first glance thankless commission. Andreas Hild and Tillmann

Puesto de recogida de material, Landshut, 1996.
Waste depot, Landshut, 1996.

© Michael Heinrich

La arquitectura como diálogo   Architecture as dialogue   Mechthild Stuhlmacher

Parada de autobús, Landshut, 1997.
Bus shelter, Landshut, 1997.

© Michael Heinrich

por láminas curvas de metal oxidado. Sin embargo, el cliente no aceptó las zonas de pared macizas y exigió que estuviesen perforadas. Los arquitectos buscaron entonces dibujos que pudiesen recortarse en la chapa metálica utilizando la moderna tecnología láser. El hecho de que ni la estructura ni la tecnología impusiesen restricción formal o técnica alguna, significaba que los arquitectos se enfrentaban en este caso a una libertad inusual.

Al final tomaron una guirnalda Biedermeier de un libro y ampliaron el dibujo para utilizarlo como plantilla. Los arquitectos mantuvieron el material elegido en un primer momento, lo hicieron recortar con el motivo floral escogido en las planchas de acero, y allí donde fue necesario cubrieron con vidrio el material oxidado y afilado. Así, de forma bastante literal, la ornamentación se convirtió en la estructura del proyecto.

Lo que inicialmente pretendió ser una provocación (una reacción a las ideas preconcebidas sobre el encargo) tuvo un efecto con el que ni los propios arquitectos habían contado: la pequeña parada de autobús se transformó en un objeto bello, sencillamente, en una fuente de placer. No es necesario conocer nada sobre su historia o sobre las ambiciones escultóricas de los arquitectos. Ese objeto afiligranado estableció una relación lúdica y cordial, aunque contemporánea, con su ubicación histórica, consiguiendo de esa manera algo que una seria escultura de Serra nunca hubiese conseguido. De re-

Kaltwasser were asked to design a bus stop on a central square in Landshut. They wanted to answer this all-too modest request with an all-too expansive gesture that seemed to be the appropriate way of liberating the small commission from its banality. They conjured up the idea of a sculpture resembling the work of Richard Serra and started to work on a design made of solid curved sheets of rusted steel. However, the client found the blank areas of wall unacceptable and demanded perforations. The architects looked for patterns to be cut in the plate material by modern laser technology. The fact that neither the structure itself nor the chosen technique imposed any formal or technical constraints meant that the architects were confronted here with an unaccustomed freedom. They finally picked a Biedermeier garland from a book and enlarged the pattern to use as a mould. The architects kept using the material they had originally chosen, had the selected flower pattern cut out of the steel sheets and, where necessary, covered the sharp-edged rusty material with glass. And so, quite literally, the ornament became the structure of the project.

What was initially intended as a provocation (and reaction to the conventional preconceptions about the commission) had an effect that even the architects themselves had not reckoned with: the small bus stop mutated into a beautiful object that was, quite simply, a source of delight. One did not need to know anything about its history or the architects' sculptural ambitions. The elegant filigree object entered into a playful and friendly, yet contemporary, relationship with its historical location, thus achieving something that a serious Serra sculpture could never have done. All at once the ideal of an architecture that was popular and understandable but yet not banal appeared to be realistic and achievable. But perhaps even more important was the discovery that architecture can be enjoyable and that beauty and ornament can play a decisive role here.

Ornament

The ornamental garlands of the bus stop represented a logical and perfectly natural development of the formal repertoire (the "everything" that Venturi refers to included for HildundK even ornamentation and formal quotes, at the time virtually uncommon). After this early project, ornament determined the appearance of many projects. The reception accorded these projects by the press soon concentrated on this aspect above all others. But the architects' concern is not ornament *per se*, as is the abstract and surface design instrument without which the world of (interior) architecture since the beginning of the 1990s is scarcely conceivable. Instead, HildundK see ornament in the context of an analogy, it is a natural part of their spatial and historical environment and therefore also of their own formal idiom.

As the architects find it far more interesting to consider how they wish to communicate with their commission in a specific situation rather than determining the formal means to be employed, the term ornament is understood in the broadest sense. For example, a cheap plastic window frame in a concrete wall can acquire ornamental qualities if one reads it in the context of a suburban social housing project. In contrast, in the middle-class world of Nikolaistrasse in Munich, the lavish rose motif of the renovated balcony rails in a turn-of-the-century apartment house establishes contact with the richly

pente, el ideal de una arquitectura popular y comprensible, que sin embargo no fuese banal, se convirtió en algo realista y alcanzable. Pero aún más importante fue el descubrimiento de que la arquitectura puede ser placentera, y que la belleza y la ornamentación pueden jugar un papel decisivo en ello.

Ornamentación

Las guirnaldas ornamentales de la parada de autobús representaron un desarrollo lógico y perfectamente natural del repertorio formal (el "todo" al que hace referencia Venturi, que para HildundK incluía incluso la ornamentación y las citas formales, en aquel momento poco habituales). Después de este proyecto inicial, la ornamentación determinó la imagen de muchos proyectos, y la acogida que la prensa les concedió, pronto se centró en este aspecto por encima del resto. Pero los arquitectos no están interesados en la ornamentación en sí, al contrario que en las aproximaciones proyectuales abstractas y basadas en las superficies sin las que apenas sería imaginable el mundo de la arquitectura (interior) desde principios de la década de 1990. En lugar de ello, HildundK entienden la ornamentación en el contexto de una analogía natural con su entorno histórico y espacial y, por este motivo, también de su propio lenguaje formal. Puesto que los arquitectos consideran que es más interesante plantearse cómo quieren abordar su encargo en una situación específica que determinar los medios formales que van a utilizar, su comprensión del término ornamentación es la más amplia posible. Por ejemplo, el más barato marco de ventana de PVC puede adquirir cualidades ornamentales en un muro de hormigón si se interpreta en el contexto de un proyecto de viviendas sociales en una zona suburbana. Por el contrario, en el mundo de clase media de la Nikolaistrasse en Múnich, el suntuoso motivo de las rosas de las barandillas renovadas en los balcones de un edificio de viviendas de principios del siglo XX, conecta con los edificios ricamente decorados del entorno precisamente gracias a su vanidad y su virtuosismo descarado.

El mundo de los objetos

Aunque Andreas Hild y Dionys Ottl manifiestan sus preferencias con absoluta claridad, exploran de forma repetida esas zonas intermedias entre los objetos y los edificios donde se producen los proyectos más interesantes: ¿qué sucede cuando los edificios de épocas pasadas introducen referencias tomadas del mundo de los objetos (por ejemplo, de la ornamentación textil) en el mundo de los edificios? ¿Cómo deberían abordarse las tradiciones relativas a la forma que contienen de manera inherente referencias al mundo de los objetos? ¿Qué debería hacerse cuando los objetos determinan el mundo de los edificios y colocan a los propios edificios en un segundo plano, como, por ejemplo, en el caso de los inevitables castaños y bancos pintados de verde del jardín de una cervecería? ¿Acaso el cambio de escala, que a la manera de Claes Oldenburg determina el aspecto de la parada de autobús en Landshut, no transporta toda su estructura al mundo de los objetos, y vuelve después a transportarla al de los edificios? ¿Y no crea confusión entre el mobiliario y la piel exterior la inserción de los paneles de caoba en la fachada del edificio de viviendas en Kempten? Y la fachada revocada de Berlín, que en su estado original formaba parte del mundo de los edificios, ¿acaso no se convierte mediante su reconstrucción abstracta y su escala absurda en algo que sólo el contexto puede devolver al mundo de los edificios? ¿No es cierto que la fachada ajedrezada del edificio del BFTS recuerda al dibujo de los paños de cocina colgados, únicamente para insertarse a la perfección en la larga serie de edificios de Múnich con fachadas aburridamente ornamentadas que evocan técnicas textiles como el entretejido y el bordado? ¿Y acaso la fachada de ladrillo de la casa en Aggstall no va un paso más allá gracias a la sorprendente similitud entre la sólida piel exterior y el diseño de un grueso tejido de punto monocromo?

decorated buildings of the surroundings precisely through its unashamed vanity and virtuosity.

The world of things

Although Andreas Hild and Dionys Ottl state their preferences most clearly, they repeatedly explore those intermediate areas between things and buildings where their most interesting designs are produced: what does it mean when buildings from past eras introduce references from the world of things (for example textile ornament) to the world of buildings? Or how should one deal with traditions of form that inherently contain references to the world of things? What should one do when things determine the world of buildings, pushing the buildings themselves into the background, such as, for example, the obligatory chestnut trees and the green painted benches in a beer garden? Does the change of scale that, in the manner of Claes Oldenburg, determines the appearance of the bus stop in Landshut not transport the entire structure into the world of things and then transport the thing back to the world of buildings? And does the mahogany print on the facade panels in the housing building in Kempten not create confusion between the furnishings and the external skin? And as for the render facade in Berlin, which in its original state was naturally a part of the world of buildings, through its abstract reconstruction and absurd scale, does it not become a thing that only the context can bring back to the world of buildings? Does the check facade of the BFTS not recall the pattern of washed tea-towels, only to insert itself seamlessly in the long series of buildings in Munich with flatly ornamented facades that recall techniques used in textiles such as weaving or embroidery? And does the brick facade of the house in Aggstall not go a step further through the striking similarity of the solid external skin with a coarse monochrome knitted pattern?

Exhibiting architecture

In recent years HildundK have been able to make a number of exhibitions of their work that have dealt with the themes of space and sensual perception. An exhibition held in the Architekturgallerie in Munich focussed on the impossibility of exhibiting architecture in a gallery. They set up the small exhibition space as a "reading room" with beer garden tables and benches as furniture; they "panelled" the room with blackboard paint and used chalk to draw curtains on the walls, a playful nod to the didactic and theatrical character of the installation. Little books printed especially for the exhibition with essays written for the occasion lay on the tables. The idea was that, as it is impossible to show architecture in an exhibition, then at least one should be able to "read" it. The presentation allowed visitors to trace the many suggested cross-connections and references in the installation (and thus to explore the architects' oeuvre) while they could also enjoy the manipulation of the space, which had been made into a pleasant room through the use of simple interventions. A further exhibition the following year focussed entirely on intuitive and sensual associations and bore the appropriate title *Architektur Geschmackssache* (Architecture, a matter of taste). Once again, there were no projects on view in the exhibition. Instead of the standard approach—using visual representations to depict an architecture that, of its very nature, cannot be shown in the exhibition space—the intention was that people should be able to taste the architecture. A particular kind of wine was allotted to each project and was contained in bottles with specially designed labels, each of which carried an illustration of the respective project. For example, at this exhibition the bus stop in Landshut was depicted on the label of a yellow-gold dessert wine. The fact that every kind of reproduction or representation of architecture is far removed from the original is also the theme of a number of study projects that Andreas Hild has supervised at various uni-

La arquitectura como diálogo   Architecture as dialogue   Mechthild Stuhlmacher

**Viviendas sociales,
Kempten, 1997.**
Social housing,
Kempten, 1997.

© Michael Heinrich

Exposición sobre la
obra de HildundK
en la Architekturgallerie,
Múnich, 2001.
Exhibition on the work
of HildundK,
Architekturgallerie,
Munich, 2001.

© Michael Heinrich

Exponer la arquitectura
Durante los últimos años, HildundK ha podido realizar una serie de exposiciones de su obra en las que han abordado los temas del espacio y la percepción sensorial. Una de ellas, celebrada en la Architekturgalerie de Múnich, se centró en la imposibilidad de exponer la arquitectura en una galería. Montaron el espacio como una "sala de lectura" con mesas y bancos de cervecería, "panelaron" la habitación con pintura de pizarra y pintaron con tiza blanca las cortinas, un guiño juguetón al carácter teatral y didáctico de la instalación. Sobre las mesas se colocaron pequeños libros impresos especialmente para la exposición que publicaban ensayos escritos con motivo de la misma. La idea era que, si es imposible mostrar la arquitectura en una exposición, al menos debería ser posible "leerla". La presentación permitía que los visitantes rastrearan las numerosas conexiones y referencias cruzadas que la instalación sugería (y, de esa forma, exploraran la obra de los arquitectos), al tiempo que podían disfrutar de la manipulación del espacio, que se había convertido en una agradable habitación mediante intervenciones muy sencillas.

Otra exposición celebrada al año siguiente, a la que se tituló de forma apropiada *Architektur Geschmackssache* (La arquitectura, una cuestión de gusto), se centró por completo en las asociaciones intuitivas y sensoriales. De nuevo, en la exposición no había proyecto alguno a la vista. En lugar de adoptar un enfoque estándar para una expo-

versities. Architecture for him is a sensuous, spatial and material art that can only be truly and meaningfully experienced on site and in its real dimensions. The students thus worked on dolls' houses that could be built to their true size, or indeed even on a dog kennel.

In addition to their serious efforts to preserve continuity and to define their own position within a living tradition, both partners also feel the need to establish an inner distance to the often far too serious and hermetic world of architecture. So, quite a few projects can be understood as occasionally sardonic commentaries on their own profession. Articles that appeared in various publications during the early years read—quite literally—like texts from a different century. In many articles on the architects over the years the focus is on irony, on the polemical and the subliminal; in short on an exceptional position that defines itself by means of a commentary on others. Even though HildundK are certainly interested in turning the spotlight of publicity on their position, it is their delight in exploring (and undermining) conventions that make their work more long-lived than that of many of their contemporaries. Despite all their excursions into the world of visual art and design, Andreas Hild and Dionys Ottl see themselves as master builders in the best sense of the term, who are primarily concerned with making useful, beautiful spaces and structures suited to the materials used. The dialogue with and about their

sición de arquitectura —mediante representaciones visuales que describen una arquitectura que por su propia naturaleza no puede mostrarse en un espacio expositivo—, el objetivo era que el público pudiera ser capaz de saborearla. Se asignó un vino específico a cada uno de los proyectos, y en las botellas se colocaron etiquetas diseñadas para la ocasión, cada una de las cuales contenía una ilustración del respectivo proyecto. Por ejemplo, el proyecto de la parada de autobús de Landshut estaba representado en esta exposición en la etiqueta de un vino de postre de tonalidades doradas.

El hecho de que las reproducciones o representaciones de la arquitectura se alejen mucho del original es también el tema de diversos proyectos de investigación que Andreas Hild ha tutelado en varias universidades. Para él, la arquitectura es un arte sensorial, espacial y material que sólo puede experimentarse de forma auténtica y significativa en su presencia y dimensión real. Por ello, los estudiantes trabajaron con casas de muñecas, e incluso con una caseta de perro, que podían construirse a su tamaño real.

Además de sus serios esfuerzos para preservar la continuidad y definir su propia posición dentro de una tradición viva, ambos socios sienten también la necesidad de establecer una distancia interior respecto al mundo de la arquitectura, con frecuencia demasiado serio y hermético. Por ello, muchos proyectos pueden entenderse como comentarios ocasionalmente sarcásticos sobre su propia profesión. Los artículos que aparecieron en diversas publicaciones durante sus primeros años se leen —de forma muy literal— como textos de otro siglo. Muchos artículos publicados sobre los arquitectos a lo largo del tiempo se centran en la ironía, en lo polémico y lo subliminal; en pocas palabras, en una posición excepcional que se define a sí misma a través de un comentario sobre los otros. Aunque en HildundK están sin duda interesados en centrar la atención en su forma de aproximarse a la arquitectura, es su placer por explorar (y socavar) las convenciones el que hace que su obra sea más longeva que la de la mayoría de sus contemporáneos. A pesar de sus incursiones en el mundo de las artes visuales y el diseño, Andreas Hild y Dionys Ottl se ven a sí mismos como maestros constructores, en el mejor sentido del término, que se preocupan sobre todo de crear espacios y estructuras útiles y bellas, adecuadas a los materiales que utilizan. Así, el diálogo con y sobre sus edificios se ha mantenido vivo a lo largo de un período de muchos años; es intemporal y a la vez está conectado con su tiempo; a veces asombroso o sencillamente entretenido y hermoso. De este modo, Andreas Hild y Dionys Ottl consiguen exactamente lo que es más importante para ellos: hacer una arquitectura que habla un lenguaje que se adapta a una situación concreta y a un interlocutor específico en la conversación; un lenguaje que uno desea —y puede— comprender.

buildings has thus remained alive over a period of many years; it is both timeless and directly related to its time, at times astonishing or just entertaining and beautiful. In this way Andreas Hild and Dionys Ottl achieve exactly what is most important to them: making architecture that speaks a language suited to the particular situation and conversational partner, a language that one wishes to—and is able to—understand.

Exposición *Architektur Geschmackssache* (La arquitectura, una cuestión de gusto) sobre la obra de HildundK, en Galerie Barbara Gross, Múnich, 2002.

Exhibition *Architektur Geschmackssache* (Architecture, a matter of taste) on the work of HildundK, Galerie Barbara Gross, Munich, 2002.

© Michael Heinrich

Objetos, otros objetos
Things, other things

La visita a HildundK en Múnich me ofreció la oportunidad de ver la ciudad por primera vez. Al salir en el centro histórico de Múnich desde la estación de metro me sentí como si hubiese llegado a un plató de cine que hubiesen construido Fritz Lang o Friedrich Wilhelm Murnau en la década de 1920. La atmósfera prístina de este decorado se ajustaba a lo que uno espera actualmente de los centros históricos: tienden a ser tan preciosistas en su conservación, que sus edificios parecen extraordinariamente elaborados, especialmente cuando se comparan con construcciones banales —espectaculares o de otro tipo— de nuestra época. Su artificio es evidente. En Múnich se acumulan la imaginería arquitectónica de distintos períodos y sus distintas representaciones, dando como resultado escenas que parecen cuidadosamente montadas. En medio de los distintos escenarios e imágenes de la ciudad, uno no puede dejar de admitir lo agradable que resulta y, lo que es más, lo atractiva que es, aunque se tenga la sensación de estar en un teatro activo y de percibir los gestos de los distintos actores y sus relaciones. Uno se ve forzado a reflexionar sobre el carácter genuino o la autenticidad de su artificio y su éxito como forma de comunicación.

Los distintos aspectos de la Residenz, por ejemplo, son un indicio de la "obra teatral" de la arquitectura de Múnich. Sus evocaciones al renacimiento italiano, que parecen filtradas a través de la sensibilidad del observador, resultan particularmente fascinantes. La artificialidad de las superficies evoca la mampostería de piedra: en algunos casos sutiles, cuando se observan de cerca los edificios que parecen construidos con sillares de piedra que varían ligeramente de color, se descubre que están pintados. Sus piedras se convierten en sencillas zonas de mortero pintadas con tonos ligeramente distintos: la resplandeciente paleta de color de los palacios italianos. El uso del color en la Residenz, y en la misma medida la utilización de detalles clásicos poco costosos, evocan ciertas características del Palacio Real

Fachada de la Residenz, Múnich. Esta antigua residencia real fue construida a lo largo de los siglos (XVI-XIX) siguiendo los diversos estilos arquitectónicos de cada época: renacentista, rococó, barroco y neoclasicismo.
Facade of the Residenz, Munich. This former royal residence was built between the 16th and the 19th century in keeping with the different architectural styles of each era: Renaissance, rococo, baroque and neoclassicism.

© Michael Heinrich

Visiting HildundK in Munich provided me with the opportunity to see the city for the first time. Emerging in the historical centre of Munich from an underground railway station, I felt as though I had arrived in a film set that might have been constructed by Fritz Lang or Friedrich Wilhelm Murnau in the 1920s. The pristine quality of its scenery was consistent with what one has come to expect of historical centres these days: they tend to be so precious in their preserved state

MARK PIMLOTT (Montreal, 1958) es artista y diseñador. Estudió en la McGill University de Montreal, la Architectural Association de Londres y el Goldsmiths College de la London University. Su labor profesional se ocupa de los lugares y engloba obras de arte públicas de gran formato, películas, fotografía, escritos y diseño interior. Colabora con frecuencia con arquitectos, entre los que se encuentran Sergison Bates, Tony Fretton y BIQ. Es autor del libro *Without and within* (Episode Publishers, Róterdam, 2007). Actualmente, Mark Pimlott es profesor del departamento de Arquitectura Interior de la Technische Universiteit Delft, Holanda. Vive y trabaja entre Londres y La Haya.

MARK PIMLOTT (Montréal, 1958) is an artist and designer, and studied at McGill University, Montréal, the Architectural Association, London, and Goldsmiths College, University of London. His practice is concerned with places. His work consists of large-scale public art works, film and photography, writing and interior design. He frequently collaborates with architects, among them Sergison Bates, Tony Fretton, and BIQ. He is author of the book *Without and within* (Episode Publishers, Rotterdam, 2007). Mark Pimlott is currently a senior lecturer at Delft University of Technology, the Netherlands, in the department of Architecture (Interior). He lives and works in London and The Hague.

Palacio Real, Gamla Stam, Estocolmo, ss. XVII-XVIII.
Royal Palace, Gamla Stam, Stockholm, 17th-18th century.

cc by buchick

Feldherrnhalle, Múnich, 1841-1844.
Feldherrnhalle, Munich, 1841-1844.

cc by randon duck

en Gamla Stan, Estocolmo. Construido a finales del siglo XVIII, su arquitecto recibió la orden de viajar a Roma para diseñar un palacio que recogiese las influencias de la capital italiana. La obra es una traducción; en ella hay algo nostálgico, como el recuerdo de Italia o del verano sueco frágil y breve, una evocación de ese verano que se muestra al invierno largo y frío. En la Residenz existen referencias a Italia que reconocen la distancia de sus raíces, y otras que se benefician directamente de los efectos de la asociación por proximidad. Estas referencias se sitúan entre alusiones a otros lugares desperdigados por la ciudad: algunas son reconocibles, como la de la Loggia dei Lanzi florentina, tal y como está reflejada en el Feldherrnhalle; pero la mayoría tiene su origen en otros períodos y en otros arquetipos, más difíciles de identificar pero muy conocidos. En conjunto refuerzan la atmósfera de artificialidad y permiten episodios esporádicos de invención desmesurada. En uno de los patios de la Residenz, las pare-

that their constructions seem extraordinarily elaborate, particularly when placed against the banal productions—spectacular or otherwise—of our own age. Their artifice is evident. In Munich, the imagery of architecture of different periods and their various representations accumulates, forming what appear to be carefully staged scenes. In the midst of the city's various poses and presentations, one cannot help admitting how pleasant it is and, furthermore, how engaging it is, as though one is in an active theatre, aware of the gestures of the various players and their relations. One is bound to dwell upon the genuine character or the authenticity of its artifice and its success as a form of communication.

The various appearances of the Residenz, for example, are indicative of the "play" of Munich architecture. Their evocations of the Italian Renaissance as though filtered through an observer's sensibility are particularly intriguing. *Trompe-l'œil* surfaces allude to stonework; in

des de "piedra" pintada están cubiertas por un audaz "dibujo" de elementos arquitectónicos que podría haberse tomado del telón de fondo de un teatro. Una iglesia del siglo XVIII de los hermanos Asam en el centro de Múnich, la Asamkirche, se "desparrama" sobre la calle como si una fuente de Bernini se hubiese vuelto loca. Estas fantasías, más o menos intensas, aparecen en otros edificios y emplazamientos del centro de Múnich: el artificio está para ser visto, tocado, comentado; para sumergirse en él.

Estas impresiones cautivadoras fueron el preludio al encuentro con Andreas Hild y Dionys Ottl en el jardín de una villa decimonónica de estilo italiano ubicada en el centro de la ciudad, cerca de la Karolinenplatz, que alberga el Lenbachhaus Museum. La villa era capaz de evocar la imagen de Italia de manera tan convincente, con su patio tan parecido a un auténtico jardín italiano, que bajo la sombra de sus espléndidos árboles uno podía sentir la luz moteada del Mediterráneo e imaginar con bastante lógica que la vista desde el jardín sería la de algún fragmento del paisaje toscano. La villa encarnaba el tipo de contención vinculado a un lugar que es capaz de sostenerse a través de la ensoñación y la fantasía: la cultura de la ciudad se sumerge en la actuación, el artificio, el teatro y la representación. En una ciudad así no sólo los edificios tienen un papel, sino que también los ciudadanos se implican en la teatralidad de la ciudad y, al comunicarse entre sí, amplían las posibilidades de su interpretación. Este proceso crea cultura de una forma bastante consciente, y Hild y Ottl interpretan su papel en la creación de Múnich.

Posteriores conversaciones con los arquitectos —durante las visitas a un par de cementerios que albergaban pequeñas intervenciones y puertas proyectadas por Hans Döllgast— me hicieron pensar que la utilización que la ciudad de Múnich hace de la imaginería de otros lugares, a pesar de ser una característica propia de la cultura provinciana, es impredecible y ecléctica, y depende de afinidades percibidas colectivamente. Andreas Hild, por ejemplo, mientras contemplábamos un humilde pilar de ladrillo proyectado por Döllgast, me habló de la resonancia que había en él de la obra de Sigurd Lewerentz. Aunque es probable que los arquitectos hubiesen tenido contacto entre ellos, quizá lo que tenían en común era una afinidad, una fantasía compartida, más que un enfoque de proyecto compartido, hecho que se manifiesta en distintos aspectos.

En nuestro trayecto a Lenbachhaus pasamos junto a un edificio de principios de la década de 1950 pintado de un verde pistacho pálido, con recercados de piedra en las ventanas y elementos clásicos de proporciones extrañas, algunos diminutos y otros desvaídos. Recordaba a la arquitectura del *novecento* italiano y compartía un parecido familiar con la Villa Snellman de Erik Gunnar Asplund; sus ventanas superiores redondas eran parecidas a las proyectadas por Carlo Scarpa en Verona. El efecto de conjunto era a la vez ambiguo, banal, decorativo, lúdico y, como en muchas otras obras idiosincrásicas cuando se contemplan tras su período de vigencia, ligeramente perturbador. El edificio, por el que tanto Hild como Ottl expresaban gran predilección, emanaba otredad y, al mismo tiempo, un absoluto localismo. Su color a la vez fresco y melancólico, que recuerda al de un helado y al de los paños de cocina desgastados, se encuentra por todas las calles de la ciudad.

Los arquitectos señalaban este tipo de edificios, viejos y nuevos, desde la ventana del taxi de color crema camino al edificio del BFTS

subtle instances, buildings that appear to be constructed of individual stones with slight colour variations are, on closer inspection, painted. Their stones turn out to be simply discrete areas of cement render painted in slightly varying shades: the sunny palette of Italian *palazzi*. This use of colour in the Residenz and the correspondingly economical use of classical detail recall features of the Royal Palace in Stockholm's Gamla Stan. Constructed at the turn of the 18th-century, its architect was instructed to visit Rome and create a palace under the influence of its inspiration. The work is a translation: there is something wistful about it, like a memory of Italy or of the fragile and brief Swedish summer itself: a token kept from that summer shown to the long, cold winter. At the Residenz, there are references to Italy that acknowledge the distances from their sources, and others that directly benefit from the effects of association by proximity. These are situated amidst allusions to other places scattered about the city: some are recognisable, such as the Florentine Loggia dei Lanzi as reflected in the Feldherrnhalle; most derive from other periods, and other, less identifiable, but deeply known archetypes. Altogether, they reinforce an atmosphere of artificiality, and give license to occasional episodes of immoderate invention: in a courtyard of the Residenz, walls of painted "stones" are covered with a bold "drawing" of architectural features that could be taken for a theatrical backcloth; an 18th-century church by the Asam brothers in the centre of Munich, the Asamkirche, spills onto the street as though a Bernini fountain run amok. These fantasies of varying intensity appear in other buildings and settings in the centre of Munich: the artifice is there to see, to touch, to remark on, to be immersed in.

These beguiling impressions were a prelude to meeting Andreas Hild and Dionys Ottl in the garden of a 19th-century Italianate villa, the Lenbachhaus Museum, in the centre of the city, near the Karolinenplatz. The villa was so convincing in eliciting an image of Italy, its courtyard so closely resembling a real Italian garden, that, under the shade of its splendid trees, one could sense dappled Mediterranean light and could quite reasonably imagine the view from the garden to be that of some fragment of Tuscan countryside. The villa embodied the order of contentment concomitant with a place that is able to sustain itself through reverie and fantasy: the city's culture is steeped in performance, artifice, theatre and representation. In such a city, not only the buildings play roles. Citizens, too, engage in the city's theatricality, and by communicating with each other extend the possibilities for its interpretation. This process quite consciously makes culture, and Hild and Ottl play their part in the making of Munich.

Later conversations with the architects—visiting a couple of cemeteries that contained small structures and gates designed by Hans Döllgast— made me think that Munich's deployment of the imagery from other places was—though characteristic of provincial culture—unpredictable and eclectic, and dependent upon collectively perceived affinities.

Andreas Hild spoke to me, for example, while looking at a humbly constructed brick pier designed by Döllgast, of the resonance of Sigurd Lewerentz's work within it. Although the architects would likely have had contact with each other, perhaps it was a sympathy, a shared fantasy, rather than a shared approach to design, that resonated between them and was made visible in discrete appearances. On our way to the Lenbachhaus, we passed by a building from the

Objetos, otros objetos   Things, other things   Mark Pimlott

(Centro de Investigación y Tecnología Bávaro para las Ciencias del Deporte), proyectado por ellos y ubicado junto a los edificios para la prensa construidos con motivo de los Juegos Olímpicos de 1972. La estructura de estos edificios de acero cortén y el cerramiento de paneles blancos evocaban, entre otras fuentes, a Ludwig Mies van der Rohe, a los edificios de Max Bill para la Expo 64 de Lausana, a la Freie Universität de Berlín de Shadrach Woods, y a la Villa de Katsura en Kioto. Uno de los lados especialmente contundentes de este complejo está situado frente al edificio del BFTS, cuyas superficies, igualmente contundentes, planas y tensas, parecían responder de forma directa a las de su beligerante vecino. Las superficies del edificio de HildundK estaban grabadas con un sutil motivo de franjas superpuestas de color verde pálido que parecían tejidas y fijadas en las zonas de cruce por oscuras ventanas hundidas. Este tratamiento recordaba de manera inmediata a los edificios de viviendas de la ciudad con fachadas revocadas y pintadas, a las distintas fachadas también pintadas de la Residenz, a las de los edificios banales que se encuentran en las calles menos importantes de la ciudad, al edificio antes mencionado de la Karolinenplatz, al estrafalario engaño del patio de la Residenz, e incluso al taxi de color crema que acababa de marcharse. El edificio del BFTS es un objeto extraño, mudo, hermoso; a la vez plácido y perturbador.

El edificio del BFTS altera la idea de lo que puede considerarse como obra arquitectónica. Aunque parece proponer muchas vías distintas de interpretación, no hay una dirección segura. Las similitudes que posee tanto con edificios banales como "significativos", son a la vez desconcertantes y estimulantes. Existe una tensión evidente en sus alusiones opuestas, pero la tensión del edificio del BFTS es, en última estancia, la suya propia. Es un edificio y, al mismo tiempo, no lo es. Tiene el aspecto de un edificio, pero este sencillo hecho parece estar contaminado por otras alternativas. Es más bien como un obje-

early 1950s, painted a pale pistachio green, with window surrounds of stone and oddly proportioned classical elements, some dwarfed, some etiolated. It was reminiscent of Italian *Novecento* architecture; it shared a familial resemblance to the Villa Snellman by Erik Gunnar Asplund; its rounded upper windows were similar to those designed by Carlo Scarpa at Verona. The effect of the whole was at once ambiguous, banal, decorative, playful, and, like many idiosyncratic works when viewed after their period of currency, slightly disturbing. The building, which both Hild and Ottl expressed great fondness for, emanated both otherness and utter locality. Its colour, redolent of *gelato* and faded tea-towels, at once fresh and melancholic, occurred throughout the streets of the city.

The architects pointed out such buildings, old and new, from the windows of a cream-coloured taxi, on the way to see their BFTS building (Bavarian Research and Technology Centre for Sports Sciences), which was adjacent to those built for the press for the 1972 Olympic Games. Their Corten steel structure and white infill panels evoked, among other sources, Ludwig Mies van der Rohe; Max Bill's Lausanne Expo 64 buildings; Shadrach Woods's Freie Universität Berlin; and Kyoto's Katsura Villa. One particularly uncompromising side of this complex presented itself to the BFTS building, whose similarly uncompromising, flat, taut surfaces seemed posed as a direct response to those of its belligerent neighbour. The surfaces of HildundK's building were imprinted by a subtle pattern of overlapping pale green bands, appearing to be woven, fixed at their crossings by dark, deep-set windows. This treatment at once recalled the city's painted stucco apartment blocks; the various painted facades of the Residenz; the banal buildings that populate the city's lesser streets and yards, with their tea-towel remedies for debased modernism (painted by their despairing occupants); the aforementioned green building on the Karolinenplatz; the outrageous *trompe-l'œil* courtyard of the Re-

Edificios junto al BFTS, construidos con motivo de los Juegos Olímpicos de 1972, Múnich.
Buildings next to the BFTS, constructed for the 1972 Olympic Games, Munich.

© Michael Heinrich

to que, sencillamente por encontrarse en unas determinadas circunstancias, las objetiva y las convierte también en objetos. Para conseguir algo así hace falta un distanciamiento y una gran fluidez entre muchos ámbitos de preocupación distintos. La descripción que hace Andreas Hild del proceso de alienación de HildundK —"Normalidad + x"— ofrece una pista para entender la extraña presencia del edificio. La atención consciente a lo normal hace que precisamente se establezca una distancia que lo convierte en algo extraño. Lo "normal" aparece entonces como un fantasma, un *Doppelgänger*,[1] un objeto fruto de la mente tanto como de la vista. Ese objeto está en el mundo, pero distanciado de él por el hecho de que no es real, sino una representación. Está en el mundo como una "imagen de sí mismo". De esta forma, se asocia con el mundo desde cierta distancia, como un artificio, como el actor de una fantasía.

No se trata de un procedimiento enrarecido específico de las construcciones enigmáticas, sino de algo que la mayoría de la gente experimenta a diario cuando simplemente imagina, fantasea o tiene la esperanza de encontrarse en otro lugar: los objetos se convierten en otros objetos. En un bloque de viviendas sociales en Stokholmstrasse, Múnich Riem, los arquitectos plantearon una distribución sencilla de balcones continuos que rodean todo el edificio como si se tratara galerías. El edificio está situado frente a un gran parque en las afueras de la ciudad. Andreas Hild se refiere a la vista desde estas viviendas como si fuese algo parecido a tener vistas al mar. Esta modesta pretensión parece haber puesto en marcha una serie de decisiones respecto a la relación de la distribución de las viviendas con el exterior, con sus balcones, su aspecto y, finalmente, respecto la apariencia de todo el edificio, incluyendo su peculiar color: un tono extremadamente sutil de verde menta muy pálido que recuerda a los barcos blancos y a los complejos vacacionales del sur de Francia de la década de 1970. En la guardería situada en la planta baja se encuentra otra referencia complementaria a la primera: la distribución irregular de las ventanas remite a la despreocupada disposición de cuadros colocados sobre un paramento de hormigón o de baldosas, que alude tanto al Mediterráneo como a las experiencias de una infancia ya lejana.

Cada proyecto de HildundK evoluciona sobre una base propia y en sus propios términos, específicos y únicos. No importa qué tipo de programa albergue el edificio: su concreción es el resultado de perseguir una idea sobre el contexto y de abordar, mediante un enfoque radical, las posibilidades latentes o las afinidades elegidas de la situación.

El material que Andreas Hild y Dionys Ottl utilizan a la hora de realizar su trabajo proviene del mundo de los objetos construidos, aquellos junto a los que se pasa casi sin darse cuenta debido a su banalidad, su vulgaridad o su alegre normalidad. Una vez que los arquitectos han abierto sus ojos y sus corazones a esas realidades y sus contingencias, es posible aceptarlo todo. Aceptan el movimiento moderno vulgar del sur de Francia (vivienda social y guardería en Stockholmstrasse, Múnich-Riem), aceptan el césped artificial y los clichés corporativos (palco VIP en el estadio Allianz Arena), aceptan las moquetas Aubusson (oficinas para Munich Re Group), aceptan el hormigón prefabricado (Centro Informativo de la Construcción y edificio de aparcamientos en Múnich-Riem), aceptan los deseos sencillos y los accidentes ("restauración" de la fachada en la Belziger Strasse, Berlín). Pero, al igual que Robert Venturi, no se fían del

sidenz, and even the cream-coloured taxi that had just driven away. The BFTS building is strange, mute, a beautiful thing, at once placid and disturbing.

The BFTS building upsets one's view of what might constitute a work of architecture. Although the building seems to propose many possible avenues for interpretation, no direction is certain. The similarity it bears to both banal and "significant" constructions is at once unnerving and stimulating. There is an obvious tension in its opposite allusions, but the tension of the BFTS building is finally its own. It is both like and unlike a building. It looks like a building, but this simple fact seems to be contaminated by other alternatives. It is, rather, more like a thing, which, simply by being in its circumstances, objectifies them, and so turns them into things, too. It takes a great deal of detachment and fluency across many areas of concern to be able to make this happen. Andreas Hild's description of HildundK's procedure of alienation—"Normality + x"—offers a clue to understanding the building's strange presence. Conscious attention to the normal brings about a distance from the normal, rendering it uncanny. The normal "thing" appears in the world instead as a phantasm, a *Doppelgänger*,[1] an object of the mind as well as the eye. Such a thing is in the world but distanced from it by virtue of being not real, but a representation. It is in the world as "a picture of itself." In this way, it associates with the world at a distance, as artifice, as player in a fantasy.

This is not a rarefied procedure specific to enigmatic constructions, but something experienced daily by most people, who simply imagine, fantasise or hope that they are somewhere else: things become other things. In a social-housing block in Stockholmstrasse, in Munich-Riem, the architects provided a simple arrangement of continuous balconies that run like galleries around the entire building. The building is opposite a large green park on the edge of the city. Andreas Hild spoke of the view from these apartments being something like a view to the sea. This modest pretence seems to have set a series of decisions in train regarding the relation of the apartments' plan to the outside, to its balconies, their appearance, and, in the end, the appearance of the whole building, including its very particular colour: an extremely subtle shade of very pale minty green that is at once reminiscent of white ships and 1970s holiday resorts in the south of France. Another fantasy applies to the kindergarten on its ground floor and is complementary to the first: its haphazard window pattern resembles a casual arrangement of pictures, set in painted concrete and glass mosaic tiles, alluding to the Mediterranean and childhood experiences of a bygone time alike.

Each project by HildundK appears to proceed on its own basis and its own terms, which are specific and unique. It does not matter what kind of building programme is accommodated: the making of the building is a matter of the pursuit of a thought about context, and a radical approach to surrendering to that situation's latent possibilities, or elective affinities.

The material that Andreas Hild and Dionys Ottl use in order to make their work is drawn from the world of built things, those passed by hardly noticed because of their banality, their vulgarity or their cheerful ordinariness. Once the architects have opened their eyes and hearts and minds to these realities and their contingencies, it becomes indeed possible to embrace everything. They accept the vul-

---

[1] *Doppelgänger*, cuyo significado es 'doble', es un concepto que en alemán remite a "lo extraño", "lo asombroso". La confrontación con una persona idéntica a uno mismo, el doble, es probablemente una experiencia inquietante. Este hecho está muy bien descrito en la novela de Fedor Dostoyevski titulada *El doble* (Alianza, Madrid, 1985) y en el *lied* de Franz Schubert, letra de Heinrich Heine, *Der Doppelgänger*.

[1] *Doppelgänger*, which means "double", is a German concept that is recognised as a trigger for the uncanny. Confrontation with one's double is likely to be an unsettling experience. This is beautifully described in the short novel by Fyodor Dostoyevsky, *The double* (Hesperus Press, London, 2004) and the *lied* by Franz Schubert, *Der Doppelgänger*, lyric by Heinrich Heine.

Objetos, otros objetos   Things, other things   Mark Pimlott

hecho de aceptar alegremente la arquitectura tal y como la proponen los maestros, o cualquier ortodoxia asociada a ella. Estas ortodoxias sólo proporcionan más material con el que trabajar, como sucede con la referencia a Alvar Aalto (edificio de viviendas en Hansaviertel, Berlín) utilizada en el proyecto de las viviendas sociales de la Theresienhöhe. Una pose en la que la arquitectura se presenta como una figura completa y autosuficiente parece, desde la perspectiva de HildundK, un gesto provisional, tal y como se reconoce en su planteamiento "Normalidad + x". Sin embargo, sus objetivos no son ni irónicos ni cínicos, sino que sus consideraciones son experimentales y propositivas, y se plantean desde la perspectiva de un modo de pensar en la arquitectura como algo —una presencia entre otros objetos del mundo— cuya constitución está sujeta a la contaminación de otras cosas, a la casualidad y a la imaginación. Sus experimentos no están relacionados con las especulaciones de los denominados laboratorios de la vanguardia arquitectónica; en vez de ello, se encuentran investidos de una nítida cualidad literaria que acepta la excepcionalidad de la "x".

Hild y Ottl prescinden del ego arquitectónico para poder buscar un orden de autoría distinto; el que se entrega a desarrollar y a atender a un gran número de protagonistas diferentes, cuyos personajes y destinos emergen de sus circunstancias. El resultado es una arquitectura que reconoce la contingencia de los hechos y la mutabilidad de los significados. A pesar de las decisiones que deben tomar tales autores para dar vida a los personajes, a estos se les permite seguir sugiriendo y siendo lo que son y lo que podrían llegar a ser. Están entregados a las vidas e imaginaciones que van a acompañarles, con la certeza de que su rareza será absorbida, aceptada, y se sumergirá en la historia en curso de la propia ciudad. Esta idea, singular y generosa, es la que se hace realidad en los actos de HildundK, en sus procesos y sus edificios.

Alvar Aalto, bloque de viviendas en Hansaviertel, Berlín, 1955-1957.
Alvar Aalto, apartment building in Hansaviertel, Berlin, 1955-1957.

© Heikki Havas, Alvar Aalto Museum

gar modernism of the south of France (social housing and kindergarten on Stockholmstrasse, Munich-Riem); they accept Astroturf and corporate clichés (VIP box in the Allianz Arena stadium); they accept Aubusson carpets (offices for Munich Re Group); they accept pre-cast concrete (Building Information Centre and car-park building in Munich-Riem); they accept simple desires and accidents (the facade "restoration" in Belziger Strasse, Berlin). Yet, like Robert Venturi, they are wary of blithely accepting Architecture as it is proposed by the masters, or any of its associated orthodoxies. Those orthodoxies only provide more material to work with, as in the Alvar Aalto motif (apartment building in Hansaviertel, Berlin) used in the social housing project at Theresienhöhe. A pose in which architecture appears as a complete and self-sufficient figure looks posturing and provisional in the face of HildundK's embrace of the world, as it is realised in their "Normality + x" constructions. However, their objectives are neither ironic nor cynical. Their considerations are experimental and propositional, made as offerings on the subject of how one might think of architecture as something, a presence amongst other things in the world, whose constitution is subject to the contamination of other things, chance, and the imagination. Their experiments are not related to the speculations of the architectural avant-garde's so-called laboratories; they are instead invested with a distinctly literary quality, which accepts the aberrance of "x". Hild and Ottl dispense with an aspect of the architectural Ego, so that they may pursue a different order of authorship, one which surrenders itself to the entertainment and development of a host of different protagonists, whose personae and fates emerge from their circumstances. The result is an architecture that recognises the contingency of facts and the mutability of meanings. Despite the determinations that must be made by such authors to bring characters into existence, their characters are allowed to get on with suggesting and being what they are and what they might become. They are given up to the lives and imaginings that will go on within them, in the certainty that their uncanniness will be absorbed, embraced and immersed in the city's ongoing story of itself. This idea, realised in HildundK's acts—its processes and buildings—is singular, and generous.

Vivienda unifamiliar en Aggstall
Single-family house in Aggstall

1998-2000

La casa, situada en una remota aldea de la Alta Baviera, se construyó con el objetivo de sustituir a otro edificio antiguo en muy mal estado. Las ordenanzas de la edificación exigían que el nuevo edificio tuviese las mismas dimensiones de altura de cumbrera, anchura y longitud que su predecesor. Además, el solar está situado en una ladera orientada al norte, razón por la cual el edificio se dispone en la parte inferior de la pendiente y orienta su fachada principal al sur, frente a un amplio jardín. Para conseguir que la casa gozara de una buena iluminación en ambas plantas, la cumbrera se desplazó hacia el sur; de este modo, se generaron dos plantas muy amplias, al tiempo que se mantenía la altura de cumbrera original. Esta decisión se tradujo en una cubierta inclinada asimétrica que, en uno de los lados (el norte) presenta un amplio alero que sobresale de la fachada, de forma similar a las casas que suelen encontrarse en esta región. La planta está dividida en dependencias más o menos de la misma superficie, distribuidas a lo largo de las zonas de circulación. Un zócalo continuo de piedra arenisca de Eichstätt, sobre el que se asienta la casa, divide el emplazamiento en la zona del jardín y en la zona de entrada, con el acceso rodado y el garaje.

La casa está construida con ladrillo hueco y una hoja exterior de ladrillo macizo; todas las superficies del interior están enyesadas. El aspecto macizo de sistema constructivo también se utilizó en la cubierta: sobre los elementos prefabricados se construyó una cubierta ventilada con un aislamiento excelente, acabada con tejas recicladas de color amarillento que armonizan con el color de la fachada. Las ventanas, las puertas exteriores, el sofito del alero, así como los muebles empotrados más importantes y los pavimentos, son de roble.

La fachada constituye una reflexión sobre la irregularidad y el juego con la luz de las tradicionales paredes macizas revocadas. El objetivo era descubrir un sistema para la fachada que generase la geometría de los efectos aleatorios tradicionales de forma manufacturada. El enlucido de la fachada es de color amarillo maíz, un color que se repite en las tejas de la cubierta y en el zócalo, y que ayuda a integrar el edificio en los campos y las praderas del entorno.

The house stands in a remote hamlet in Upper Bavaria and was intended to replace an existing rundown property. The building regulations required that the new building should have the same ridge height, width and length as its predecessor. In addition, the site lies on a north-facing slope, which is why the development faces south towards the slope and a large garden. To create a house that would be well-lit on both floors the ridgeline was shifted towards the south, making it possible to create two generously sized floors while retaining the original ridge height. This measure resulted in an asymmetrical pitched roof that, at one side, projects beyond the facade in a manner similar to house types often found in this region. The floor plan consists essentially of individual rooms of approximately the same size, which are arranged along the circulation areas. The house stands on a continuous plinth made of lime sandstone from Eichstätt. This plinth separates the site into a garden side and an entrance side with the garage and the front driveway.

The house is built of cavity bricks with a front layer of solid brick; all the surfaces of the interior were given a coat of gypsum plaster. The solid structural system is continued in the roof. A back-ventilated, highly insulated roof was placed on the inclined prefabricated ceiling elements. Second-hand roofing tiles of a yellowish colour that match the colour of the facade were used as the roofing material. The windows, external doors, and soffit of the projecting roof as well as the more important built-in units and the floors are made of oak.

The facade is a reflection on the irregularity and the play with light found in traditional plastered solid walls. The aim was to discover a system for the surface that would create the geometry of the traditional random effects, thus allowing them to be manufactured. The facade was given a corn-yellow render coat, the colour being repeated in the roof tiles and the plinth, thus helping to integrate the building among the neighbouring fields and meadows.

Emplazamiento Location **Aggstall, Baviera, Alemania/ Bavaria, Germany** | Equipo Design team **Andreas Hild y/ and Dionys Ottl** | Proyecto Design years **1998-1999** | Construcción Construction years **1999-2000** | Superficie Surface area **300 m²** | Fotografías Photographs **Michael Heinrich, Christian Gahl**

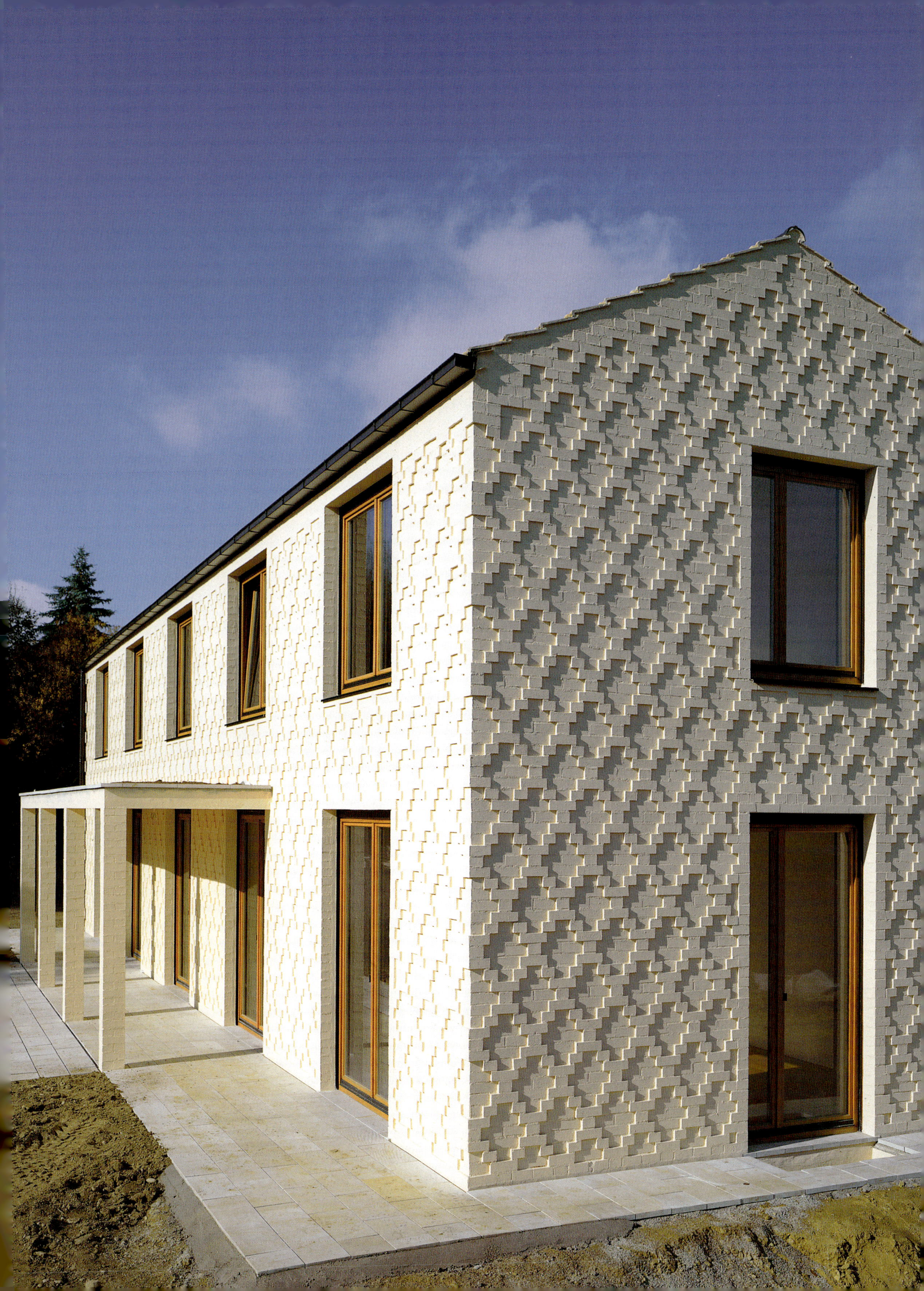

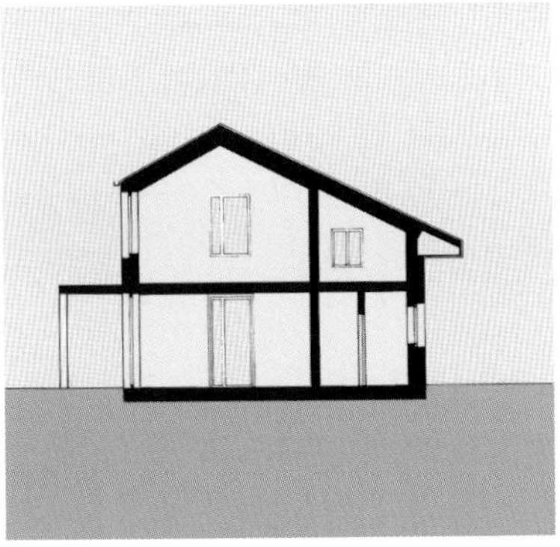

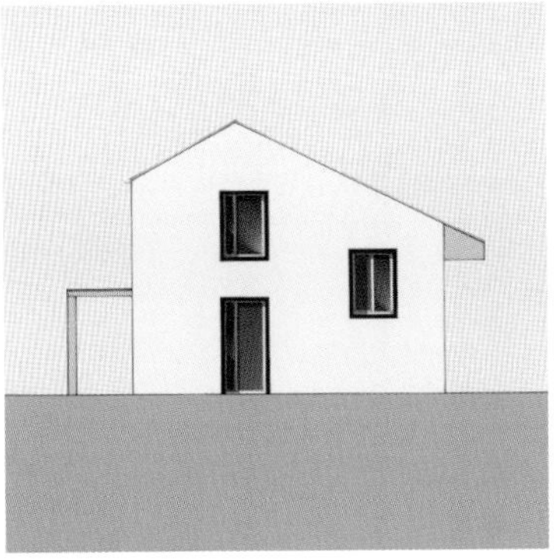

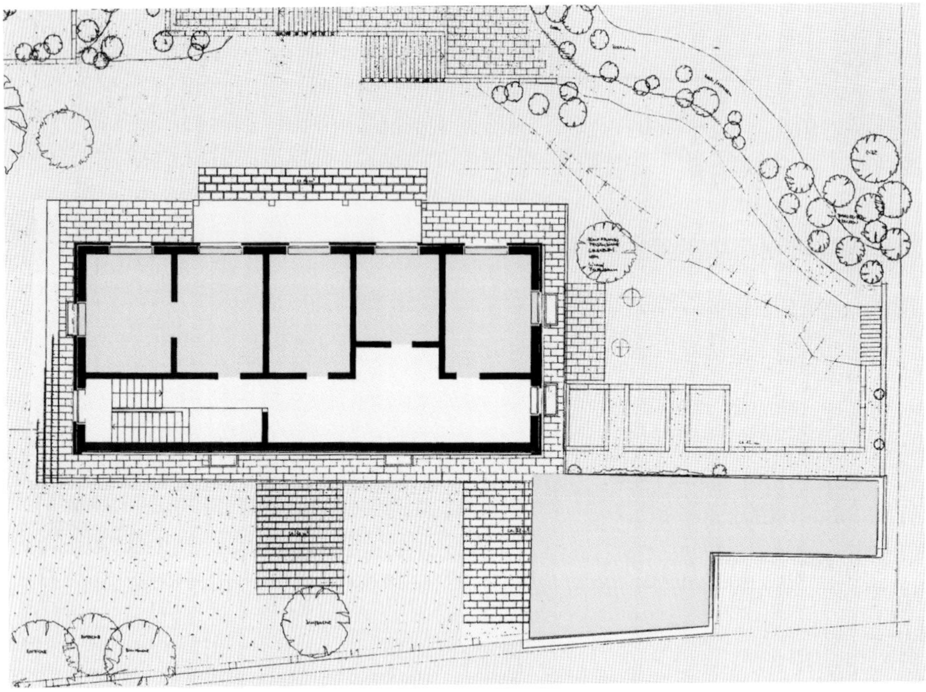

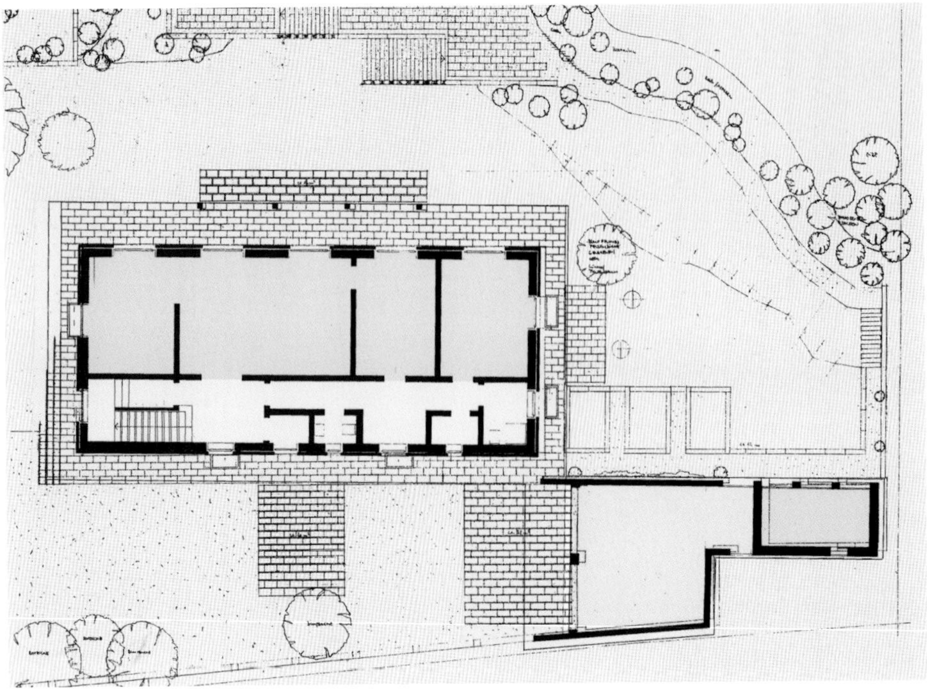

Vivienda unifamiliar en Aggstall

Single-family house in Aggstall

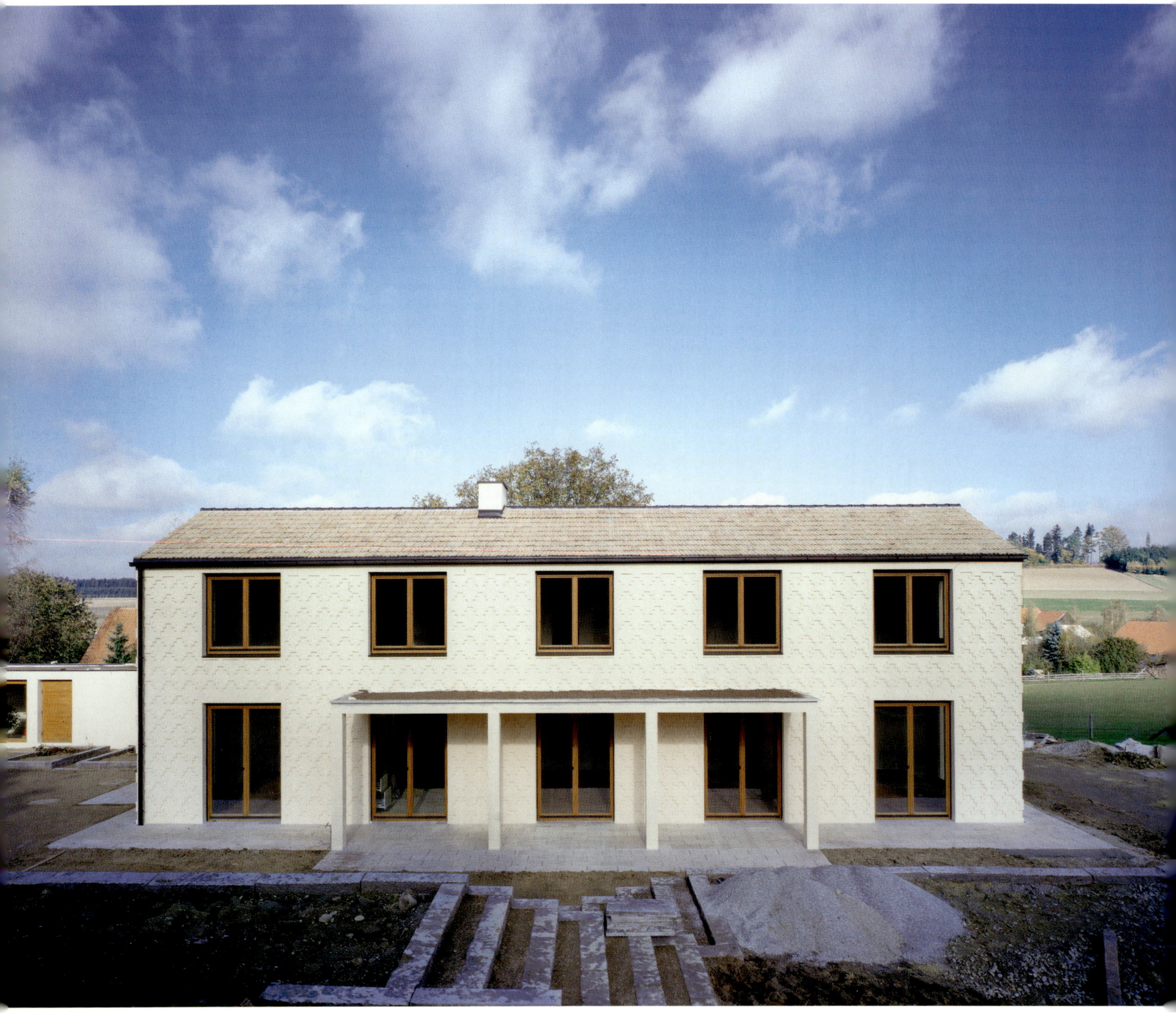

Vivienda unifamiliar en Aggstall

Single-family house in Aggstall

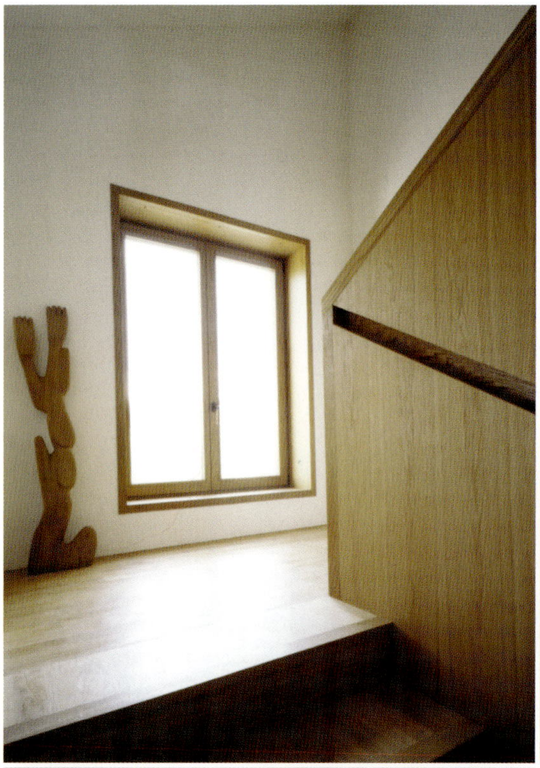

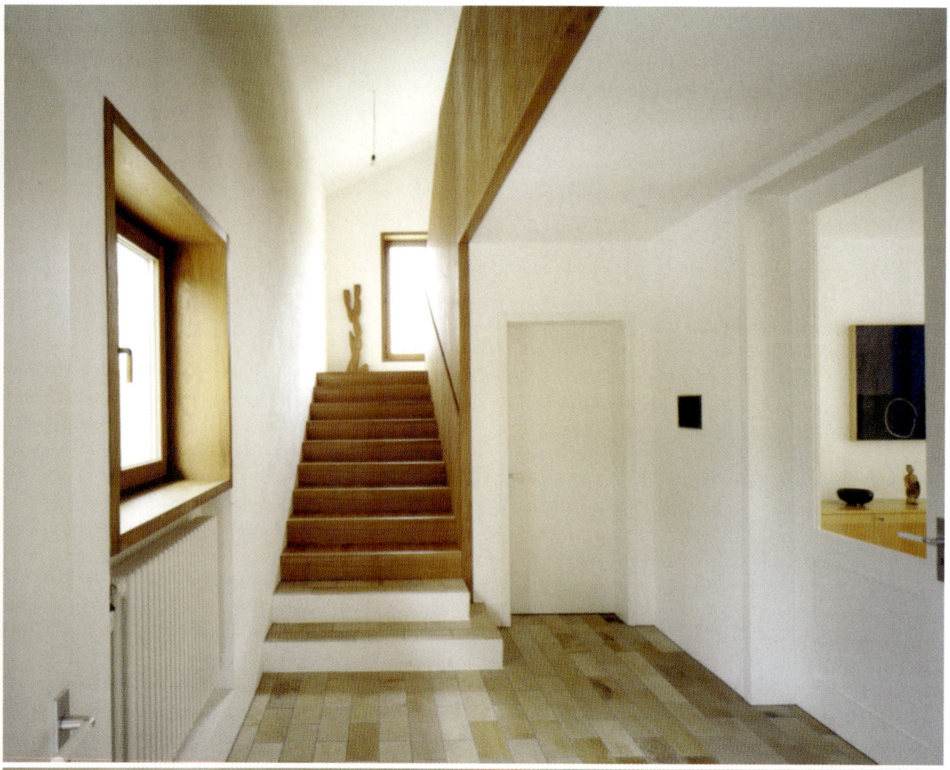

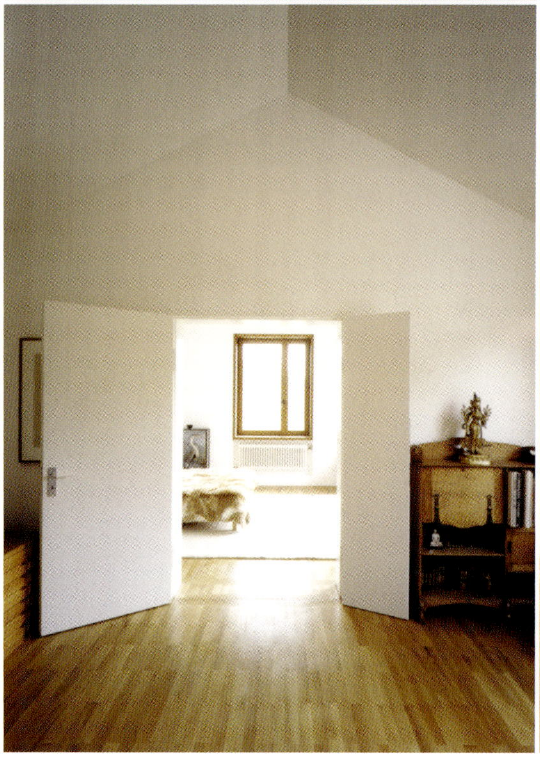

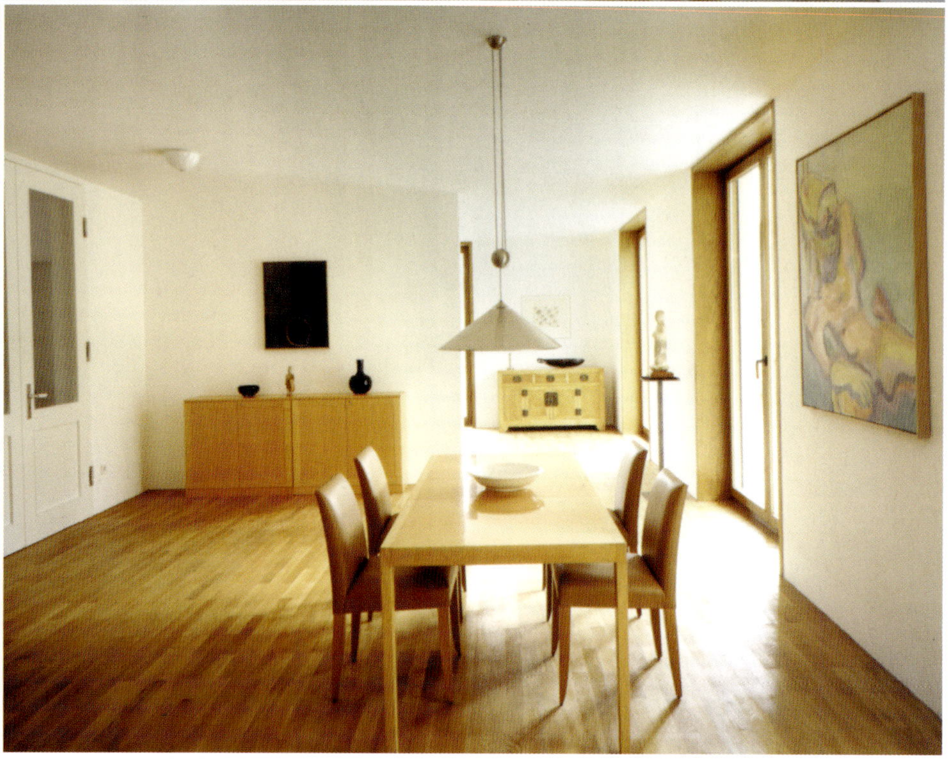

Vivienda unifamiliar en Aggstall

Single-family house in Aggstall

Rehabilitación de una fachada, Berlín
Facade refurbishment, Berlín

1998-1999

El objetivo era recuperar el estado original previo a la II Guerra Mundial de una fachada berlinesa de finales del siglo XIX que se encontraba en mal estado debido al abandono y a una restauración defectuosa. Originariamente, la fachada estaba ricamente ornamentada, pero después de la guerra se eliminó la ornamentación de escayola y se reemplazó por un sencillo y tosco revoco. Uno de los alzados del proyecto original, que se había conservado bastante bien, proporcionó la base para el trabajo de restauración.

El intento de recrear el estado originario fue rechazado por motivos arquitectónicos y teóricos. Sin embargo, se deseaba rememorar el espíritu del edificio antiguo en el nuevo proyecto. El dibujo del proyecto original, que estaba a escala 1:100, se amplió a escala 1:1 (tamaño real). Esta imagen del dibujo, inusualmente ampliado, fue transferida a la fachada existente grabándola en el enlucido como un relieve.

En el desarrollo del proyecto se comprobó que algunos elementos definidos en el plano original no coincidían con el edificio terminado. Por ejemplo, la tribuna estaba desplazada un módulo de ventana respecto a su posición en el plano del alzado. Después de la guerra se añadieron balcones con barandillas macizas que, evidentemente, tampoco figuraban en el dibujo original. Estas diferencias entre el edificio y el dibujo se mantuvieron de forma deliberada y fueron aceptadas como cambios dictados por el concepto. Las sombras que aparecen en el plano se utilizaron también en el relieve.

Técnicamente, el proyecto se llevó a cabo utilizando una especie de enlucido estarcido. Se aplicó el dibujo original digitalizado mediante plantillas troqueladas y fijadas a la superficie de la pared. El hecho de trabajar a partir de la ampliación del dibujo provocó que algunos elementos se deformaran, en parte debido al proceso técnico utilizado, y, en parte, por la imprecisión y abstracción del dibujo hecho a mano. El atractivo de la solución final reside en que se asumieron de forma precisa esos elementos deformados y en los cambios que se introdujeron durante el proceso desde la elaboración del dibujo a la construcción. Actualmente el edificio adopta una posición a medio camino entre la reconstrucción histórica y una composición de libre creación. De esta forma, la diferencia que siempre había existido entre el dibujo original y el inmueble construido se ha convertido en el argumento del proyecto.

A late-19th-century Berlin facade, which due to neglect and faulty renovation work was in a poor condition, was to be restored to how it had looked before the war. The facade had originally been richly decorated but after the war the plaster ornament had been knocked off and replaced by a simple coarse render. A surviving drawing from the original planning application was to provide the basis for the restoration work.

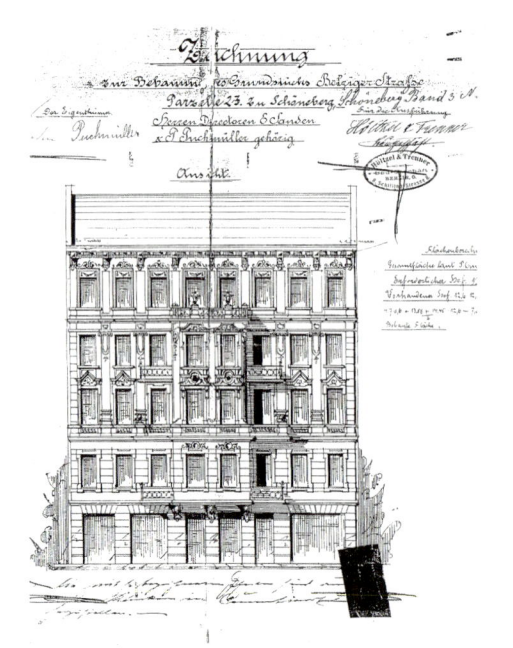

An attempt to recreate the original condition was rejected for architectonic and theoretical reasons. Yet it was still wished to include an

impression of the old building in the new design. The original drawing at a scale of 1:100 was scanned and enlarged to 1:1 (full-size). The image of the unusually enlarged drawing was applied to the existing facade by incising it into the render as a relief.

In the course of the work it was discovered that in a number of details the drawing was not identical with the building as completed. For instance the bay window had been shifted one bay from its position in the drawing. After the war balconies with solid parapets had been added, which, of course, were also missing from the original drawing. These differences between the building and the drawing were deliberately not corrected but were accepted as changes dictated by the concept. The shadows used in the drawing were also employed in the relief.

In technical terms the project was carried out by using a kind of stencil rendering. The digitalised original drawing was applied to stencils, cut and fixed to the wall surface. Enlarging the drawing meant that, due in part to the technical process involved and in part to the imprecision and abstractions of the handmade drawing, some of the elements in the drawing were misshapen. The fact that these misshapen elements and the changes that had been made between drawing and construction were taken over exactly is what constitutes the attractiveness of this design. The building now adapts a position between historic reconstruction and a freely invented composition. Thus the difference that always existed between the drawing and the apartment house as built has been made the theme of the building.

Emplazamiento Location **Belziger Strasse 25, Berlín, Alemania/*Berlin, Germany*** | Equipo Design team **Andreas Hild, Dionys Ottl, Thomas Herrmann y/*and* Tina Allmeier** | Proyecto Design years **1998** | Construcción Construction years **1999** | Cliente Client **WEG Belziger Strasse Berlin** | Fotografías Photographs **Michael Heinrich**

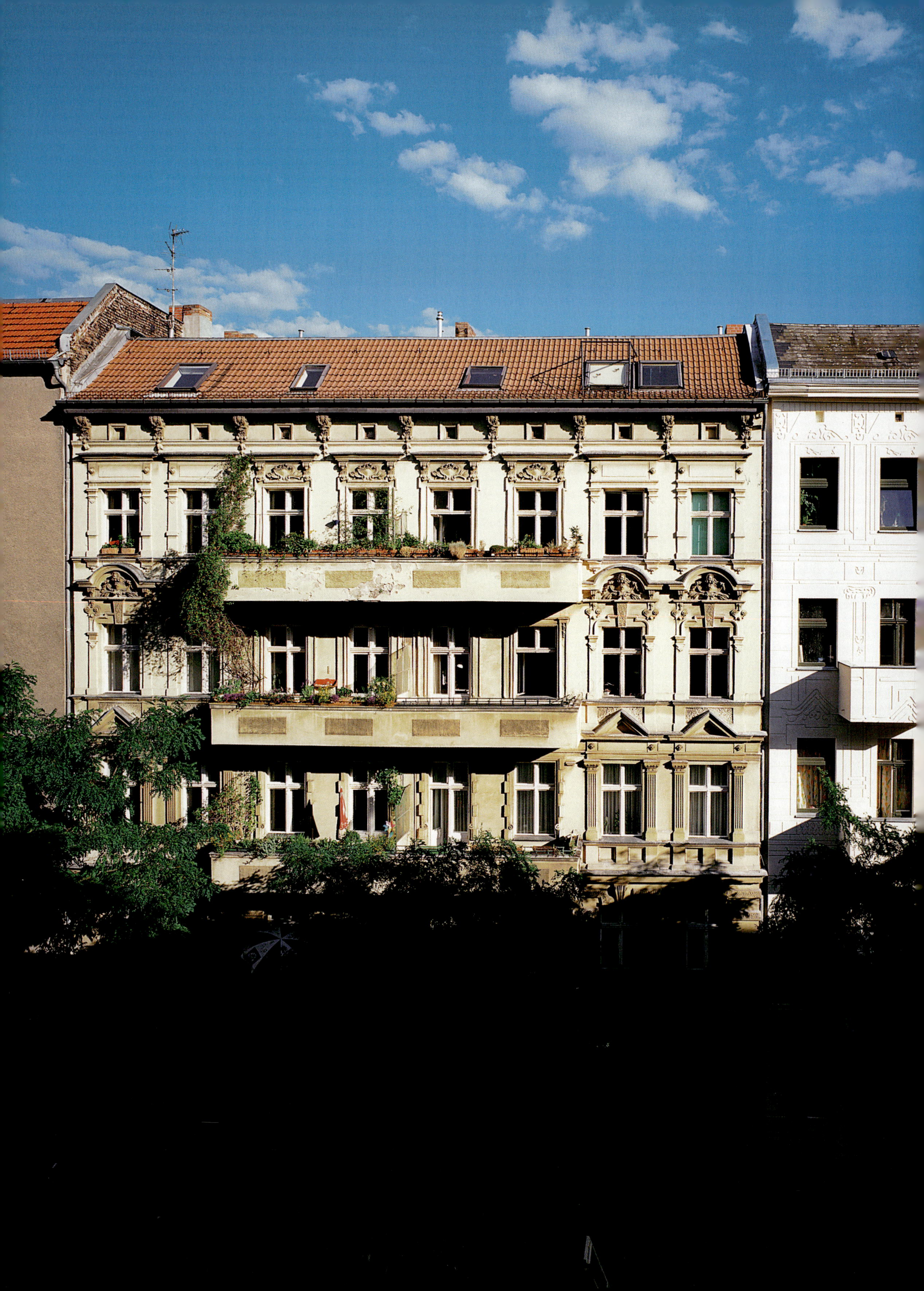

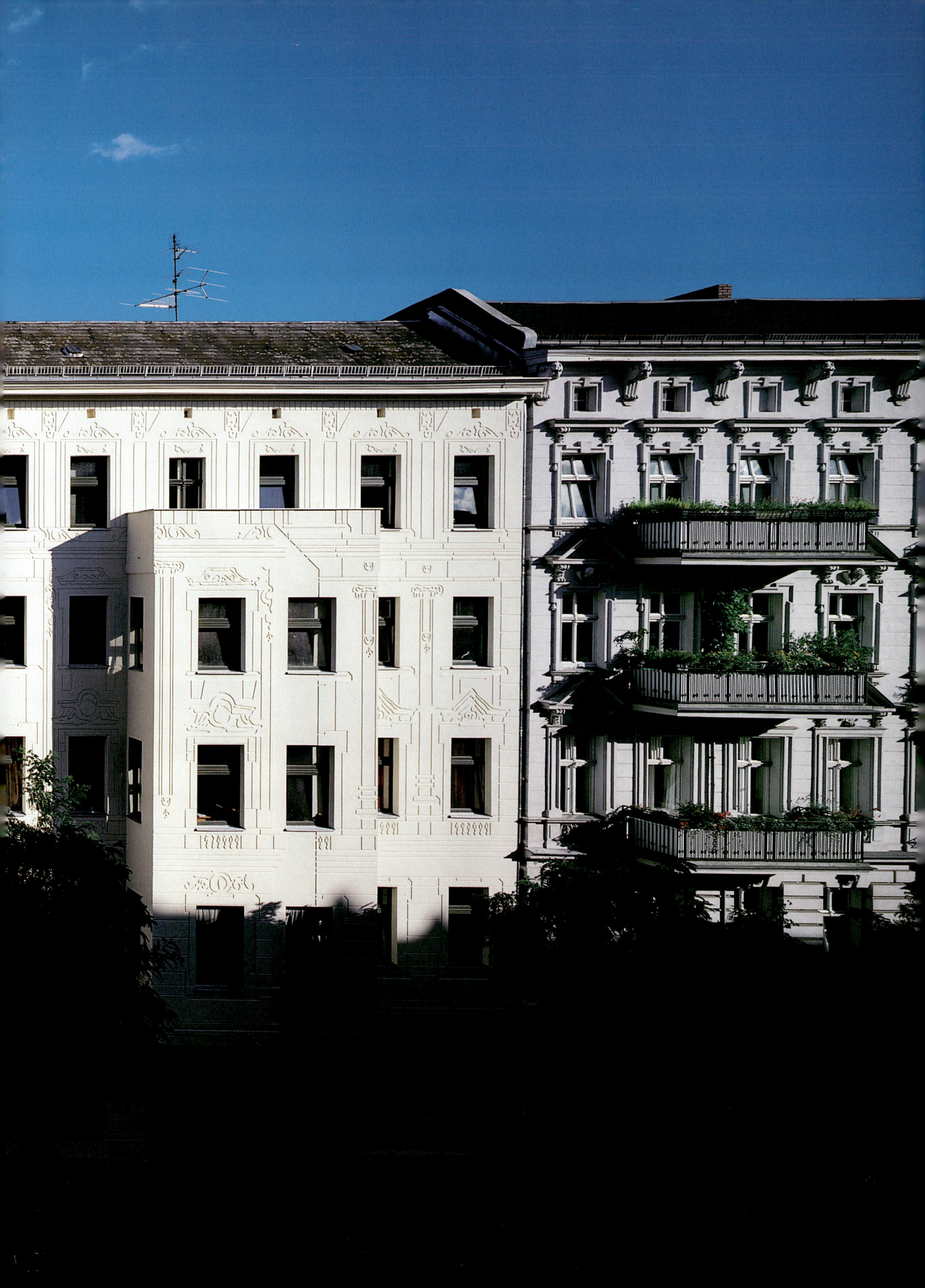

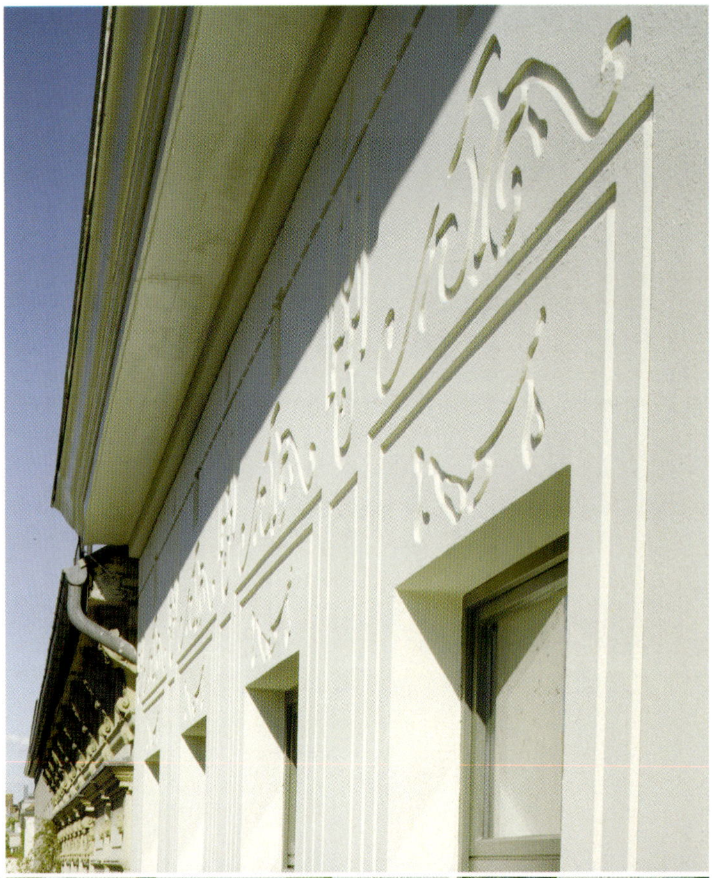

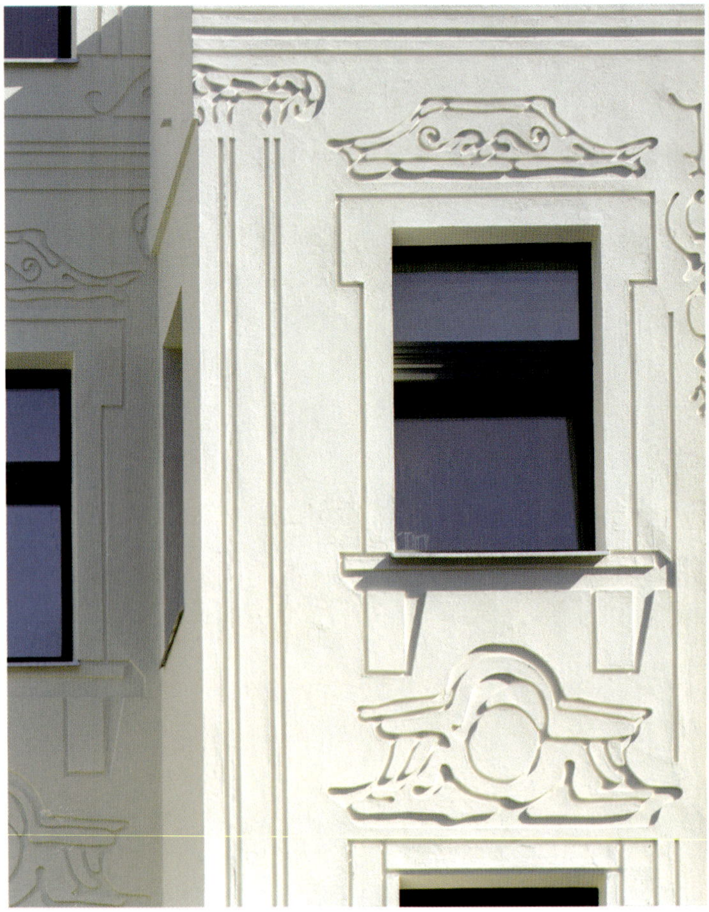

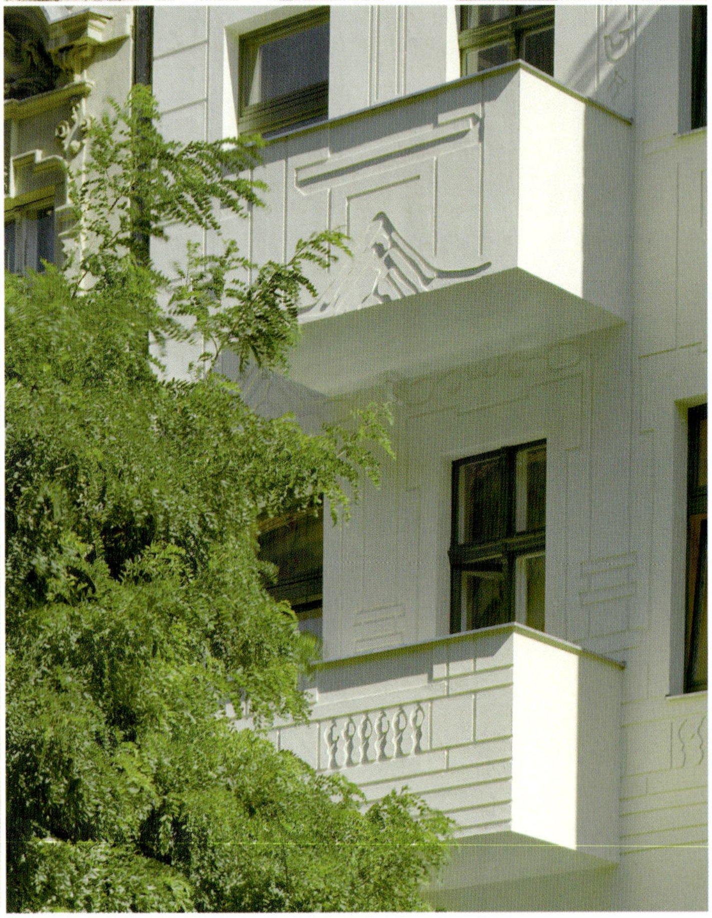

Rehabilitación de una fachada, Berlín

Facade refurbishment, Berlín

Balcones para un edificio residencial, Múnich
Balconies for a residential building, Munich

1999-2000

Los balcones del patio de un edificio de viviendas construido en 1901 habían sufrido los efectos de las condiciones climáticas durante mucho tiempo y era preciso rehabilitarlos. Era imposible recrear la configuración original. Asimismo, tampoco era viable una propuesta con una nueva estructura que se superpusiera a la fachada, debido a la existencia de un aparcamiento en el patio a que daba frente la misma. Se optó por una estructura de chapa metálica autoportante para cada balcón, anclada en dos puntos a la fachada mediante varillas roscadas. En la superficie de las barandillas se realizaron pequeñas incisiones que reproducían un dibujo, inspirado, en parte, en los balcones de hierro forjado de edificios similares de la misma época. Esta solución pretendía, además, explorar el tema de la decoración aplicada a las fachadas y el uso de la ornamentación histórica.

Un elemento ornamental existente fue transformado en el motivo geométrico que se recortó en las planchas metálicas de las barandillas. Estas planchas se soldaron para crear los balcones, que se montaron en una sola pieza. El sistema estructural se proyectó de tal forma que tanto la totalidad de la superficie de la barandilla como los maceteros integrados y las tablas del pavimento conforman elementos resistentes de un sistema global.

Si se contemplan los balcones desde la distancia, el contraste entre el metal pintado de color oscuro y el fondo de color claro crea una imagen fotorrealista de la decoración; al mismo tiempo, la densa proporción de cortes otorga una sorprendente transparencia al motivo.

The courtyard balconies of an apartment building dating from 1901 had been damaged by the long-term effects of weather and were in need of renovation. It was impossible to recreate the old construction. A solution standing in front of the facade was equally impossible because of the existing car-parking spaces in the courtyard, which led to the use of a self-supporting sheet-metal structure that is attached at only two points in the parapet to threaded rods inserted in the walls of the building. The design of the parapet surfaces envisaged the use of small incisions. This solution is derived in part from the wrought-iron balconies of comparable buildings from this period. On the other hand, there was a wish to examine the theme of decoration as applied to facades and the use of historic ornamentation. In a series of steps, an existing stucco ornament was converted into a grid pattern and was cut out of the parapet metal sheets. These sheets were welded to form a balcony and these balconies were mounted in a single piece. The structural system is designed in such a way that the entire surface of the parapet, the integrated flowerboxes and the floor slabs work as structurally essential load-bearing parts of an overall system.

When seen from the appropriate distance, the contrast between the dark painted metal and the light background creates a photo-realistic image of the ornament, while at the same time the high proportion of cutouts makes the motif surprisingly transparent.

Emplazamiento Location **Nikolaistrasse 2, Múnich, Alemania/*Munich, Germany*** | Equipo Design team **Andreas Hild, Dionys Ottl, Dirk Bayer y/*and* Andreas Buschmann** | Proyecto Design years **1999** | Construcción Construction years **2000** | Ingenieros Engineers **Tim Brengelmann** | Cliente Client **Georg Gruber** | Fotografías Photographs **Michael Heinrich**

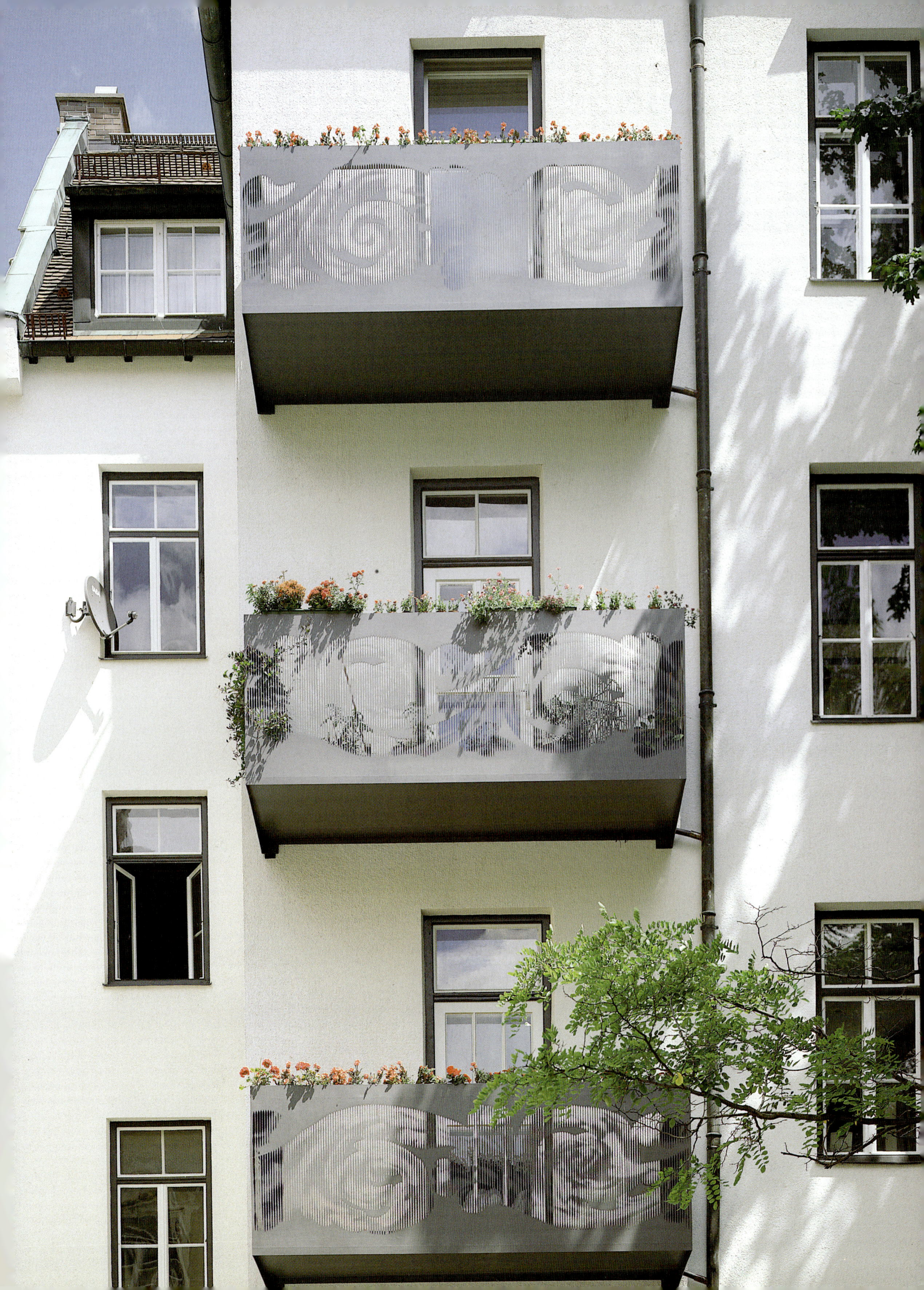

40

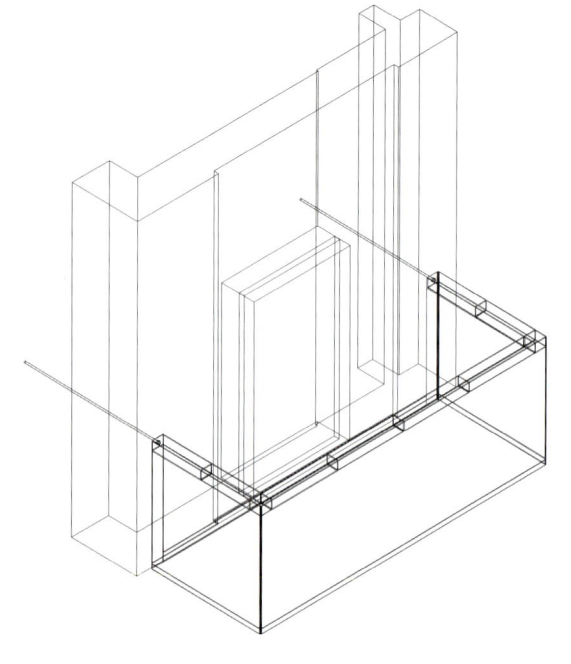

Balcones para un edificio residencial, Múnich

Balconies for a residential building, Munich

Casa Fröhle, Eichstätt
Fröhle House, Eichstätt

2000-2001

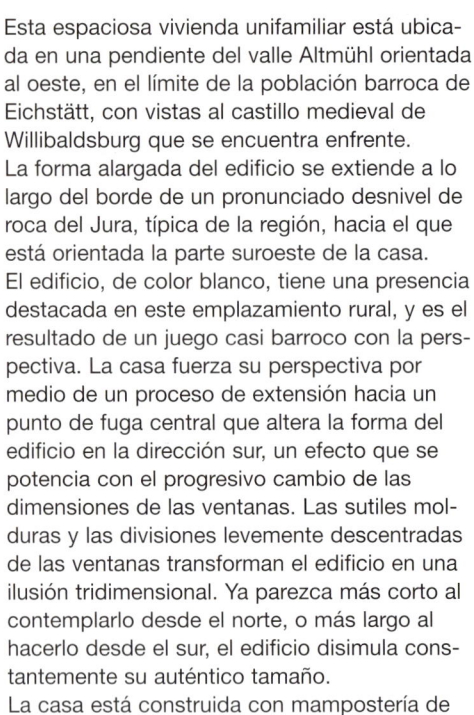

Esta espaciosa vivienda unifamiliar está ubicada en una pendiente del valle Altmühl orientada al oeste, en el límite de la población barroca de Eichstätt, con vistas al castillo medieval de Willibaldsburg que se encuentra enfrente.
La forma alargada del edificio se extiende a lo largo del borde de un pronunciado desnivel de roca del Jura, típica de la región, hacia el que está orientada la parte suroeste de la casa.
El edificio, de color blanco, tiene una presencia destacada en este emplazamiento rural, y es el resultado de un juego casi barroco con la perspectiva. La casa fuerza su perspectiva por medio de un proceso de extensión hacia un punto de fuga central que altera la forma del edificio en la dirección sur, un efecto que se potencia con el progresivo cambio de las dimensiones de las ventanas. Las sutiles molduras y las divisiones levemente descentradas de las ventanas transforman el edificio en una ilusión tridimensional. Ya parezca más corto al contemplarlo desde el norte, o más largo al hacerlo desde el sur, el edificio disimula constantemente su auténtico tamaño.
La casa está construida con mampostería de ladrillo macizo cuyos muros alcanzan hasta 42 cm de grosor; la cubierta es inclinada a un agua. La capa de revoco de color blanco puro, finamente chorreada con arena, subraya el volumen del edificio y lo convierte en una entidad única y homogénea que refuerza el efecto de perspectiva. En el interior se ha utilizado el mismo material de acabado, de tal manera que el volumen se percibe de forma uniforme, y se ha subrayado la apertura del edificio hacia el sur. Un pasillo central recorre toda la casa y permite experimentar el volumen en cualquier punto. Las diferentes dependencias tienen una altura que aumenta progresivamente, gracias a la cubierta inclinada y al escalonamiento del forjado, y alguna de ellas disfruta de un altillo adicional. En la zona del gran vestíbulo, el edificio (que se prolonga en perspectiva) posee dos alturas que se abren al sur gracias a una terraza y un balcón. Las ventanas centran las vistas del valle y de la silueta del castillo.

This spacious single-family home is on a west-facing slope of the Altmühl Valley at the edge of the baroque town of Eichstätt, with a view of the medieval Willibaldsburg Castle opposite.
The elongated form of the building is developed along a steep broken edge in the Jura rock typical of the region and at the southwest looks over this edge.
The white rendered building distinguishes itself from its rural setting and is the outcome of an almost baroque game played with perspective: the house, which is developed in perspective with windows that are graduated in size, is the result of a stretching process towards a central vanishing point that alters the form of the building as it extends towards the south. A fine moulding around the windows and the slightly off-centre subdivisions of the windows transform the building into a three-dimensional *trompe-l'oeil*. Whether it looks shorter from the north or longer from the south than it really is, the building constantly conceals its true size.
The house is built of solid brickwork with walls up to 42 cm thick and has a planted single-pitch roof. The pure white render used has been finely sanded and thus underlines the expressive volume of the building. It makes the building into a homogeneous single entity and strengthens the perspective effect. The use of the same render in the interior creates the impression of a volume that has been treated in a uniform way.
In the interior, the opening to the south is emphasised. A central corridor extends through the entire house, allowing one to experience the volume at every point. The single-storey private rooms increase in height; at places they have an additional gallery level. In the area of the large entrance hall, the building, following its perspective stretching, develops into two storeys that open by means of a terrace and a balcony towards the south. The windows offer focussed views of the valley and of the silhouette of the castle.

Emplazamiento Location **Blumenbergerstrasse 36, Eichstätt, Baviera, Alemania/*Bavaria, Germany*** | Equipo Design team **Andreas Hild, Dionys Ottl y/*and* Dirk Bayer** | Proyecto Design years **2000-2001** | Construcción Construction years **2001** | Consultores técnicos Technical consultants **Prechtl und Seibold** | Cliente Client **Andrea Lorz-Fröhle y/*and* Stephan Fröhle** | Superficie Surface area **380 m²** | Fotografías Photographs **Michael Heinrich**

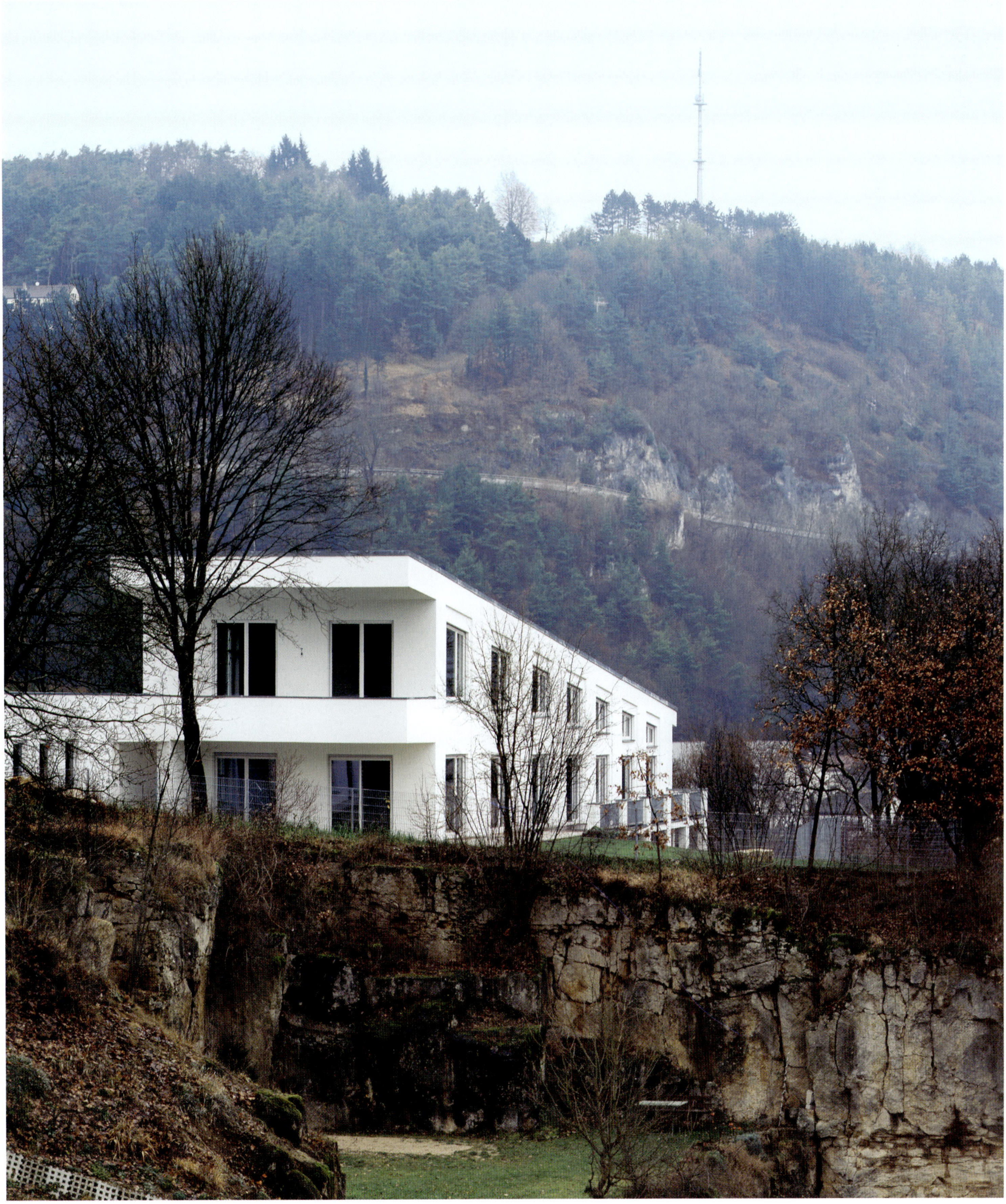

44

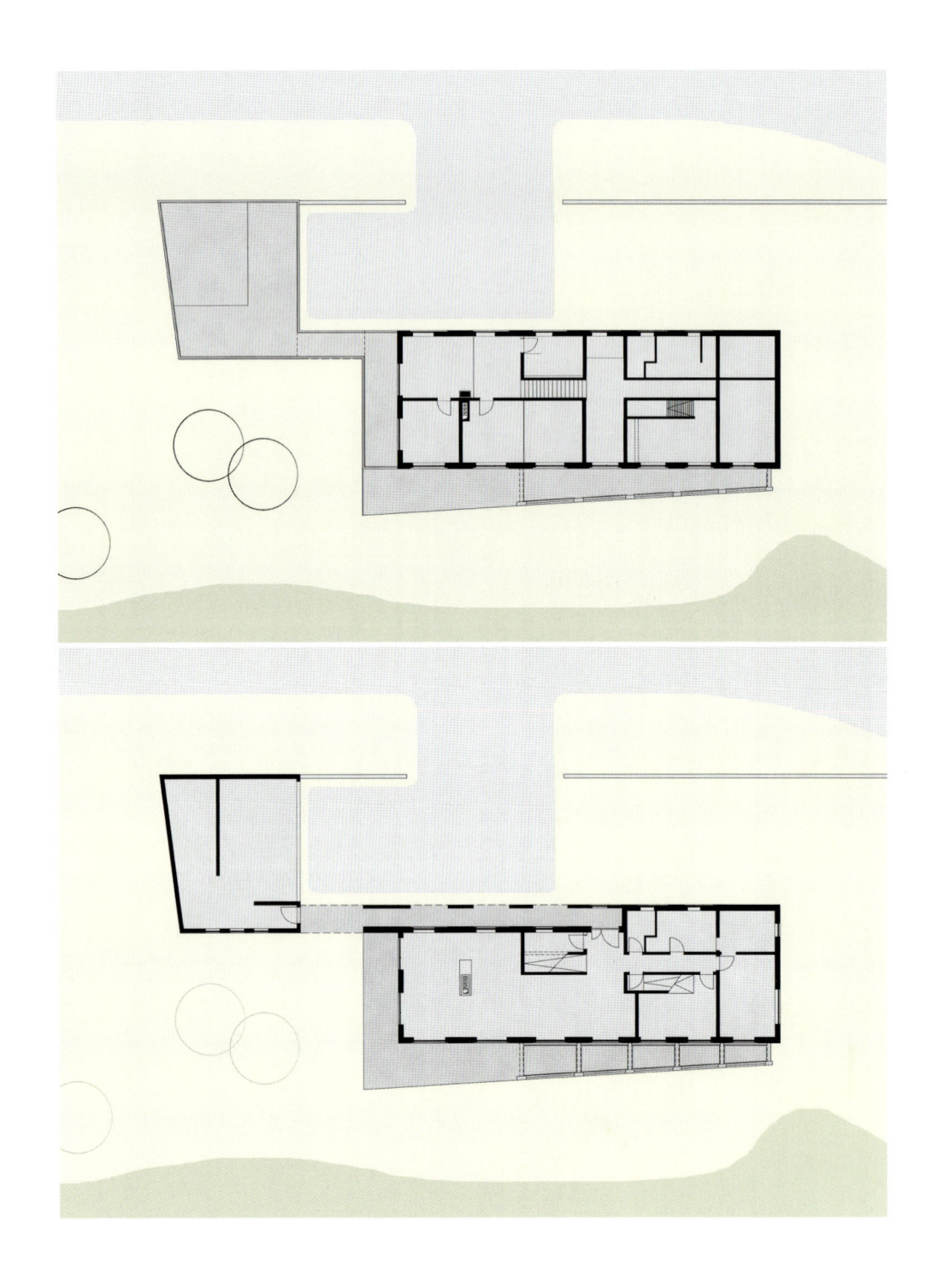

Casa Fröhle, Eichstätt   Fröhle House, Eichstätt

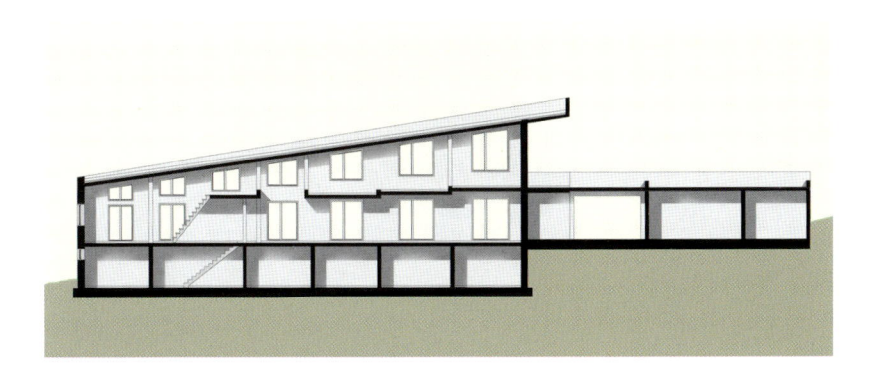

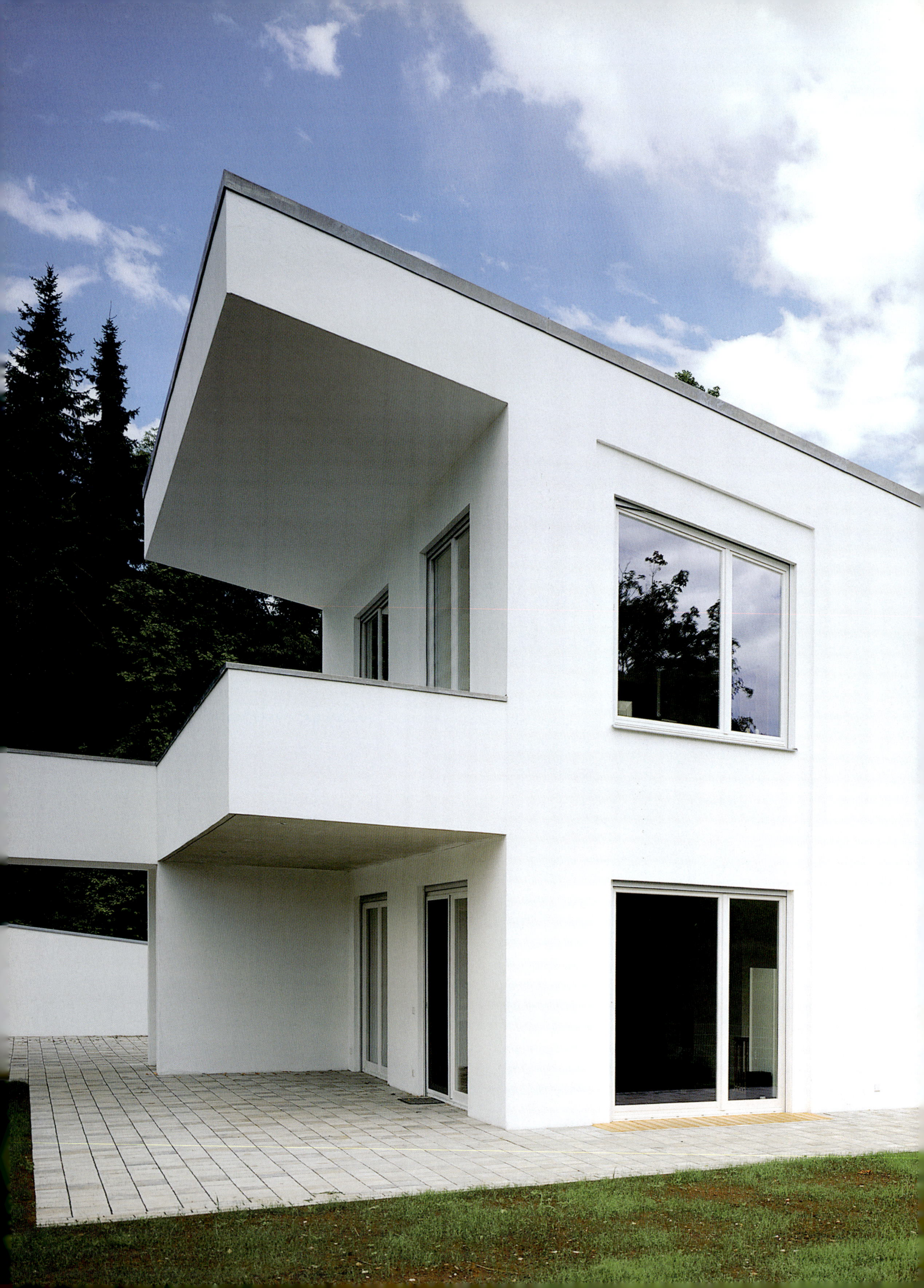

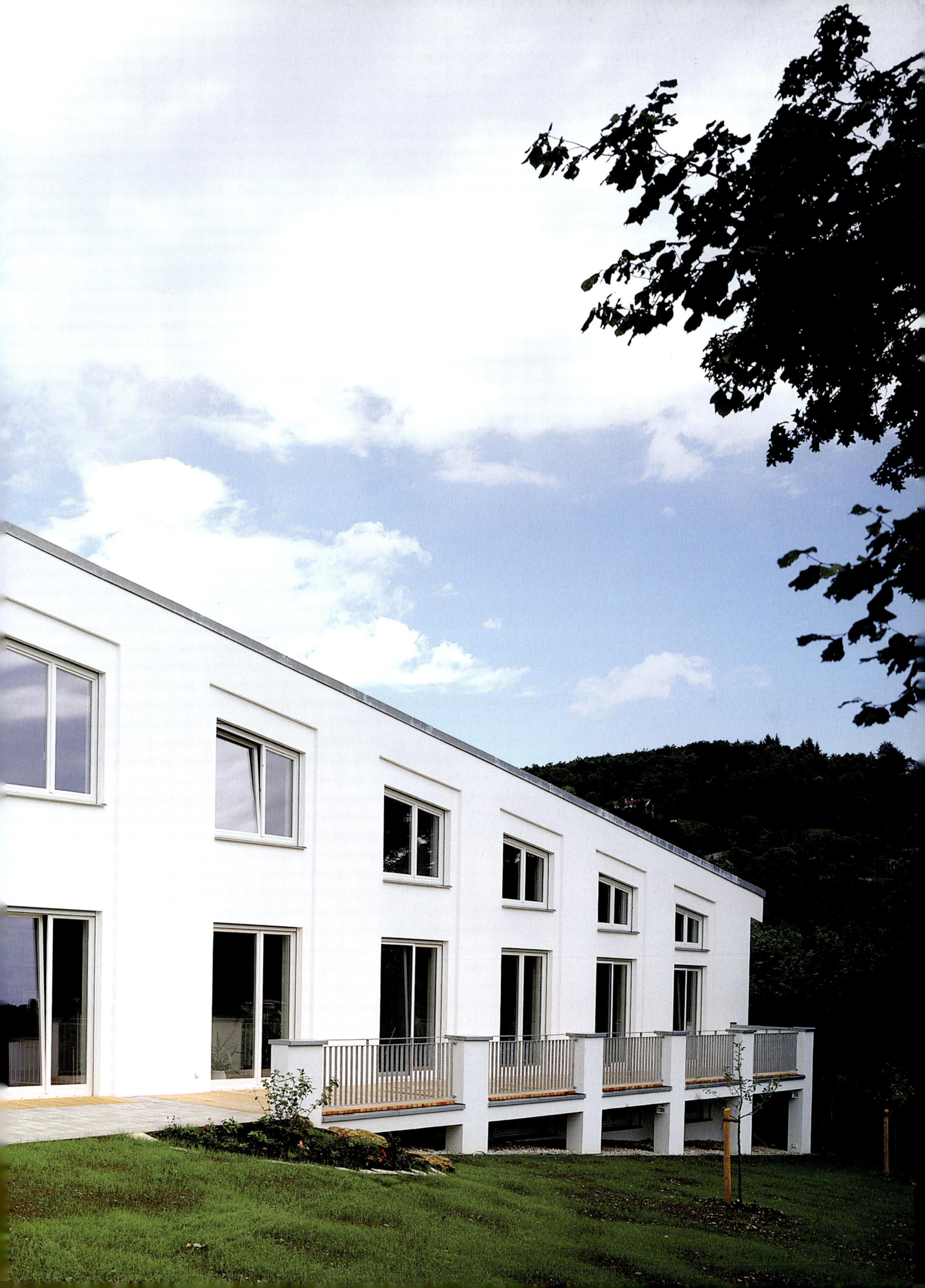

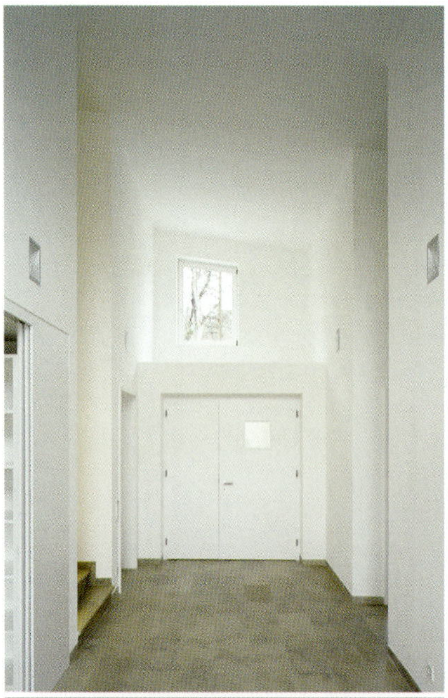

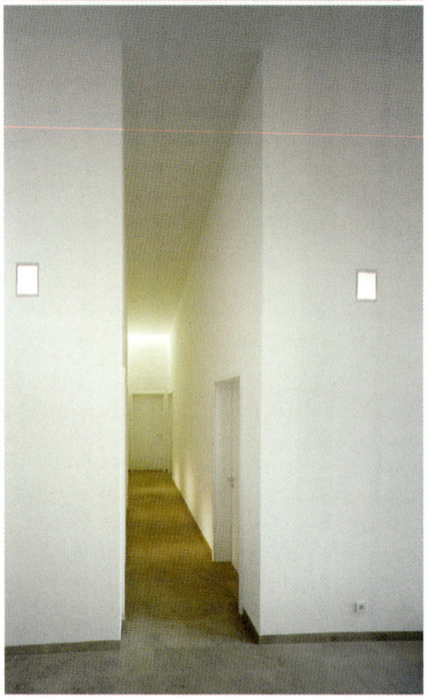

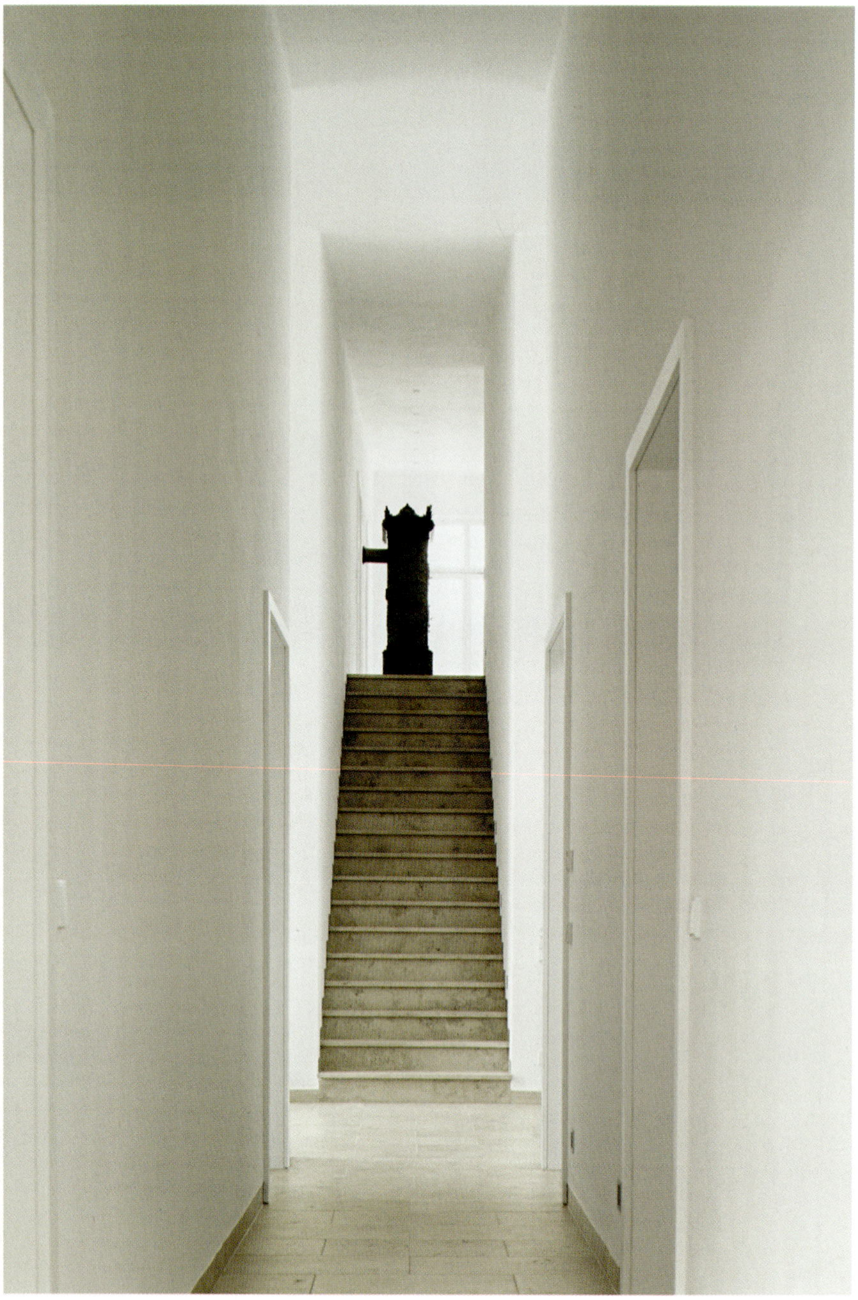

Casa Fröhle, Eichstätt   Fröhle House, Eichstätt

Oficinas de alta dirección para Munich Re Group, Múnich
Munich Re Group executive management offices, Munich

1999-2005

Las oficinas de la administración central de la aseguradora Munich Re Group (Münchener Rückversicherung) están ubicadas en un edificio tardohistoricista construido en 1914.
El edificio sufrió pocos daños durante la guerra, y en la década de 1970 fue objeto de un ex-haustivo trabajo de transformación de gran calidad. Se presenta a los visitantes como una especie de palacio de 1.000 dependencias, detrás de cuyas puertas se esconden historias que van cambiando de una a otra.
El objetivo era renovar algunas zonas con el fin de ofrecer una imagen de empresa internacional contemporánea —evitando al mismo tiempo una ostentación excesiva— y emplear de forma discreta tecnología de última generación de la mejor calidad. El alcance del proyecto incluía una serie de despachos de alta dirección, salas de reuniones y juntas, así como zonas para visitantes.
Para conseguir los objetivos iniciales se dejaron a la vista las condiciones existentes, de modo que revelasen toda su generosidad original y, ajustando el proyecto a las características específicas de cada espacio, se escribió un nuevo capítulo en el libro de las mil historias. El trabajo artesanal que requería la ejecución de los acabados fue de la más alta cualificación. En lugar de emplear materiales especialmente costosos, se optó por el uso de distintas maderas autóctonas (muy corrientes en algunos casos), usadas como si se tratase de chapados caros, combinadas con materiales como el corian® y el metal. A petición del cliente se diseñó también el mobiliario de estas zonas. Fue necesario idear nuevas técnicas para ejecutar algunos elementos del proyecto, como, por ejemplo, la que empleó por primera vez la empresa encargada de cortar y dar forma al corian®.
Se prestó particular atención a la iluminación, cuyo proyecto fue desarrollado en colaboración con un especialista, y, allí donde fue posible, los puntos de luz se integraron en el concepto general. Es el caso de las lámparas de 5,5 m de longitud que pueden desplegarse desde el techo y funcionan también como particiones; de las lámparas con forma amorfa o de roseta, realizadas con corian® o chapa metálica, que evocan la ornamentación de escayola en el techo y al mismo tiempo ayudan a satisfacer los requerimientos acústicos de las oficinas, que tienen una superficie de hasta 60 m²; o de aquellas que transforman el techo abovedado, proyectado al efecto, en un reflector de luz ancho y plano.
En función de cada situación espacial específica, las nuevas intervenciones generan un contraste moderno con la estructura existente, o se hacen prácticamente invisibles y desaparecen en ella, dirigiendo la atención hacia sí sólo mediante el uso de un sorprendente color verde o gracias a ciertos detalles modernos.

INTERIORES A ESCENA
Martin Tschanz

Primero un vestíbulo modesto, la moqueta amortigua el ruido y los zócalos de considerables dimensiones (casi como los de los pasillos del exterior, aunque de madera cara) se alzan para formar los marcos y así relacionarse con las puertas de los armarios y los módulos de pared, también de madera. La iluminación artificial es cálida y adecuada. A continuación, un corredor cada vez más angosto, como una perspectiva construida, se estrecha de una forma casi imperceptible, con las paredes y el techo revestidos de paneles de madera bastante oscura, e iluminados a través del vidrio impreso de una puerta doble desde la que, finalmente, se accede a la nueva sala de juntas de Munich Re.
Del mismo modo que en el teatro el decorado debe adaptarse a la obra, la arquitectura debería acompañar a los acontecimientos y a las acciones, incluso debería anunciarlos. Esta idea se encontraba muy extendida en la teoría arquitectónica de la ilustración francesa. La dramaturgia espacial que se muestra en este caso evoca esta interpretación, también en la propia sala. Un zócalo continuo de madera de cerezo centra el espacio, ayudado por una banda perimetral oscura con rosetas doradas en la moqueta y a la ubicación de las lámparas del techo. La mesa ovalada, divida en segmentos, parece comunicar que en este lugar se negocian cuestiones importantes a través de los argumentos esgrimidos por cada uno de los participantes. El zócalo y el mobiliario generan una zona más baja, la que ocupan las personas que asisten a una junta (la mayoría de ellas vestidas de oscuro), mientras que el espacio situado por encima se mantiene tan claro como las ideas que se desarrollan en él.

Sala de juntas.
Boardroom.

INTERIORS ON STAGE
Martin Tschanz

First of all a modest hall, carpeting that absorbs sound, sizeable skirtings, almost like outside in the corridors, but of expensive wood that rise up to form frames and thus interlock with the cupboard doors and wall elements, also made of wood. The artificial lighting is warm and adequate but not brilliant. Then follows a narrowing, a sluice-like passageway in constructed perspective, tapering in a way that is barely perceptible, the walls and ceiling with wood panels, rather dark with backlight through the etched glass of a double door through which you finally enter into the light, into the new conference room of Munich Re.
Like in the theatre where the stage set must suit the character of the play, architecture should appropriately accompany events and actions, indeed even announce them. This understanding was widespread in the architectural theory of the French Enlightenment. The spatial dramaturgy shown here recalls this interpretation. In the room itself, too: a continuous plinth zone of cherry wood centres the space, aided by a dark frieze with gold rosettes in the carpeted floor and by the positioning of the lamps on the ceiling. The oval table divided into segments seems to say to us: here important matters are negotiated through everyone introducing his or her individual arguments. The plinth area and the furniture form a lower zone, in which the people attending the conference (mostly dressed in dark clothing) take their places, while the space above remains as clear as the thoughts that are developed here.
Naturally, the raised floor has also to do with the enormous amount of services in this space; the ornament in the carpet is for the ventilation; the

The central administration of the Munich Re Group (Münchener Rückversicherung) is located in a late-historicist building erected in 1914. The building suffered little war damage and in the 1970s extensive high-quality conversion work was carried out in the interior. The building presents itself to visitors as a kind of palace with 1,000 rooms behind whose doors a history is concealed that changes from room to room. The desire was to redesign some areas to provide a modern image for an international business—while avoiding excessive pomp—and to present a highly discreet appearance, using, in a concealed way, state-of-the-art technology of the highest standard. A number of management offices, conference and meeting rooms as well as visitor areas were to be redesigned. To this end the existing substance was exposed to reveal all its original generosity and, according to the characteristics of each particular space, a new chapter was written in the book of one thousand tales. The highest standards of handicraft were applied in making the interior fittings. Instead of using particularly expensive materials, a decision was made to use different native woods, at places very ordinary ones, in the same manner as expensive veneers and to combine these with materials such as Corian and metal. At the client's request the furniture for these areas was also specially designed. For some tasks new techniques were invented such as ways of forming or cutting Corian used here by the company responsible for the first time.

In conjunction with a specialist planner, particular attention was devoted to planning the lighting, and wherever possible the necessary light fittings were incorporated in the construction work. This resulted, for example, in 5.5-metre-long lampions that travel out of the ceiling and can also function as a partition, illuminated rosette lamps or amorphous shapes made of Corian and foil that are like stucco ornamentation on the ceiling and at the same time fulfil acoustic functions in the offices with up to 60 m² in floor area, or which, in conjunction with a specially designed vaulted ceiling,

El pavimento elevado está relacionado, evidentemente, con la gran cantidad de instalaciones de que dispone este espacio; la ornamentación de la moqueta corresponde a la ventilación, el zócalo sirve para el aire acondicionado, las "lámparas" del techo, además de luz, proporcionan soporte a sofisticadas tecnologías de comunicación, y la mesa segmentada se adapta a los requisitos de flexibilidad necesarios. Pero estos condicionantes prácticos, tan diversos y a veces contradictorios, apenas si se perciben. Lo individual se disuelve en un todo armonioso para crear una atmósfera que se ajusta tanto a la representatividad del consejo o comité reunido en este lugar como al carácter de una reunión sobre asuntos importantes. Los denominados *Kasinos* (salas para recibir a invitados) que se encuentran en el mismo edificio, adquieren una atmósfera diferente, aunque los medios arquitectónicos utilizados sean similares. La madera clara ricamente veteada, el color intenso del pavimento y la tela plegada de las lámparas, que pueden desplegarse para crear particiones, generan en este caso una atmósfera más alegre y liviana que quizá pueda conseguir que sus usuarios dejen atrás la seriedad de los negocios durante la hora de la comida. En cualquier caso, estos interiores son espacios hechos a medida, y no simplemente zonas que pueden utilizarse arbitrariamente para cualquier uso, aunque se haya respondido a las condiciones del encargo, que demandaba una distribución flexible del espacio. Del mismo modo que en la representación de una obra teatral, los arquitectos interpretan el programa que se les da. En el caso de Munich Re fueron muy fieles al "texto" y adoptaron un enfoque, por así decir, naturalista. En este caso, tanto el programa de usos como el edificio existente y los nuevos espacios que se definieron forman un armonioso conjunto sin tensiones internas.

Oficinas de alta dirección para Munich Re Group, Múnich

Munich Re Group executive management offices, Munich

Sala de invitados de dirección.
Directors' hospitality room.

make the latter into a broad, flat, light reflector. According to the particular spatial situation, the new interventions either form a modern contrast to the existing fabric or become almost unrecognisable and seem to vanish into it, drawing attention to themselves only by the use of a striking green colour or modern detailing.

Emplazamiento Location **Königinstrasse 107, Múnich, Alemania/Munich, Germany** | Equipo Design team **Andreas Hild, Dionys Ottl, Birgit Breu, Claudia von Hessert y/and Carmen Wolf** | Concurso Competition **1999** | Proyecto Design years **2000-2005** | Construcción Construction years **2000-2005** | Ingenieros Engineers **Friedl Strass** | Consultores técnicos Technical consultants **BIP Beratende Ingenieure und Planer; Tom Kuckelkorn; Bernd König** | Cliente Client **Münchener Rückversicherung AG** | Superficie Surface area **1.050 m²** | Fotografías Photographs **Michael Heinrich**

La intervención en esta sala se basó en recuperar el aspecto original de 1914.
The intervention in this room is based on recapturing the original look of 1914.

plinth is for the air conditioning; in addition to light, the "lamps" on the ceiling provide a sophisticated communications technology; while the segmented table meets requirements regarding flexibility. But there is hardly anything to be felt of all these diverse and at places conflicting constraints. The individual is dissolved in a harmonious whole. Thus a certain atmosphere is created that matches both the significance of the board or committee assembled here and the nature of a meeting about important matters.

The so-called *Kasinos* (guest-lounges) in the same building have a different atmosphere, although the architectural means employed are similar. The light-coloured, richly grained wood, the strong colour of the floor and the textile folds of the lights that can be opened out to create walls here create a cheerful, lighter atmosphere that may invite people to leave behind the seriousness of business while eating. Whatever the case, these interiors are specific, made-to-measure spaces and not simply areas that can be arbitrarily used for any kind of function, even where a flexible layout of space was desired and provided.

In the same way as a play is staged in the theatre, the architects interpret the programme they are given. In the case of Munich Re they stayed very close to the "text", taking a naturalistic approach, so to speak. Here the givens of the function and the existing building together with the newly defined spaces form a harmonious whole without any internal tensions.

Sala de reuniones y sala para invitados Lila.
Lilac meeting and hospitality rooms.

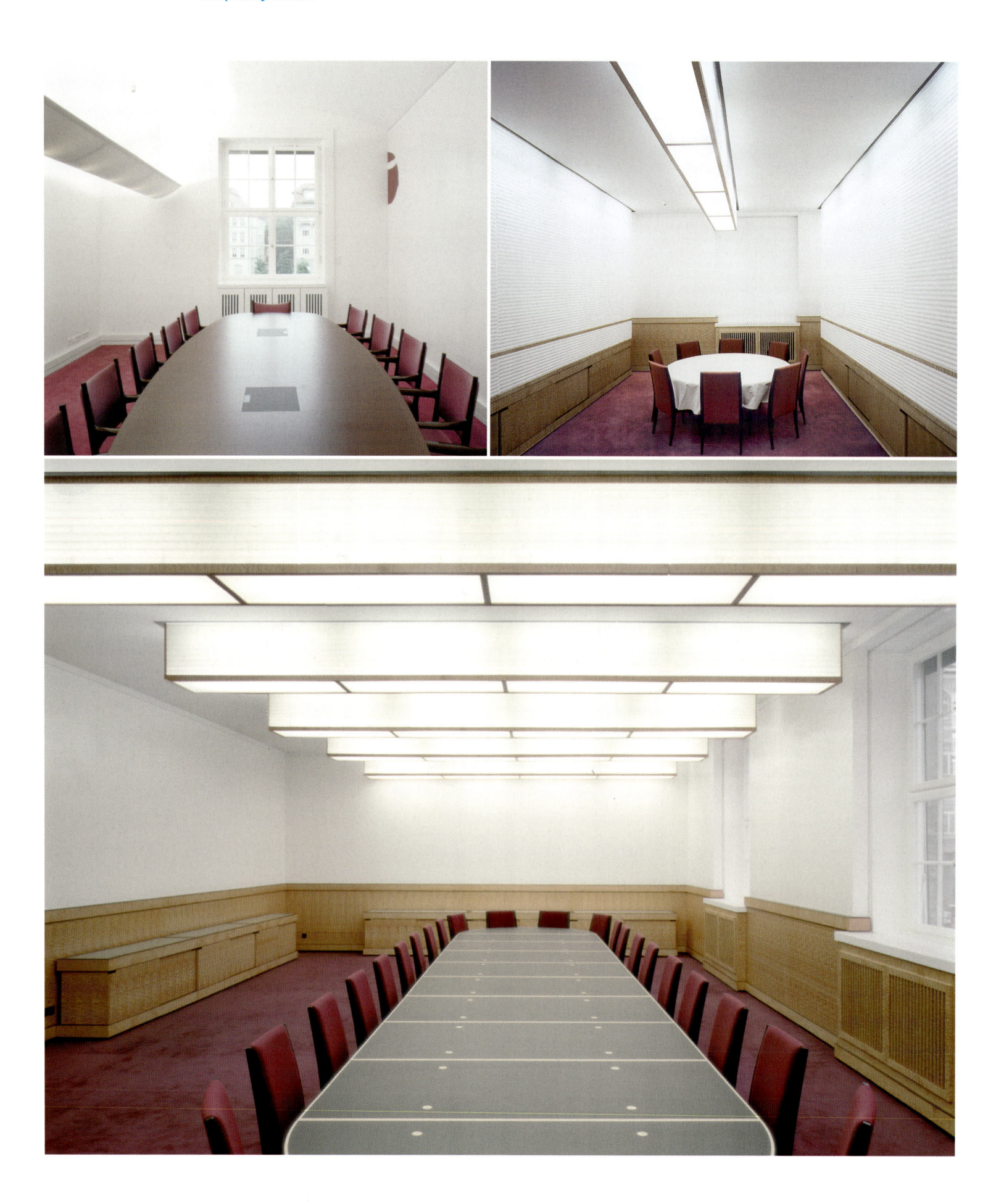

Oficinas de alta dirección para Munich Re Group, Múnich

Munich Re Group executive management offices, Munich

Despacho de dirección 1.
Director's office 1.

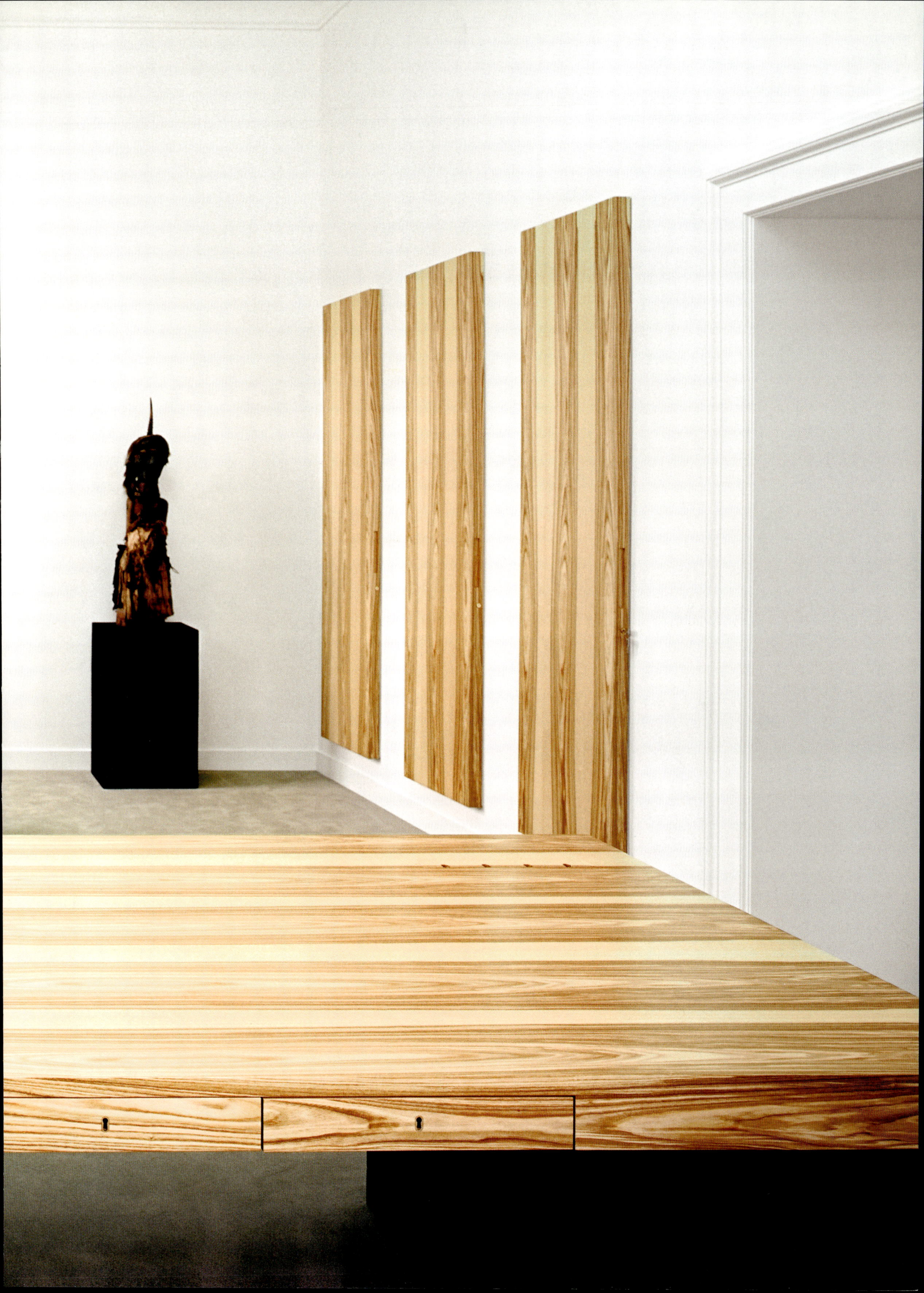

Despacho de dirección 2.
Director's office 2.

Oficinas de alta dirección para Munich Re Group, Múnich

Munich Re Group executive management offices, Munich

Centro Informativo de la Construcción, Múnich-Riem
Building Information Centre, Munich-Riem

2001-2003

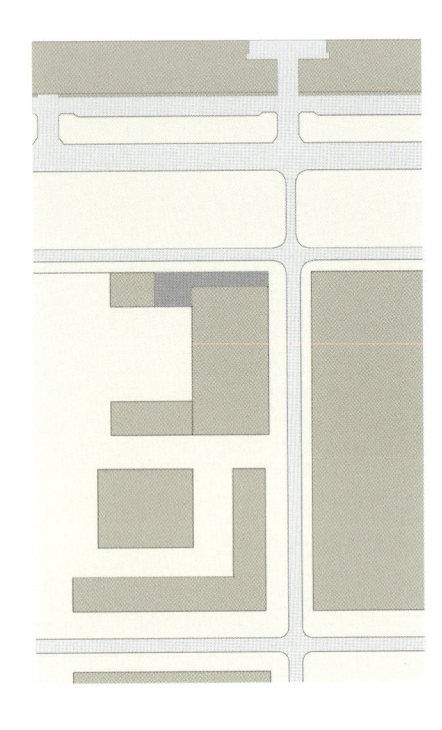

El Centro Informativo de la Construcción (Bauzentrum) es una institución cuyo objetivo es proporcionar a empresas del sector de la construcción la posibilidad de presentarse a sí mismas y exponer sus productos de forma permanente ante clientes privados. El edificio se construyó en un pequeño solar residual en la calle principal del complejo de la Neue Messe München (recinto ferial de Múnich) y sirve como "filtro" del conjunto residencial ubicado detrás. La construcción del edificio fue posible gracias a la iniciativa privada de una empresa que produce elementos prefabricados de hormigón armado y lo cede a la ciudad de Múnich en régimen de alquiler. Como el presupuesto disponible era muy ajustado y, en la medida de lo posible, debían utilizarse elementos de hormigón prefabricado de la propia empresa promotora, se consideró que la solución más lógica era construirlo por completo con esos elementos y prescindir al máximo de otro tipo de materiales y accesorios que, además, permitía que el edificio y sus acabados no entraran en competencia con los equipamientos e instalaciones a pequeña escala destinados a las viviendas unifamiliares de las empresas expositoras.

El interior del edificio alberga seis plantas de exposición, conectadas por una escalera abierta de tramos sucesivos que discurre a lo largo de una de las fachadas. Distintas oficinas, salas de conferencias y de formación completan los espacios que ofrece el edificio. El Centro Informativo también cuenta con espacios de exposición exteriores que se ubicarán en el patio y sobre la cubierta.

La fachada del edificio puede leerse como un gran apilamiento de escaparates, y en ese sentido, aborda de forma directa el tema del edificio. Las ventanas miden alrededor de 3,5 x 6 metros y los vidrios se colocaron directamente en la estructura portante externa de hormigón, sin utilizar marcos. Todas las superficies de hormigón interiores se han dejado sin revestir y ponen de manifiesto el proceso de producción del edificio. La iluminación y el mobiliario se basan en el mismo concepto de acabados básicos, y por ello se han utilizado elementos industriales de serie.

The Building Information Centre (Bauzentrum) is an institution that is intended to offer various companies in the building trade the possibility of presenting themselves and their products permanently to a private circle of building clients. For the building a small leftover site on the main street of the Neue Messe München was made available which was to form a filter to the housing development behind.
The building was erected as a private initiative by a company that produces prefabricated

---

LA ARQUITECTURA, UN LENGUAJE VIVO
Martin Tschanz

Si uno observa con atención el mundo de HildundK, lo que sorprende, sobre todo al principio, es su carácter multilingüe. Ni tan siquiera el tema de la prioridad del revestimiento sobre la tectónica parece tener una validez incondicional. Por ejemplo, el Centro Informativo de la Construcción en Múnich-Riem es un edificio desnudo que expresa de forma directa cómo ha sido construido y que, sin embargo, encaja bien en la obra formalmente heterogénea de estos arquitectos. En este proyecto, la función del edificio y su contexto específico tienen una importancia decisiva; el resultado es una expresión apropiada de las circunstancias preexistentes. El volumen extremadamente estrecho es poco más que una pantalla frente al aparcamiento que se encuentra detrás de él, y se orienta hacia la calle más importante y amplia de este nuevo distrito urbano. Por ello, es posible abarcarlo casi por entero desde el coche. Se trata de una fachada escaparate, proyectada como una galería, una gigantesca vitrina de exposición. Un factor fundamental en el desarrollo de este proyecto fue el cliente, propietario de varias empresas que se dedican a la fabricación de elementos de hormigón, y que quería que el edificio se construyese en la medida de lo posible con materiales de sus empresas. Pero el hecho de que este factor influyese de forma tan directa en la expresión del edificio tiene que ver con su función. El Centro Informativo de la Construcción está destinado a la propia actividad constructiva, por ello, parecía lógico que expresara el modo como había sido realizado. Al mismo tiempo, la mayor parte de los productos que se presentan en él están relacionados con los acabados y las instalaciones de edificios, y la estructura aparentemente "inacabada"

ARCHITECTURE, A LIVING LANGUAGE
Martin Tschanz

If one takes a broad look at the work of HildundK, what strikes one initially and most strongly is its multilingual character. Not even the theme of the precedence of cladding over tectonics appears to have unqualified validity. For example, the Building Information Centre in Munich-Riem is a naked building that directly expresses the way in which it was made. And yet it fits well into these architects' formally heterogeneous oeuvre. In the case of this project, the building task and its specific context are of decisive importance and here, too, the issue is an appropriate expression for the given circumstances.

The extremely narrow building is little more than a screen in front of the car-park building behind it and is oriented towards the large main road in this new urban district. It is thus registered almost entirely from the motorcar. It is a show facade designed as a gallery and a gigantic display window. A most important factor was that the client, the owner of several companies involved in the prefabrication of concrete elements, was interested in building as much as possible with his own companies. But that this fact should so directly influence the expression of the building has to do with its function. The Building Information Centre deals with building itself and therefore it seemed logical that it should speak about the way in which it is built. At the same time the products presented here have mostly to do with fitting out buildings and so have been given an appropriate setting in this apparently "unfinished" structure.

Given a realism of this kind, which is committed to the specific circumstances of a building and is then combined in a design synthesis, the het-

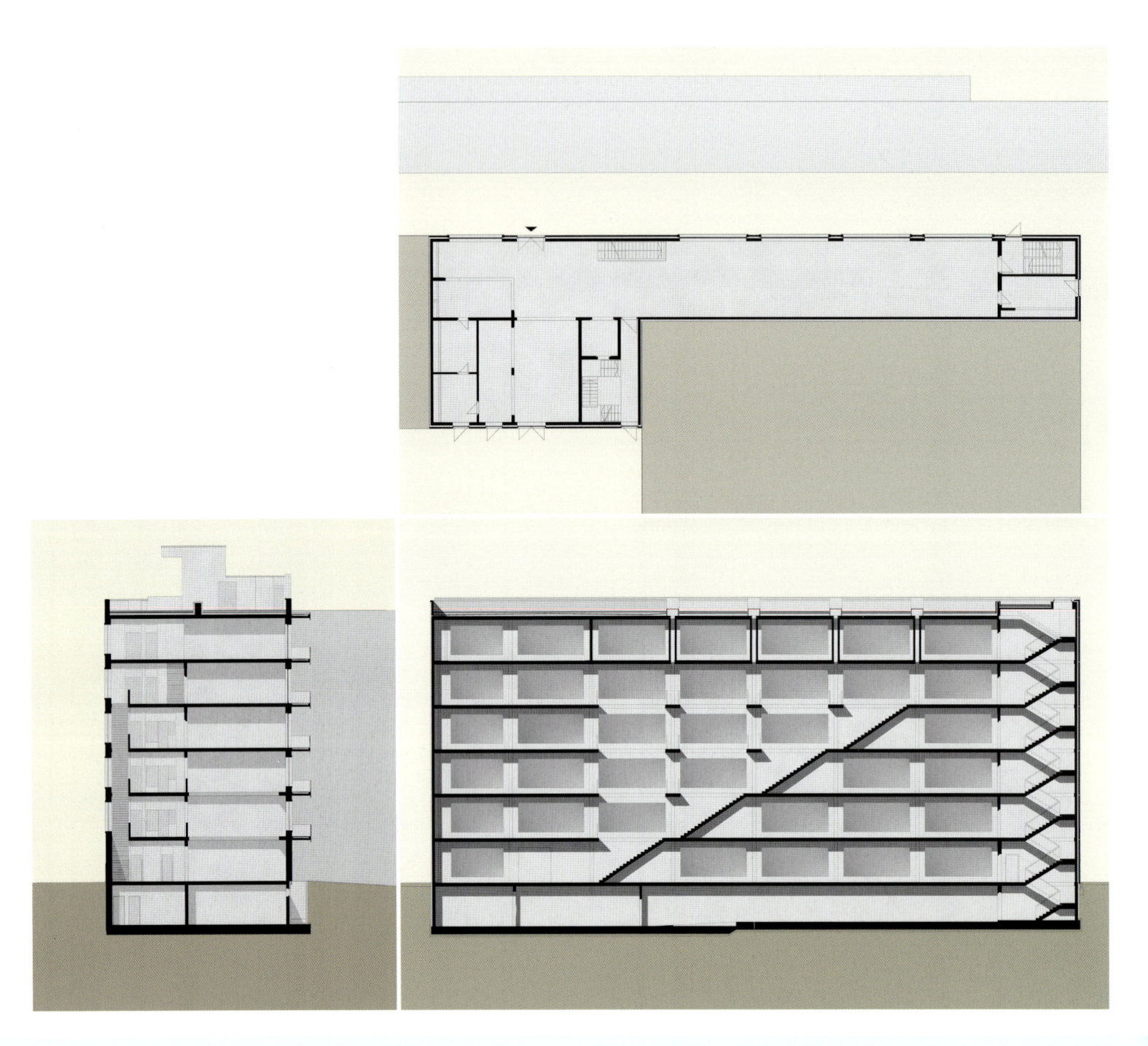

del edificio define un entorno adecuado para espacio de exposición.
Ante un realismo así, comprometido con las circunstancias específicas de cada edificio y combinado con una actividad proyectual sintética, se hace comprensible la naturaleza heterogénea de la arquitectura de HildundK, una característica que casi parece inevitable. La adopción de este enfoque prueba que es imposible responder a las diferencias entre distintos encargos mediante soluciones simplistas y de validez universal. Y sin embargo, cada edificio va siempre más allá de su situación específica, algo que es posible porque se basan en un trabajo consciente sobre el lenguaje arquitectónico. Este hecho les protege frente a la banalidad del tipo de virtuosismo arquitectónico que se produce cuando se intenta satisfacer los deseos de los clientes. Aunque la arquitectura de HildundK es conscientemente optimista, no se duerme en los laureles, sino que utiliza los datos ya conocidos como una oportunidad para cuestionarlos de nuevo y extraer de ellos nuevas cualidades desconocidas.

En el caso del Centro Informativo de la Construcción, por ejemplo, esto significa que se explotan las distintas posibilidades que ofrece la prefabricación y el hormigón in situ —aunque se utilicen principalmente por motivos económicos—, hasta el punto de que empiezan a hablar por sí mimas, desde el sistema sencillo y directo utilizado en las ventanas, a la solidez del tratamiento escultórico de las zonas ubicadas frente a las salas de reuniones. También significa que la tectónica del sistema constructivo de los paneles resulta sorprendente debido a que estamos acostumbrados a estructuras tipo esqueleto, e interpretamos inmediatamente como pilares lo que, tras una observación más detenida, resultan ser zonas de unión entre elementos prefabricados realizadas in situ. Con decisiones de este tipo, las convenciones se ven intensamente sacudidas, aunque no negadas del todo. De hecho, amplían su horizonte y, en última instancia, salen fortalecidas.
En el mismo sentido, el interés por los dibujos, las estructuras y las texturas que recorren como un hilo conductor la obra de HildundK, deberían

Building Information Centre, Munich-Riem

reinforced-concrete elements, acting on behalf of the city of Munich, which rents the building permanently from this investor. As the building was to be erected with a minimum budget and, as far as possible by the reinforced-concrete company itself, it seemed obvious to make the entire building of reinforced-concrete elements and to dispense with fittings as far as possible—also to avoid competing with the small scale of the interior fittings and furnishings for single-family houses which are exhibited in the building.

In the interior of the building there are six exhibition floors connected by an open staircase in which the single flights are placed behind one another. Various offices, lecture halls and different seminar rooms complete the range of spaces offered. The outdoors exhibition of the Building Centre will be located in the courtyard and on the roof.

The facade of the building can be read as a stacking of large display windows, and in this sense it addresses the theme of the building. These windows measure around 3.5 x 6.0 m and the glazing was directly inserted in the load-bearing external concrete shell without the use of frames. All the concrete surfaces in the interior are untreated and display the production process of the building. Design fittings such as lighting and furniture are based on the concept of a rudimentary fitting-out using industrial, untreated materials.

Emplazamiento Location **Willy-Brandt-Allee 10, Múnich-Riem, Alemania/*Munich-Riem, Germany*** | Equipo Design team **Andreas Hild, Dionys Ottl, Tom Thalhofer y/*and* Nina Grosshauser** | Proyecto Design years **2001-2002** | Construcción Construction years **2003** | Ingenieros Engineers **Haumann und Fuchs** | Consultores técnicos Technical consultants **Allwärme** | Cliente Client **Max Aicher** | Superficie Surface area **2.850 m²** | Fotografías Photographs **Michael Heinrich**

erogeneous nature of HildundK's architecture becomes understandable, and indeed seems almost inevitable. By taking this approach, it proves to be impossible to react to the difference between various commissions with simplistic, universally valid solutions. And yet the individual buildings always go beyond the specific case. This is possible because they are based on serious and conscious work on the architectural language. This offers protection from the banality of the kind of architectural virtuosity that is satisfied in fulfilling clients' wishes. Although the architecture of HildundK is consciously affirmative it does not rest on its laurels but in each case uses the givens as an opportunity to question them anew and to distil unfamiliar qualities from them.

In the case of the Building Information Centre, for example, this means that the different possibilities of expression offered by prefabrication and *in situ* concrete—although they are used essentially according to economic principles—are exploited to such an extent that they begin to talk about themselves, from the simple and direct system used for the windows to the sculpturally handled massiveness of the areas in front of the consultation rooms. It also means that the tectonics of the panel construction system presented here irritate our eyes which are trained in terms of the skeletal frame, because we automatically read as columns what turns out on closer observation to be the joints between the prefabricated elements that were filled on site. In this way conventions are shaken considerably yet not entirely negated. In fact they are expanded and thus ultimately strengthened.

In the same sense, the interest in patterns, structures and textures that runs like a red thread through the work of HildundK should also be seen as work on architectural language. It is primarily about the search for an appropriate expression for the cladding of buildings, and far less about ornaments. It is far more noticeable that HildundK use decorative elements, at least in public space, in a very restrained way. They are not

ser consideradas como un trabajo sobre el lenguaje arquitectónico. Un trabajo que, sobre todo, es la búsqueda de una expresión apropiada para el revestimiento de los edificios, y que se ocupa en mucha menor medida de la ornamentación. Es evidente que HildundK utiliza los elementos decorativos, al menos en el espacio público, de forma muy contenida. No se encuentran entre los arquitectos que creen que su propio ego y el ego de sus clientes deben reforzarse a través de la construcción de edificios lo más llamativos posible y que invadan sin reparos el ámbito público. También en este aspecto, HildundK se adhiere a los principios de Adolf Loos (o de Leon Battista Alberti), según los cuales, una correcta presencia física en la esfera pública es la que hace posible, en primer lugar, la libertad privada. A diferencia de muchos de sus colegas, no reaccionan ante la amenaza de la pérdida de un lenguaje compartido, apoyando enérgicamente esta confusión a modo de Torre de Babel, sino que llevan a cabo una búsqueda persistente de un entendimiento común.

Un entendimiento de este tipo puede alcanzarse sólo a través de una referencia a la historia en la que se han formado las tradiciones y convenciones. Y, desde luego, en sus edificios se encuentran casi siempre referencias a otras arquitecturas, a pesar de que no siempre sean obvias. Está claro que no están buscando el punto cero de la arquitectura. Pero como también son conscientes de que sólo un lenguaje vivo puede ser entendido, no pertenecen al grupo de aquellos que buscan la salvación en un retorno nostálgico al vocabulario histórico. Su mirada se dirige de forma categórica hacia el futuro y hacia lo nuevo, pero desde una posición elevada, sobre los hombros de ese gigante al que podemos llamar "Historia" o "Arquitectura", algo que nos hace recordar las palabras de Aldo Rossi: "la arquitectura es las arquitecturas".

among those architects who believe that their own ego and the ego of their clients must be strengthened by making buildings that are as striking as possible and that unapologetically intrude into the public realm. Here, too, HildundK adhere to the principles of Adolf Loos (or of Leon Battista Alberti), according to which it is the correct appearance in the public sphere that first makes private freedoms possible. Unlike many of their colleagues, they do not react to the threatened loss of a shared language with the energetic support of this Babel-like confusion of language but with a persistent search for common understanding.

It is almost self-evident that understanding of this kind can only be reached through reference to the history in which traditions and conventions have been formed. And indeed in their buildings we almost always find references to other architectures, even where these are not always obvious. Clearly, HildundK are not searching for a zero point in architecture. But because they are also aware that only a living language can be understood, they do not belong to those who seek salvation in a nostalgic return to historical vocabulary. Their gaze is most definitely directed towards the future and the new, but from an elevated position, standing on the shoulders of that giant that can be called either "History" or "Architecture". One recalls here Aldo Rossi: "Architecture is architectures."

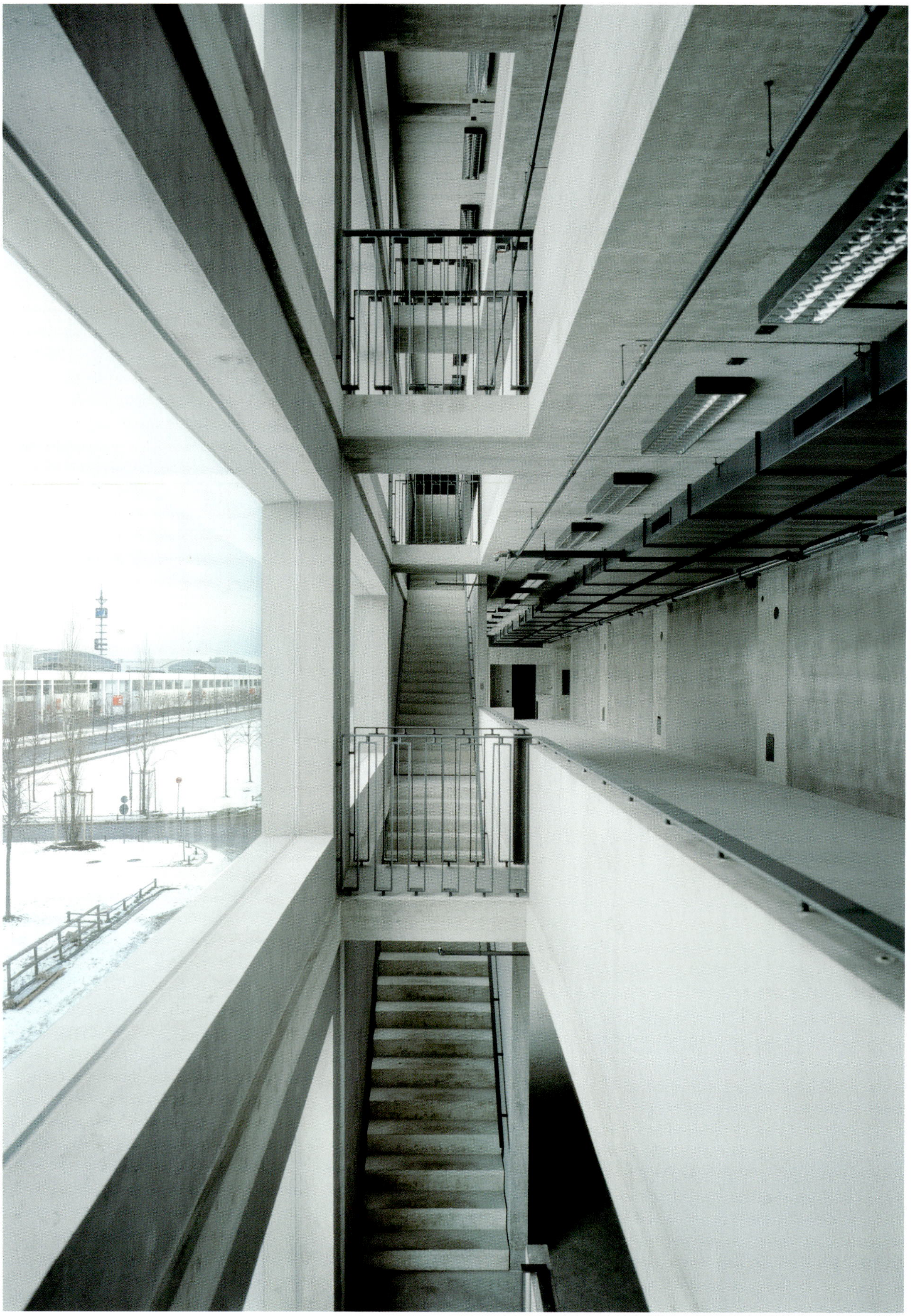

Centro Informativo de la Construcción, Múnich-Riem | Building Information Centre, Munich-Riem

Viviendas sociales Theresienhöhe, Múnich
Theresienhöhe social-housing apartments, Munich

2002-2003

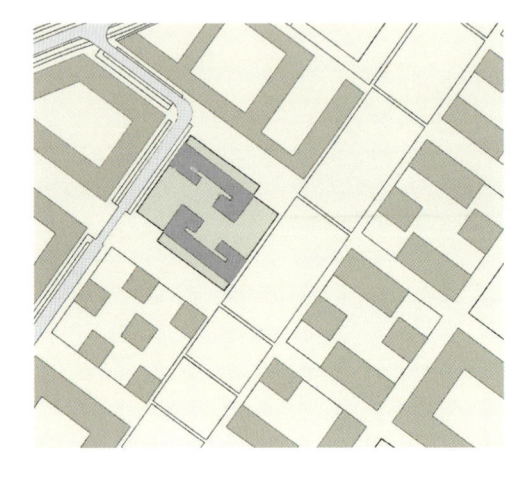

Tras el traslado de la feria de Múnich a Riem se decidió urbanizar los antiguos terrenos de la feria, un emplazamiento muy valioso dentro de la ciudad, y construir en ellos un barrio residencial y comercial de lujo, según el plan urbanístico redactado por Otto Steidle, que definía la construcción de villas urbanas y bloques perimetrales de viviendas. También se preveía destinar a la construcción de viviendas sociales algunos solares ubicados en la zona más distante del emplazamiento.

En términos urbanísticos, la propuesta se aleja de este plan, ya que define una forma mixta, compuesta por bloques perimetrales y por edificios aislados. Mientras que en los límites del emplazamiento las fachadas rectas definen las calles con claridad, en los extremos, los edificios se desplazan entre sí y crean un sistema diferenciado de espacios públicos exteriores que se abre al sur.

Los contornos marcadamente articulados de los edificios permiten que casi todas las viviendas ocupen una esquina o toda la profundidad del edificio. Para acceder a los nueve apartamentos de cada planta sólo son necesarias dos escaleras. La tipología de la planta está inspirada en el edificio de viviendas en Hansaviertel (1955) de Alvar Aalto. La zona de comedor y la cocina parcialmente abierta, así como las habitaciones, están distribuidas alrededor de una zona de estar central con galería, de forma que el espacio de pasillo se reduce al mínimo, incluso en las viviendas de mayor tamaño para familias. Las ventanas en esquina y el retranqueo de las fachadas en las galerías permiten que la mayoría de las dependencias estén orientadas en varias direcciones. Esta articulación de la planta también se observa en el grosor escalonado del aislamiento de la fachada, subrayado además por el uso de distintos colores en los bordes.

Following the move of the Munich trade fair to Riem, it was planned to develop the former trade-fair grounds, a valuable inner-city site, as a high-price residential and commercial district according to an urban plan by Otto Steidle in which the development consists of urban villas and perimeter housing blocks. It was also intended to use small areas on a remote part of the site for social housing.

In urban terms the development proposal represents a departure from this plan, with a mixed form consisting of block perimeter development and point buildings: whereas on the boundaries of the site straight facades clearly define the street spaces, the courtyard sides of the staggered buildings create a differentiated system of public outdoor spaces that opens to the south.

The strongly articulated outlines of the buildings allow almost all the apartments to occupy corner positions or to extend through the building. Only two staircases are required to access nine apartments per floor. The plan typology is inspired by model of Alvar Aalto's 1955 Hansaviertel development. The dining area with a semi-open kitchen and the individual rooms are arranged around a central living space with a loggia, thus allowing corridor space to be reduced to a minimum, even in large family apartments.

The corner glazing and the staggering of the facades at the loggias allow most of the spaces to be oriented in several directions. The articulation of the plan is also legible in the different staggered thicknesses of the facade insulation, which is additionally emphasised by the use of different colours for the edges.

Emplazamiento Location **Fritz-Endress Strasse/Johannes-Timm Strasse, Múnich, Alemania/Munich, Germany** | Equipo Design team **Andreas Hild, Dionys Ottl y/and Nina Grosshauser con/with Tilmann Rohnke** | Concurso Competition **2002** | Construcción Construction years **2002-2003** | Ingenieros Engineers **Stegerer und Zuber** | Consultores técnicos Technical consultants **Allwärme** | Cliente Client **ZF Generalbau-und Grundstücksgesellschaft mbH Heimag München** | Superficie Surface area **6.860 m²** | Fotografías Photographs **Michael Heinrich**

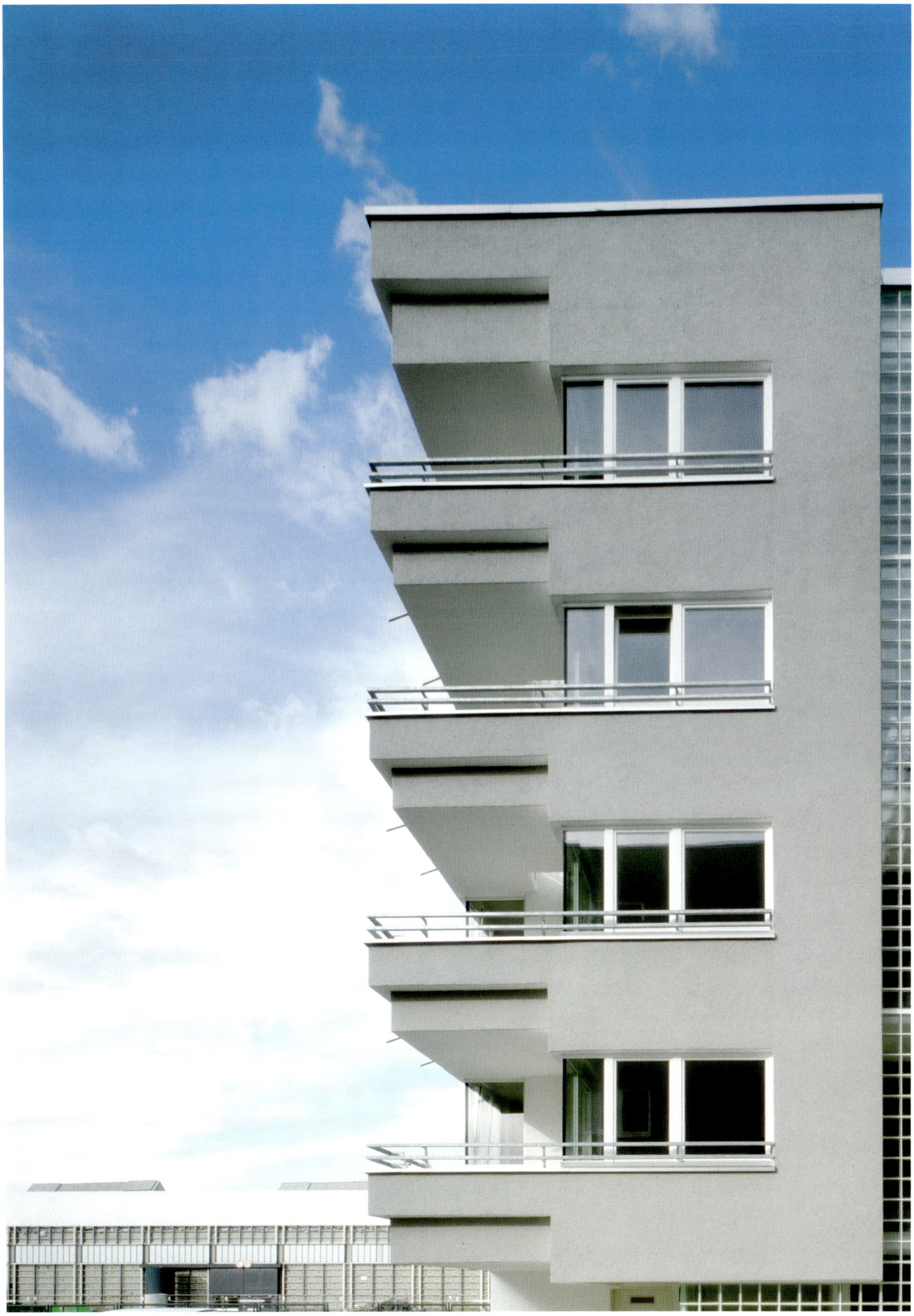

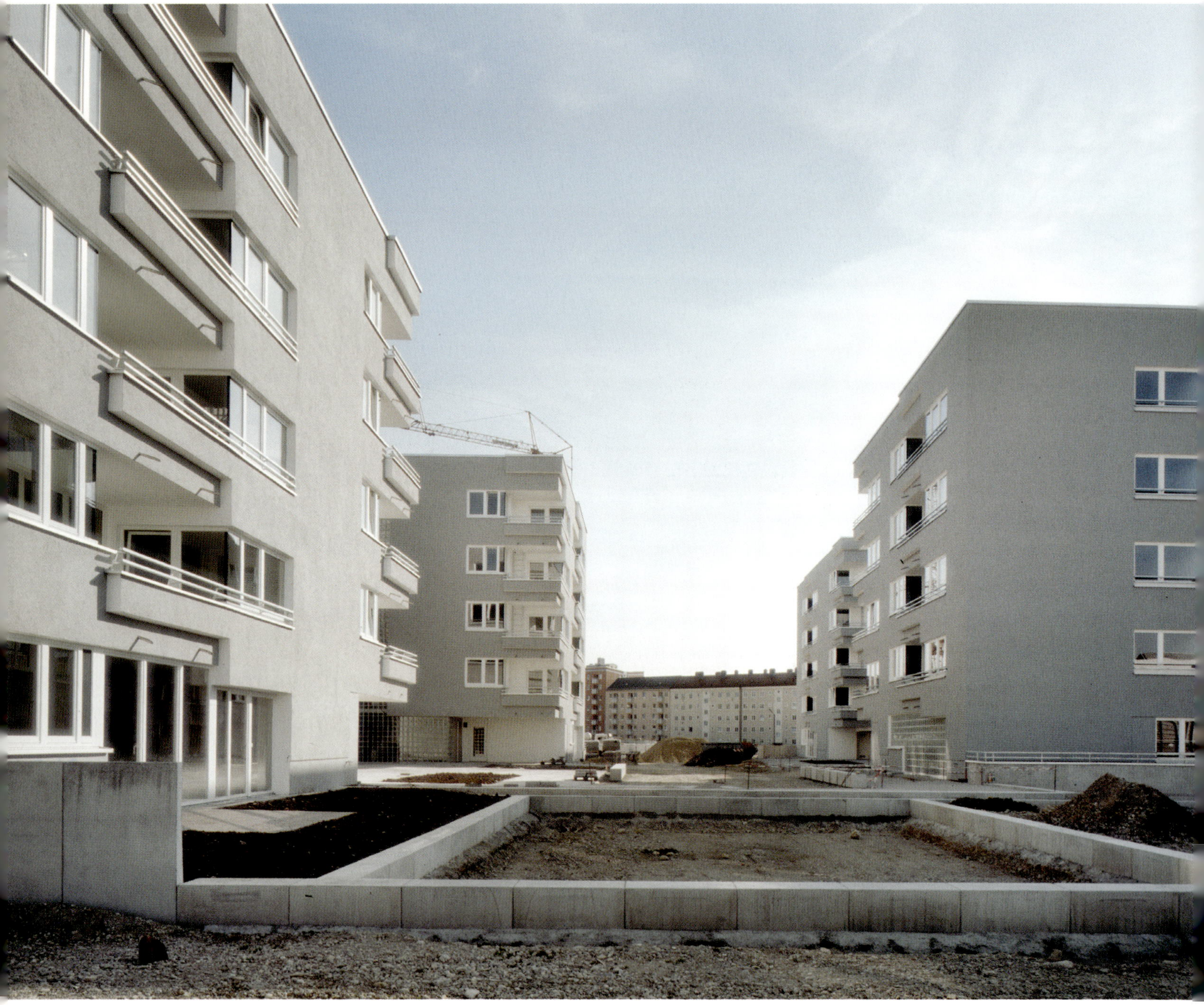

Viviendas sociales
Theresienhöhe, Múnich

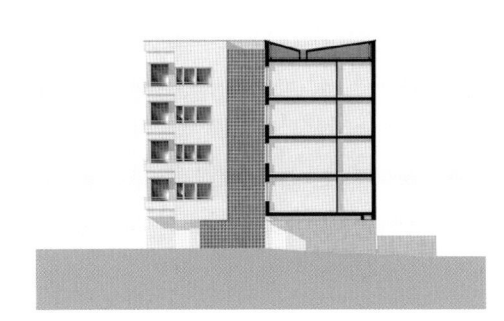

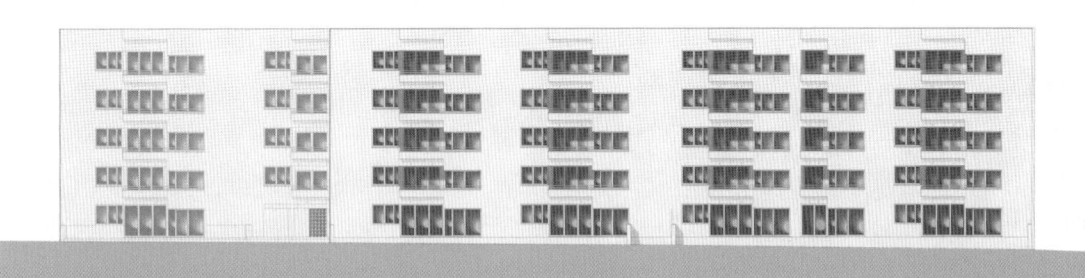

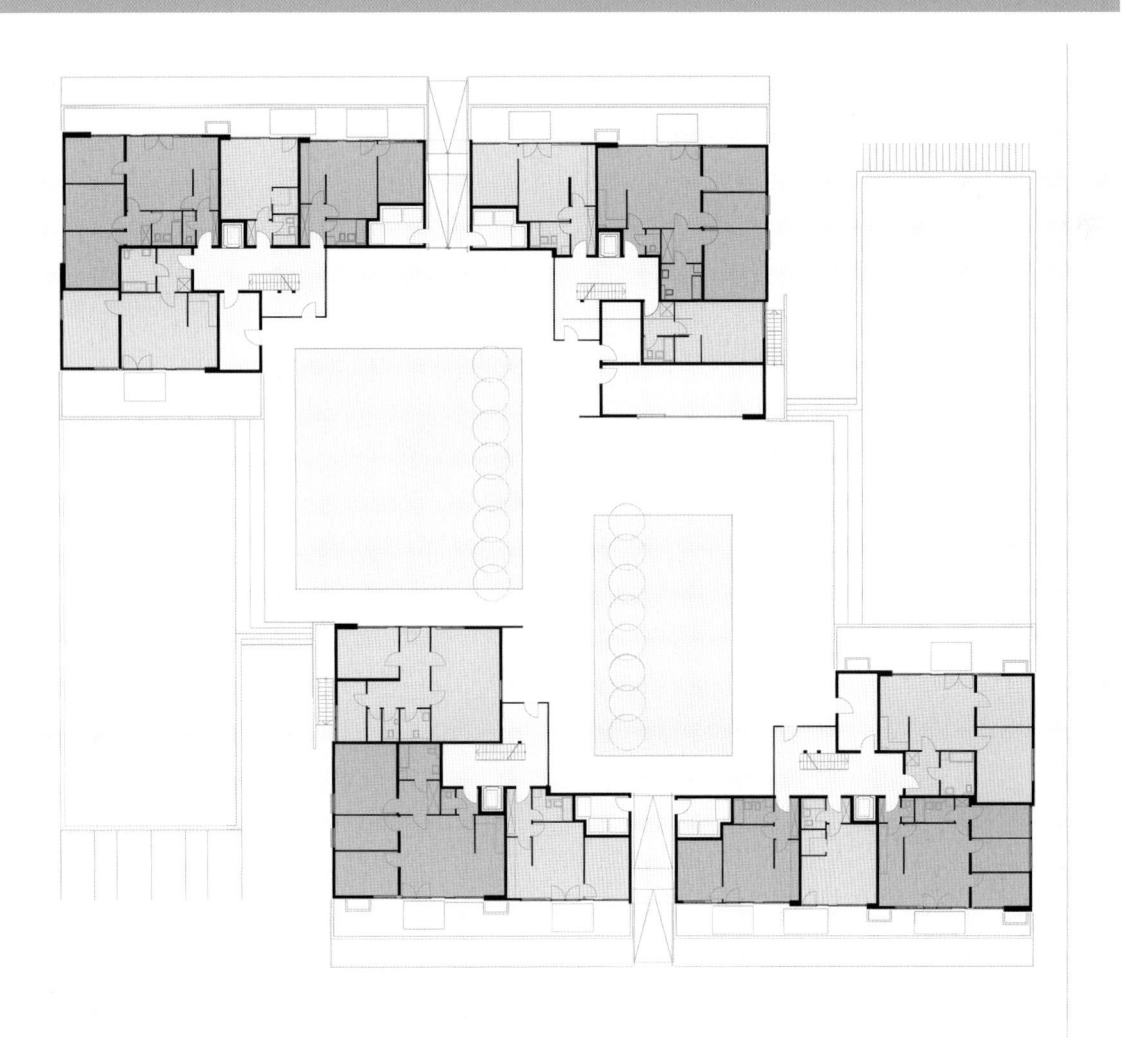

Theresienhöhe social-
housing apartments, Munich

71

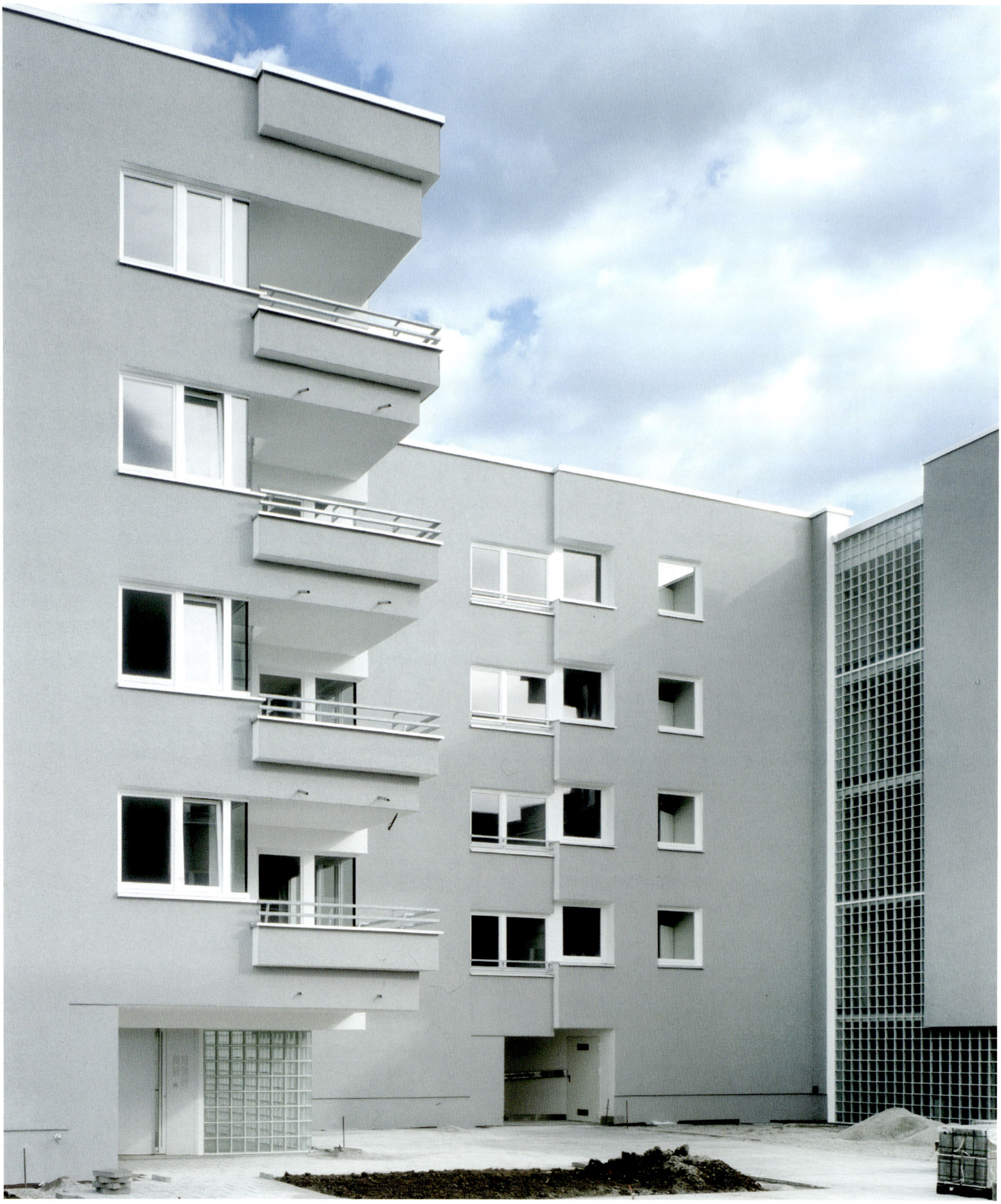

Viviendas sociales
Theresienhöhe, Múnich

Theresienhöhe social-
housing apartments, Munich

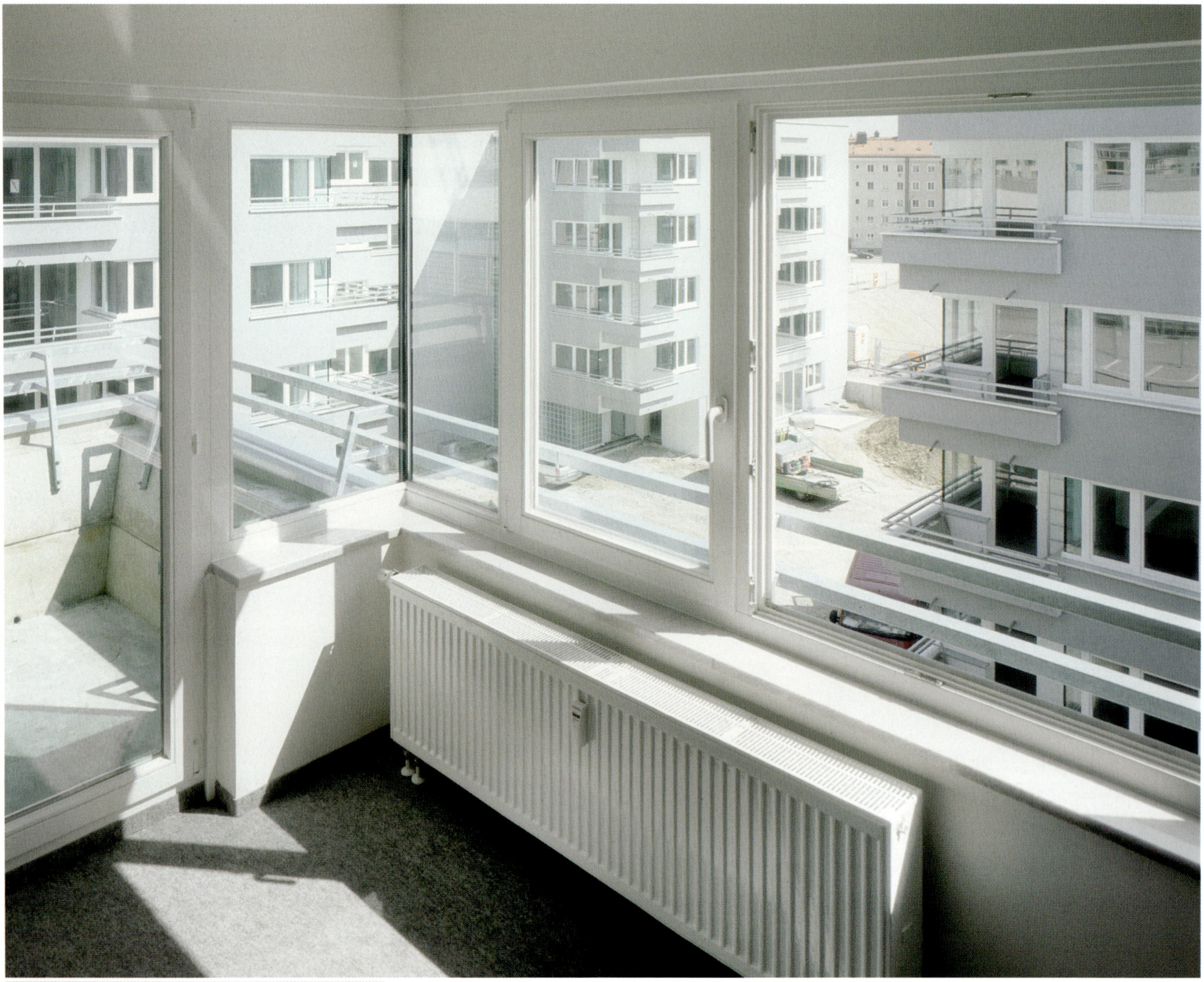

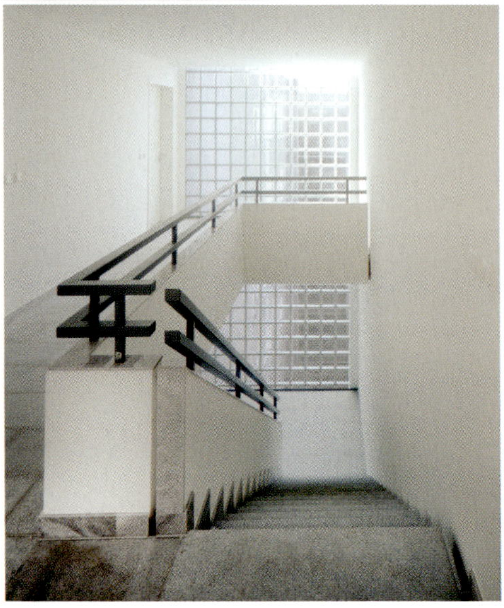

Viviendas sociales
Theresienhöhe, Múnich

Theresienhöhe social-
housing apartments, Munich

Edificio de aparcamientos, Múnich-Riem
Multi-storey car park, Munich-Riem

2002

Dentro del desarrollo urbanístico del antiguo emplazamiento del aeropuerto, que actualmente alberga el recinto ferial de la Messe Riem, se planteó la construcción de un edificio de aparcamientos de varias plantas (con el objetivo de evitar al máximo el tráfico rodado en la zona residencial), donde los residentes pudiesen aparcar sus coches en espacios fijos, en lugar de hacerlo en la calle cerca de sus viviendas. Puesto que la empresa que promueve y gestiona este sistema de aparcamiento cuenta con su propia empresa constructora y una fábrica de prefabricados, el edificio se construyó en su mayor parte con elementos de hormigón prefabricado. El objetivo era construir una fachada con elementos prefabricados que generase un espacio interior que no se percibiera sólo como aparcamiento, sino también como un edificio con espacios interiores.

La reiteración estricta de 14 plantas idénticas se contrarresta gracias a los paneles de fachada curvos de 15 m de longitud, 1,5 m de altura y 25 cm de grosor. La combinación de este elemento, rotándolo y repitiéndolo simétricamente, genera diferentes líneas curvas a lo largo de la fachada. De esta forma, mediante una combinación aleatoria de elementos regulares, cada planta posee una fachada curva e irregular, distinta del resto. El antepecho y la parte superior de los paneles forman, junto con los pilares, una estructura que enmarca las vistas del entorno. Así, el edificio no sólo tiene un exterior sorprendente, sino también un interior marcadamente modulado, cuya artificialidad, al igual que la pintura amarilla del hormigón, contrasta con las vistas lejanas de los Alpes.

For the urban development on the former airport site, which is now the location of the Messe Riem trade fair, a multi-storey car park was to be erected in which the local residents would be provided with fixed parking spaces instead of parking their cars in the immediate proximity of their apartments, the aim being to keep traffic out of the residential area.
As the company that provides and runs this

parking system has its own construction company with a prefabrication works, the multi-storey car park was to be built for the most part of prefabricated concrete elements, the task being to develop a facade made of such prefabricated parts. With these single elements an interior effect would be developed that went beyond the facade, to produce a structure that would be perceived not only as a car park but also as a building with interior spaces.

The rigid repetitiveness of the 14 identical storeys is counteracted by a 15-metre-long, 1.5-metre-high and 25-cm-thick curved parapet element. By combining, rotating and symmetrically repeating this element, freely curving lines are produced along the facade. Thus, through the random combination of regular elements, each storey has an independent, individually wavy and irregular parapet. Together with the columns, the top and bottom of the parapet form a frame that defines the view of the surroundings. Thus the building not only has a striking exterior but also a strongly modulated interior whose artificiality, together with the yellow paintwork of the concrete, contrasts with the view of the Alps in the distance.

Emplazamiento Location **Willy-Brand-Allee 10, Múnich-Riem, Alemania/*Munich-Riem, Germany*** | Equipo Design team **Andreas Hild, Dionys Ottl** y/*and* **Tom Thalhofer** | Proyecto Design years **2002** | Construcción Construction years **2002** | Ingenieros Engineers **Haumann und Fuchs** |

Cliente Client **Max Aicher Autopark Riem GmbH** | Superficie Surface area **18.480 m²** | Fotografías Photographs **Michael Heinrich**

78

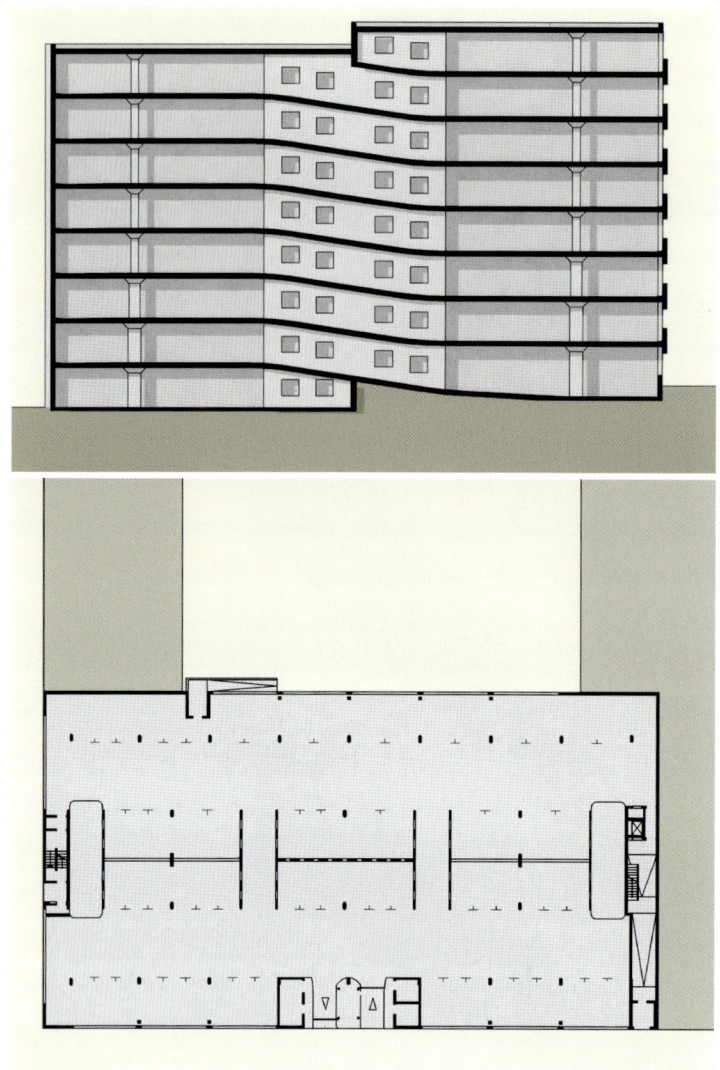

Edificio de aparcamientos, Múnich-Riem

Multi-storey car park, Munich-Riem

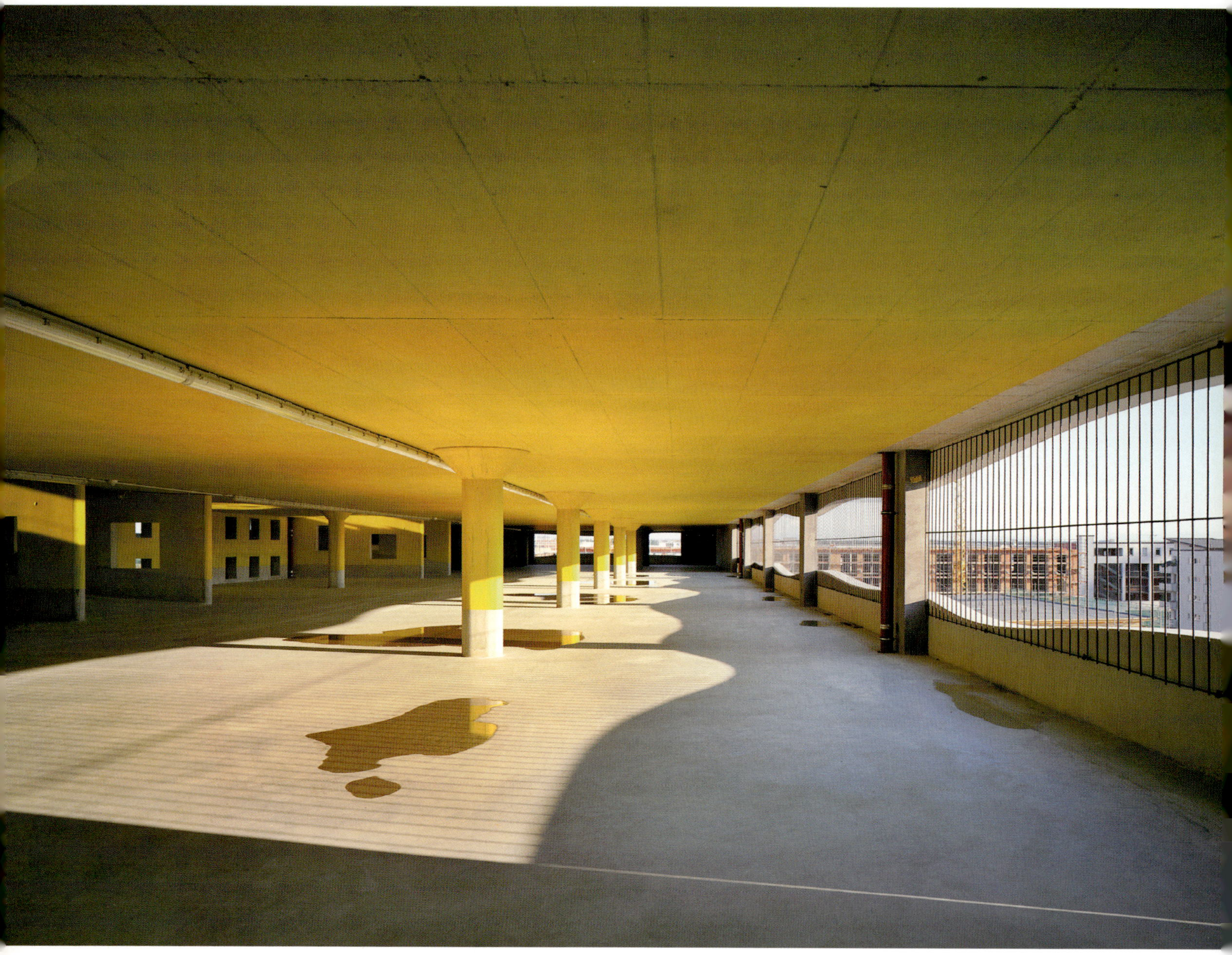

Edificio de aparcamientos,
Múnich-Riem

Multi-storey car park,
Munich-Riem

Viviendas y oficinas en el Alter Hof, Múnich
Alter Hof housing and offices, Munich

2003

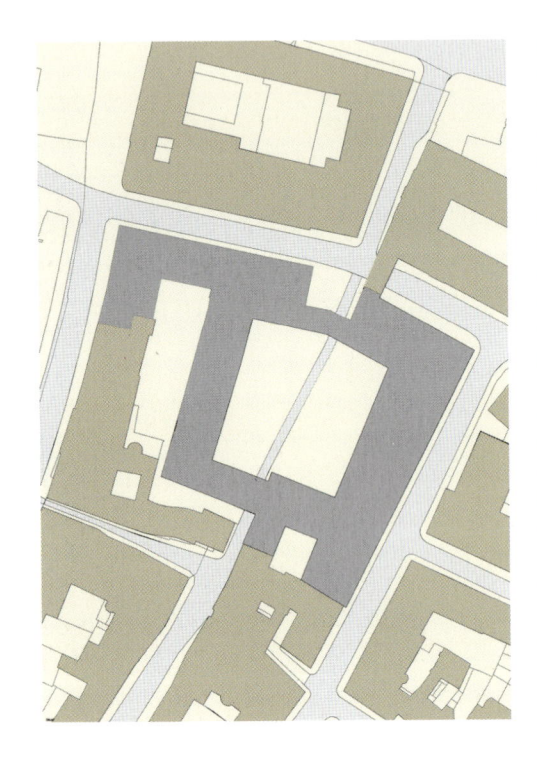

La reconstrucción del centro de la ciudad antigua de Múnich implicaba la reurbanización de gran parte del Alter Hof, la primera residencia en Múnich de los Wittelsbach (la familia real bávara), que data del siglo XII y fue parcialmente destruido durante la II Guerra Mundial. Después del traslado de las oficinas tributarias, gran parte del complejo se cedió en régimen de alquiler a largo plazo a un inversor privado. La zona del antiguo castillo, remodelada durante la década de 1950 como parte del programa de reconstrucción de posguerra, debía ser reorganizada para adaptarla a un uso residencial y de oficinas de alta calidad, una adaptación que requería tanto reformas como edificios de nueva planta.

El complejo está dividido en varios edificios, cada uno de ellos orientado hacia un lado distinto del centro de Múnich y planteado para dar respuesta a las condiciones específicas de su situación, sin perturbar la unidad del antiguo complejo del castillo (que se utilizará en el futuro para distintos usos). El mayor reto fue resolver las plantas de las viviendas del bloque frente a la Sparkassenstrasse (cuya profundidad varía entre los 18 y los 24 metros) para permitir que los apartamentos de calidad que se requerían gozaran de buena iluminación. Estas plantas destinadas a viviendas se dividieron longitudinalmente en dos zonas a lo largo de la línea de cumbrera, de tal forma que una de ellas está orientada hacia el patio histórico y la otra hacia la calle; esta última está organizada mediante el uso de cubiertas a un agua en diente de sierra. Este sistema permitió crear viviendas pasantes con una profundidad edificable razonable y generar fachadas con orientación sur, provistas de zonas exteriores aterrazadas pero sin perjudicar la imagen urbana del conjunto. La secuencia de cubiertas a un agua en diente de sierra, resultado de estas consideraciones, parecía lo suficientemente familiar en la tradición constructiva de Múnich como para que ayudara a implementar un programa de viviendas de clase media en el complejo del castillo. A su vez, las fachadas macizas enlucidas y las tribunas vidriadas también colaboran al anclaje de este edificio en la rica estructura histórica que el centro de Múnich ha desarrollada a lo largo del tiempo.

The new construction of the core of the old city in Munich involved the redevelopment of a large part of the first Wittelsbach (the Bavarian royal family) residence in Munich, the Alter Hof, which dates from the 12th century and was partially destroyed in the Second World War. After the taxation authorities moved out of the complex, large parts of it were let on long leases to a private investor. The area of the former castle that had been redesigned in the 1950s

SEGUIR CONSTRUYENDO LA CIUDAD
Martin Tschanz

El Alter Hof ubicado en el centro de Múnich fue en su día una residencia real. Este complejo, que se desarrolló a lo largo de los siglos, fue destruido en su mayor parte durante la II Guerra Mundial, y algunos de los nuevos edificios del período de posguerra van a ser reemplazados para construir viviendas y oficinas. La propuesta de HildundK adopta la disposición de los antiguos edificios, pero los reviste con una escala adecuada a los nuevos usos. Este hecho es especialmente evidente en el ala que alberga las viviendas; el alzado muestra los pequeños elementos e irregularidades propios de esta tipología y la sustitución de la potente cubierta a dos aguas que anteriormente cubría el edificio por una serie de cubiertas a un agua que crean un animado perfil en diente de sierra. En este caso, los arquitectos adaptaron la idea del *Dacherker* —un tipo de ventana abuhardillada frecuente en Múnich, cuya pared frontal está enrasada con la fachada del edificio—, pero con la cubierta a una sola agua. El *Dacherker* se utilizaba antiguamente como espacio de acceso al bajocubierta a través de un montacargas, convirtiéndolo de esta forma en un espacio útil. De forma similar, esta reinterpretación permite que las viviendas disfruten de estos espacios y de una buena iluminación sin necesidad de disponer ventanas abuhardilladas estándar o lucernarios.

El proyecto se caracteriza por el homenaje que rinde al emplazamiento y a su historia, al mismo tiempo que también lo hace al presente y a nuestras aspiraciones actuales. El resultado es una superposición de significados: el edificio puede entenderse como parte del Alter Hof, puesto que asume su estructura y completa sus patios, y al mismo tiempo también,

as part of the postwar reconstruction programme was to be reorganised to suit high-quality office and residential use involving both conversion and new construction work.

The complex as a whole is broken up into various buildings, each of them facing towards a different side of central Munich and intended to react individually to this situation without, however, disturbing the unity of the former castle complex that will be used in the future for a number of different functions. Organising the floor plans of this building block, which varies in depth between 18 and 24 m, to provide impressive and well-lit apartments provided a particular challenge.

This section of the building was divided along the ridgeline into a side which faces the historic courtyard and a street side that is organised by the use of gables. This made it possible to create apartments that extend through the depth of the building in two directions without having to bridge considerable depths and also allowed south-facing facades and terrace-like outdoor areas to be created while avoiding any problems that might impair the urban image.

The motif of a series of half-gables that resulted from these considerations appeared to be sufficiently familiar from the history of building in Munich to help establish the function of middle-class living space in a historic castle complex at this particular location. The building elements consisting of solid rendered walls and the flat bay windows with corner glazing help to anchor the building in the historical structure of central Munich that has developed over the course of time.

Concurso internacional. Primer premio International competition. First prize | Emplazamiento Location **Alter Hof 1, Múnich, Alemania/*Munich, Germany*** | Equipo Design team **Andreas Hild, Dionys Ottl** y/*and* **Frank Rödl** con/*with* **Tilmann Rohnke** | Concurso Competition **2003** | Cliente Client **Bayerische Hausbau Munich** | Fotografías Photographs **Michael Heinrich**

CONTINUING BUILDING THE CITY
Martin Tschanz

The Alter Hof in the centre of Munich was once the royal residence. This complex, which had developed over centuries, was for the most part destroyed in the Second World War and now some of the new buildings of the postwar period were themselves to be replaced to provide new apartments and offices. The proposal by HildundK takes over the disposition of the old building elements but overlays them with a new scale appropriate to the new functions. This is particularly clear in the wing containing apartments, where the small elements and irregularities that make up the apartments can be read in elevation, and the powerful hipped roof that formerly covered everything has been replaced by a series of gables that form a lively silhouette. Here the architects adapted the idea of the "Dacherker"—a kind of dormer often found in Munich where the wall of the dormer is in line with the outside wall of the building—and gave it a shed roof sloping to one side. The "Dacherker" once served to allow attic spaces to be accessed by a goods hoist, thus making them usable; similarly, in this new interpretation it makes the roof spaces completely usable for apartments without having to impair the roofs by the use of standard dormer windows or roof lights.

The project is characterised by the fact that it pays the same tribute to the place and its history as it does to the present and our current aspirations. The result is a transparency of overlaid meanings: the building can be understood as part of the Alter Hof, as it takes up its structure and completes its courtyards, yet at the same time it is also unambiguously a contemporary residential and commercial building, which is intended to

Planta piso
First floor

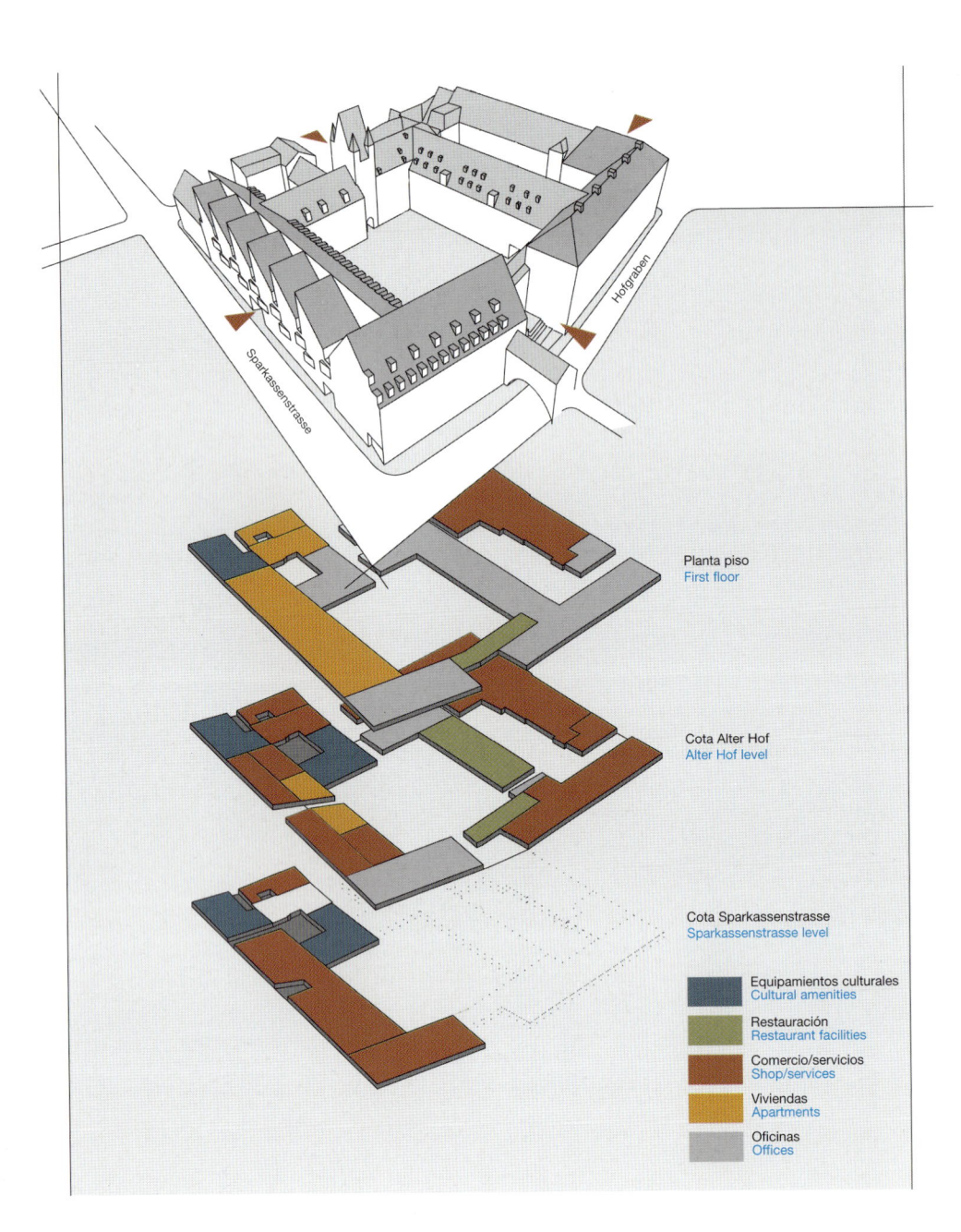

Cota Alter Hof
Alter Hof level

Cota Sparkassenstrasse
Sparkassenstrasse level

- Equipamientos culturales / *Cultural amenities*
- Restauración / *Restaurant facilities*
- Comercio/servicios / *Shop/services*
- Viviendas / *Apartments*
- Oficinas / *Offices*

como un edificio residencial y comercial inequívocamente contemporáneo, que ofrece al inversor privado —quien ha sustituido al rey o al erario público como cliente— un rendimiento atractivo sin renunciar a dicha expresión. El resultado es un edificio híbrido que se sitúa entre la reconstrucción y la creación nueva y autónoma. Revela el emplazamiento y su historia: lo que se ha perdido, el deseo de curar las heridas y la imposibilidad de satisfacer este deseo, pero también la presión económica actual y, no menos importante, la primacía de lo privado sobre lo público, ya que ahora el Alter Hof está caracterizado por los sueños inmobiliarios individuales a través de grandes (escaparates) ventanas.

Podría hablarse de realismo, de una arquitectura que utiliza su propio lenguaje y nos habla de las circunstancias y condiciones en las que se ha desarrollado. Este es el modo como contribuye a hacer comprensible la ciudad, que es una condición previa básica para que los ciudadanos puedan orientarse.

"La vivienda es planificación urbana": esta antigua máxima no significa meramente que la vivienda conforma la ciudad y el carácter de un lugar debido a su cantidad, sino que también afirma que la construcción de viviendas, el encargo más habitual de los arquitectos, es responsable de su propia calidad, pero también de la del dominio público. La obra de HildundK es una muestra de que esto significa seguir construyendo tanto edificios como espacios urbanos y su propio discurso de forma consciente y responsable.

Viviendas y oficinas en el Alter Hof, Múnich

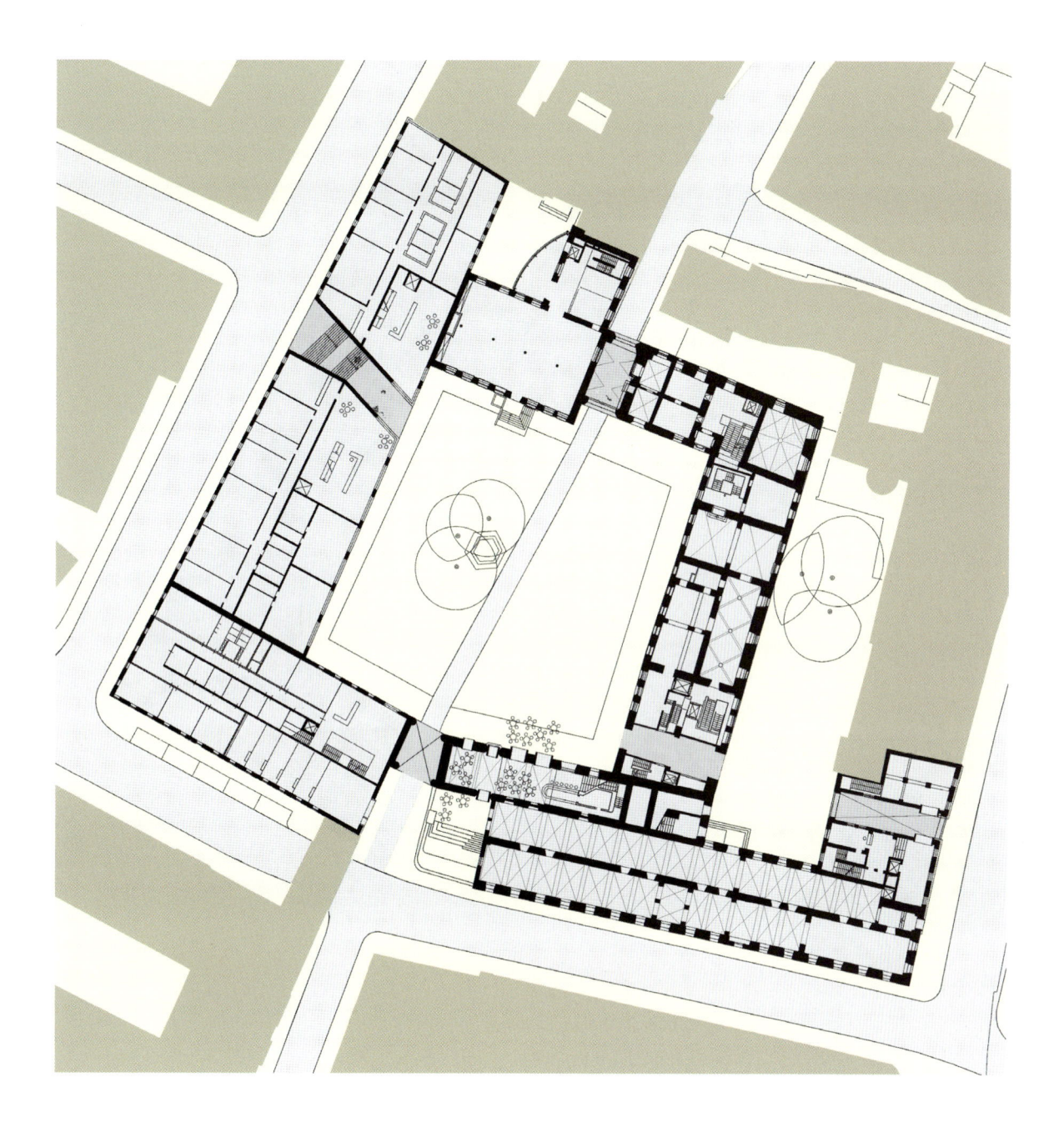

Alter Hof housing and offices, Munich

bring the private investor—who has replaced the king or the public purse as client—an attractive return while also expressing this fact. The result is a hybrid building, neither reconstruction nor autonomous new invention. Instead it makes manifest the place with its history: what has been lost, the wish to heal the wounds and the impossibility of fulfilling this wish, but also current economic pressure and, not least significantly, the precedence of the private over the public, as the Alter Hof is newly characterised in terms of individual housing dreams by means of large (display) windows. One could speak here of realism, of an architecture that speaks in its own language and of the circumstances and conditions under which it developed. In this way it makes a contribution to the comprehensibility of the city, which again is a basic precondition if the citizens are to be able to orientate themselves.

"Housing is urban planning": this old adage does not merely mean that housing shapes the city and character of the place by virtue of its quantity, it also means that the construction of housing, the most normal of all building commissions, is responsible not only to itself but also to the public realm. The work of HildundK show that this means consciously and responsibly continuing to build both the buildings and the spaces of the city, and also their own stories.

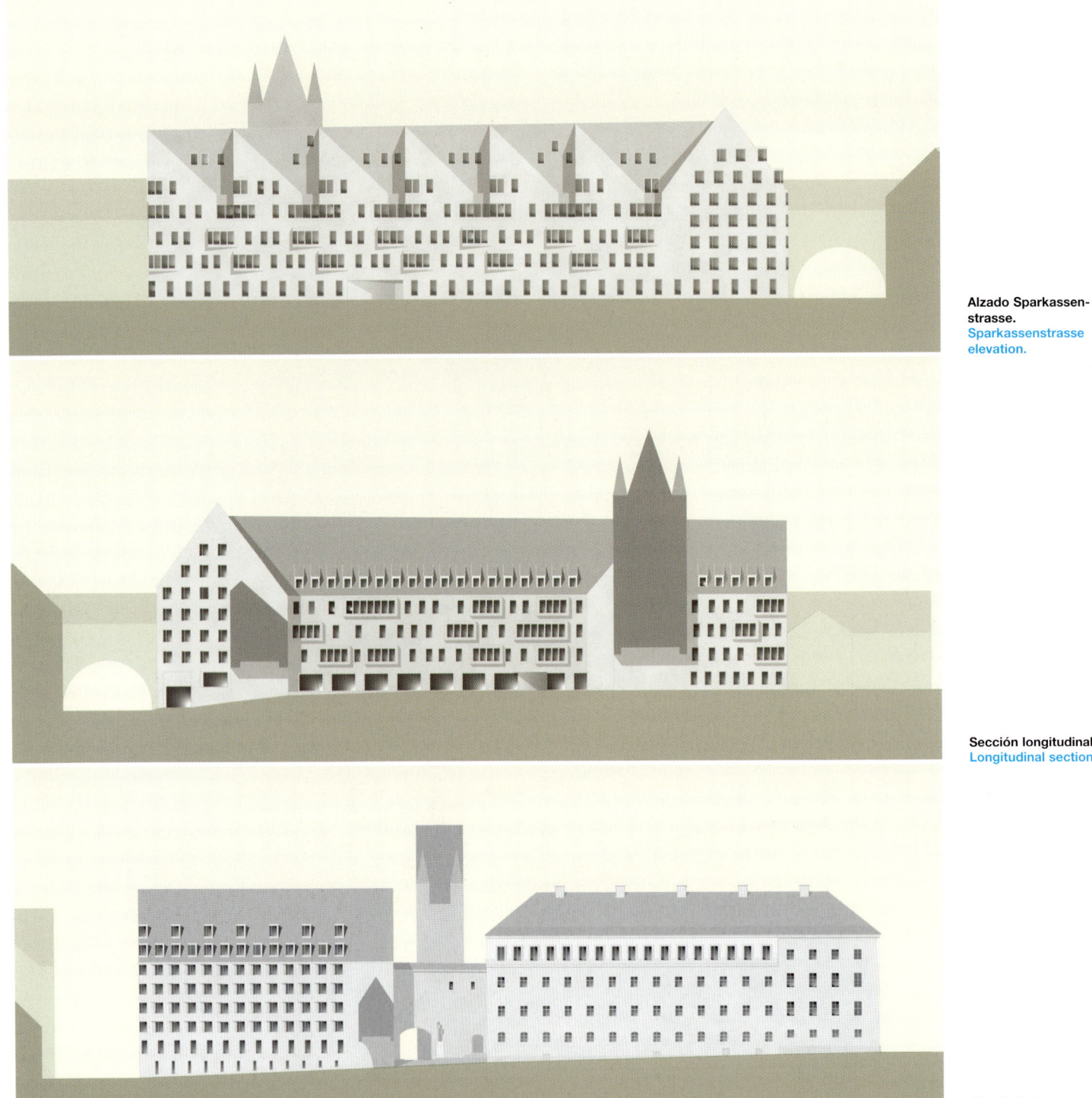

Alzado Sparkassen-strasse.
Sparkassenstrasse elevation.

Sección longitudinal.
Longitudinal section.

Alzado Hofgraben.
Hofgraben elevation.

Viviendas y oficinas en el Alter Hof, Múnich

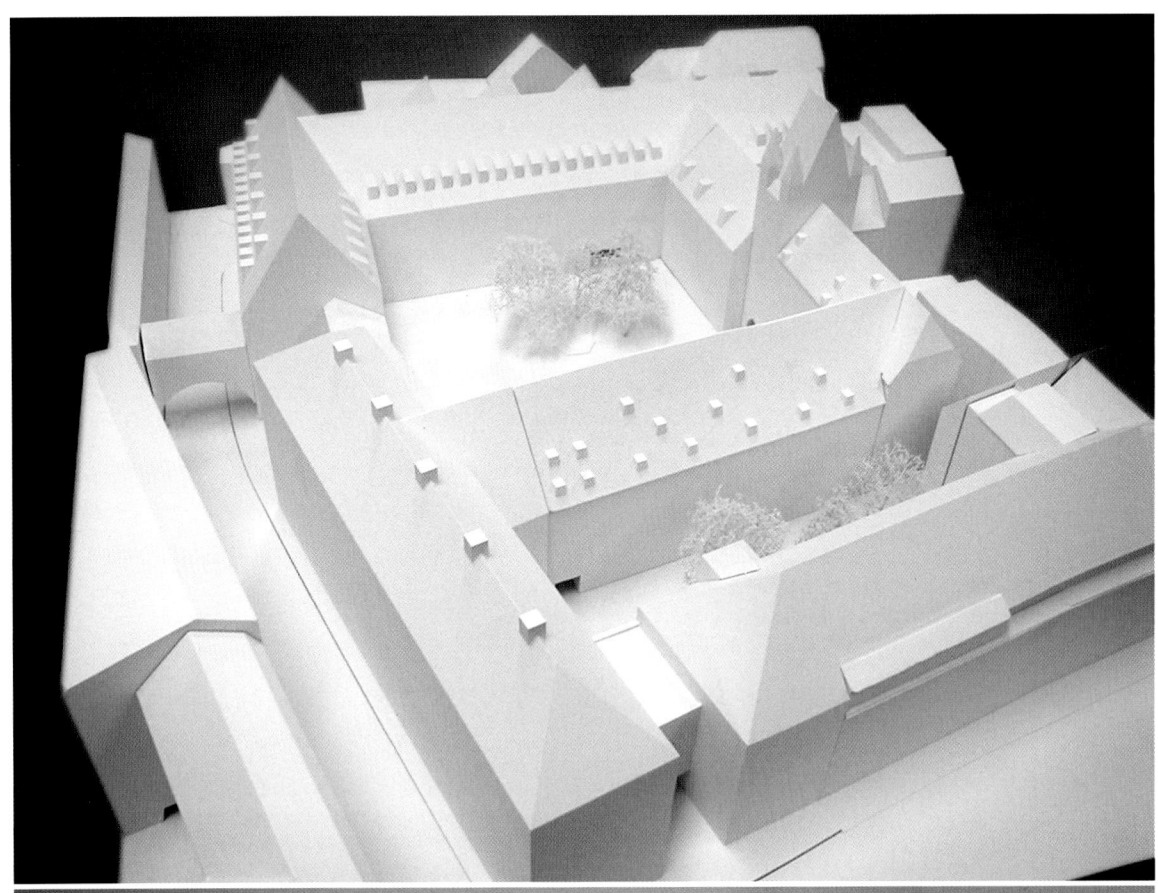

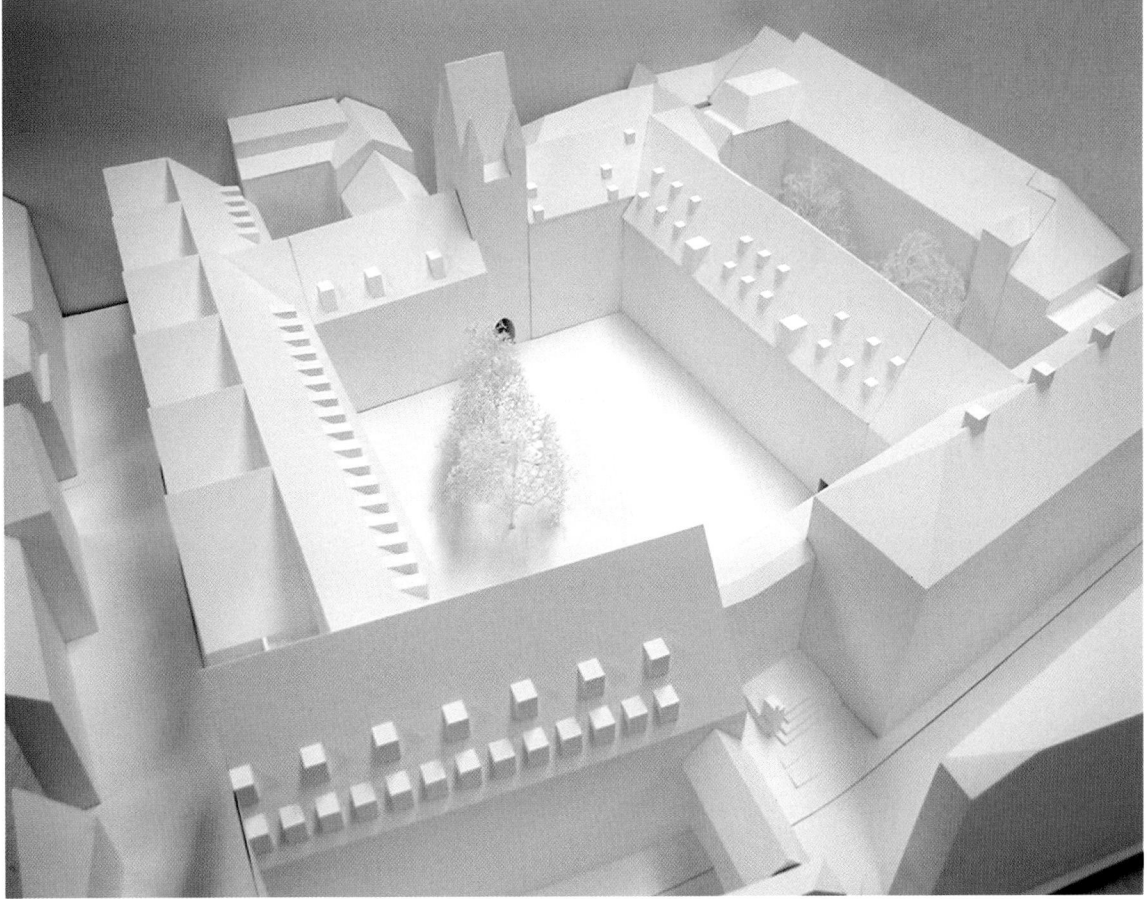

Alter Hof housing and offices, Munich

Viviendas sociales en Lohengrinstrasse, Múnich
Social-housing apartments on Lohengrinstrasse, Munich

2003-2004

El solar del proyecto era una especie de "emplazamiento sobrante" dentro de una vasta zona de nueva urbanización. Debido a su proximidad a una calle muy transitada en el lado oeste y a una gran gasolinera en la parte sur, no se podían construir en él viviendas de promoción libre y fue destinado a viviendas sociales. Con el objetivo de que las viviendas que se debían construir en este emplazamiento tuvieran la máxima calidad, la fachada del edificio se escalonó en el sentido longitudinal, de forma que unos balcones en fachada actuaran como filtro adicional que mejorara la calidad de los apartamentos, puesto que, además de mitigar el ruido, permiten que se abran hacia varias direcciones. La fachada refleja el sistema de aislamiento térmico adoptado intentando diferenciar las zonas aisladas del edificio de las que no lo están. Este aislamiento es como una piel que se coloca sólo sobre aquellas zonas donde es necesario aislar térmicamente los espacios que se encuentran detrás, por ello, la estructura de hormigón armado se ha dejado vista en los balcones y establece una clara distinción entre la "piel" térmica y el "esqueleto" estructural.

La forma en abanico abierto que adopta el edificio genera plantas que establecen una relación diagonal con el espacio exterior. En el interior de las viviendas, la sala de estar y el comedor están también conectados en diagonal, lo que, por un lado, permite una ampliación visual de los espacios y, por el otro, posibilita una zonificación espacial que separa la cocina de la zona de estar. Las viviendas de la última planta, a pesar de sus reducidas dimensiones, disfrutan de una sensación de gran amplitud gracias a las terrazas. Este proyecto es una demostración de que un emplazamiento manifiestamente desfavorable posee en realidad mayor potencial arquitectónico que el bloque de viviendas libres que se encuentra detrás.

The plot to be developed was a kind of "left-over site" within a large new development area. Since, due to its proximity to a busy street on the west side and a large filling station to the south, it could not be developed with expensive apartments, it was allocated to be used for what is termed "social land-use". To be able to create quality apartments at this place the diagonal staggering of the building with front loggias serving as an additional filter enhances the apartments in terms of quality by allowing them to face in several directions. The facade addresses the theme of the applied, composite, thermal-insulation system by trying to distinguish between the insulated and non-insulated parts of the building. The insulation is like a skin that is applied only to those areas where the spaces behind must be insulated. At the balconies the reinforced-concrete structure is left visible, thus making clear the distinction between the thermal "skin" and the structural "bones".

The fanned-out form of the building produces floor plans that establish a diagonal relationship to outdoor space. In the interior the living room and dining room are also connected on the diagonal, which on the one hand makes the spaces visibly larger and, on the other, makes a kind of spatial zoning possible that separates the kitchen from the living area. At rooftop level, despite the relatively small floor areas, there are apartments with roof terraces that give an impression of great spaciousness. Here, in particular, it is evident that the supposedly worst site has in fact the greater architectural potential compared with the block of privately owned apartments behind.

Emplazamiento Location **Wesendonkstrasse 68-72, Múnich, Alemania/Munich, Germany** | Equipo Design team **Andreas Hild, Dionys Ottl y/and Matthias Haber con/with Tilmann Rohnke** | Concurso Competition **2003** | Construcción Construction years **2003-2004** | Ingenieros Engineers **Stegerer Zuber** | Cliente Client **Gbr Zeitler/Fleischmann Munich** | Superficie Surface area **3.845 m²** | Fotografías Photographs **Michael Heinrich**

CAPAS PARA LA CIUDAD
Martin Tschanz

El argumento principal del edificio de viviendas en la Lohengrinstrasse, al este de Múnich, se remonta a la utilización de los edificios de viviendas sociales como pantallas acústicas de un complejo residencial situado detrás. Por medio del ligero desplazamiento de cada una de las viviendas se genera una fachada que hace frente a la fuente de ruido del lugar, una estación de servicio. Una fachada con balcones proporciona la suficiente protección y evita la necesidad de tener que cerrar por completo las viviendas. Por lo tanto, habría que echar la culpa —o agradecer— al ruido este desplazamiento, porque también permite que los apartamentos más grandes se abran a los cuatro puntos cardinales. Desde ellos es posible disfrutar de la calle y del espacio exterior longitudinal de una forma con la que los edificios vecinos sólo pueden soñar. Pero también sale beneficiado el espacio público. Desde la calle, el edificio presenta dos fachadas: si uno se acerca desde la calle principal ofrece un aspecto relativamente cerrado y urbano, aunque articulado con precisión. Por el contrario, si el acercamiento se produce desde la zona de viviendas de menor escala adyacente, el edificio parece desvanecerse por completo en una estructura abierta. El diseño de los escasos elementos repetidos crea la neutralidad imprescindible para permitir las inevitables "adaptaciones" personales en cada una de las viviendas: las antenas parabólicas, las plantas, los colgadores de ropa y otros elementos domésticos se integran totalmente de forma que no interfieran en el espacio público. El edificio también nos habla de política, de una planificación urbana marcadamente antisocial que permite que los más débiles actúen como pantalla protectora de los más fuertes, y sobre la habilidad de los arquitectos para extraer de este insulto cualidades que difícilmente podrían haberse conseguido sin él. Pero, a pesar de todo, también nos está hablando de su fe en la ciudad como formación social, ya que incluso en un caso como este, donde el espacio público se encuentra sólo débilmente definido, saben hacerse eco de sus demandas y protegerlo frente al dominio de lo individual.

LAYERS FOR THE CITY
Martin Tschanz

The main themes of the design for the residential building on Lohengrinstrasse in the east of Munich can be traced back to the task of using social-housing apartments to provide a noise screen for a housing complex lying behind them. By swivelling them slightly the individual apartments in the row form a front to the source of the noise, a filling station. The loggias at the front can thus be easily protected without having to close them off completely. Thus the noise is to be blamed—or thanked?—for this swivelling. For it also allows the larger apartments, at least, to open in all four directions of the compass; from them the street and the space behind in the long direction can be experienced, offering qualities of which the neighbouring housing blocks can only dream. But public space also gains. From the street the building has two different faces: if one comes from the main road it seems relatively closed and urban, although finely articulated. In contrast when one approaches from the adjacent small-scale housing district it appears almost completely dissolved into an open structure. The design of the few repeated elements creates sufficient calm to allow room for the inevitable individual "adaptations" in the dwelling units: all the satellite dishes and bay trees, the clothes-drying stands and straw mats seem completely integrated so that they do not intrude in public space.

This building also tells us something about politics, about a strongly anti-social urban planning that permits the weaker to serve as a protective wall for the stronger, and about the architects' skill in extracting from this insult qualities that could hardly have been achieved without it. But it also tells us about their belief in the city—despite everything—as a social formation in that here, where public space is only weakly defined, they appreciate its claims and protect it against the dominance of the individual.

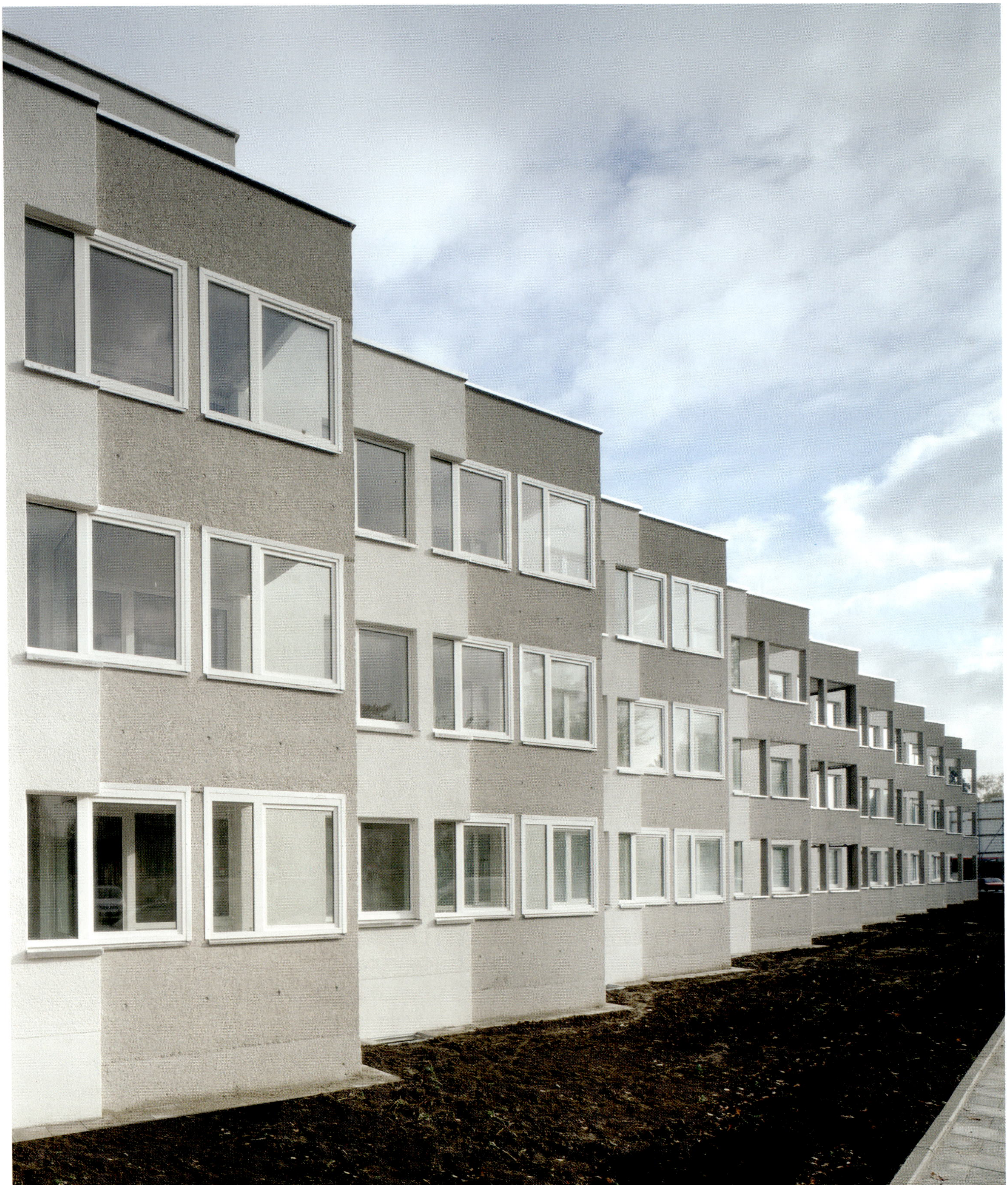

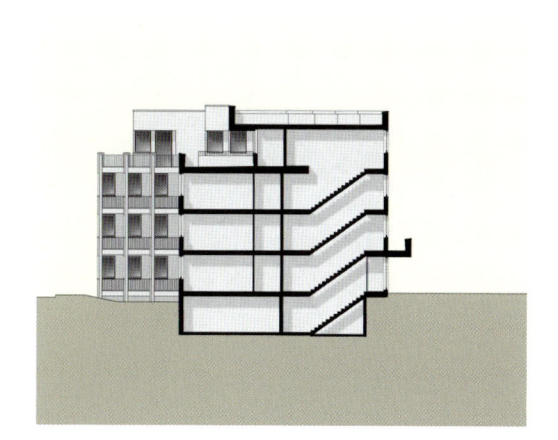

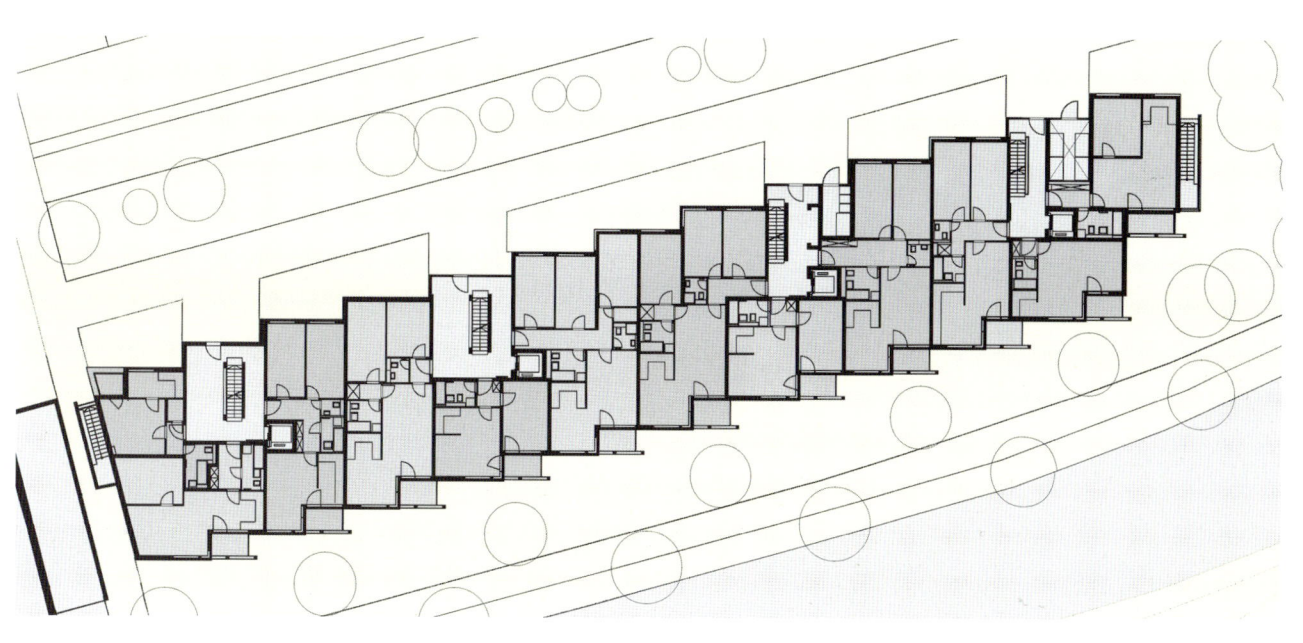

Viviendas sociales
en Lohengrinstrasse,
Múnich

Social-housing apartments
on Lohengrinstrasse,
Munich

91

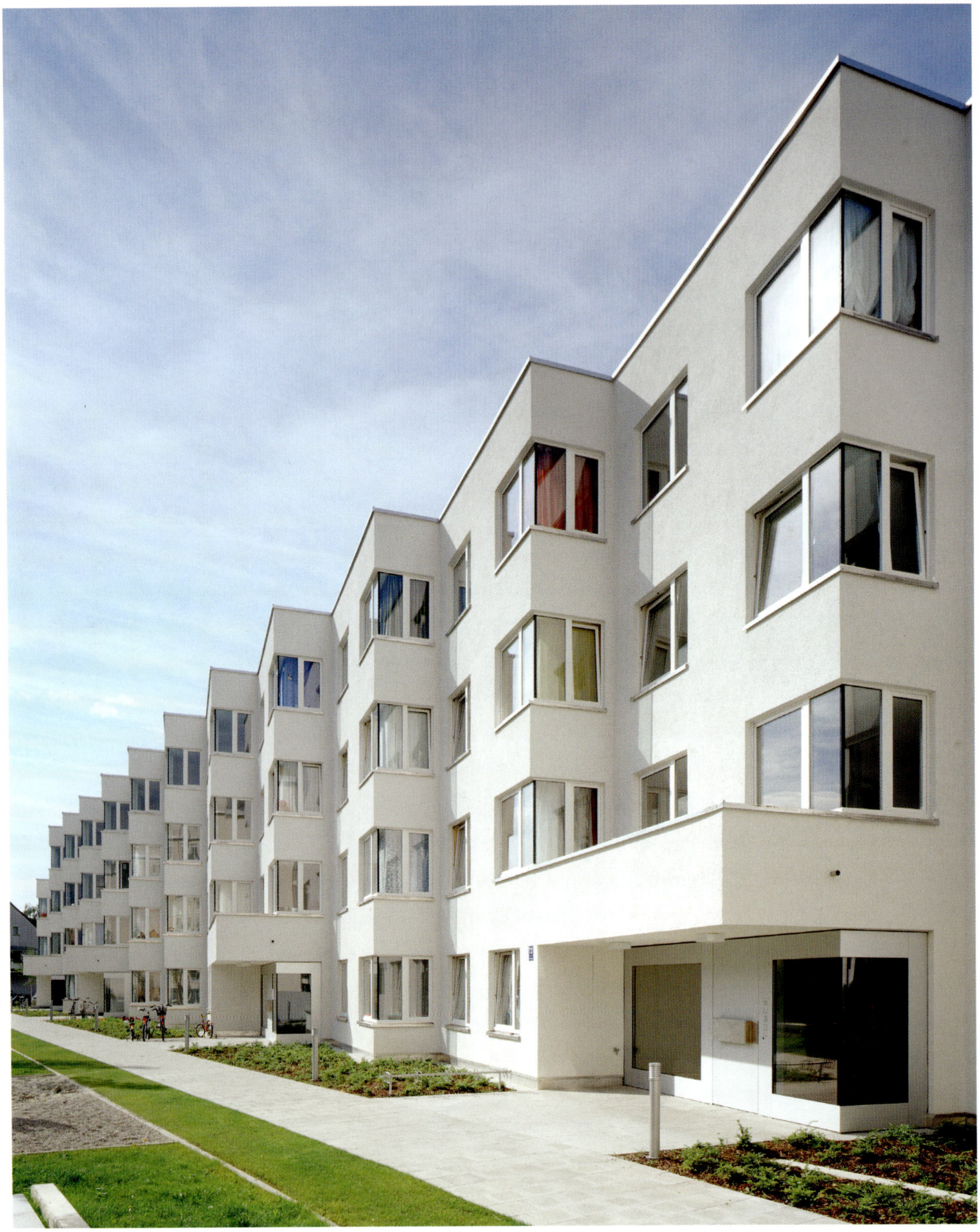

Viviendas sociales en Lohengrinstrasse, Múnich

Social-housing apartments on Lohengrinstrasse, Munich

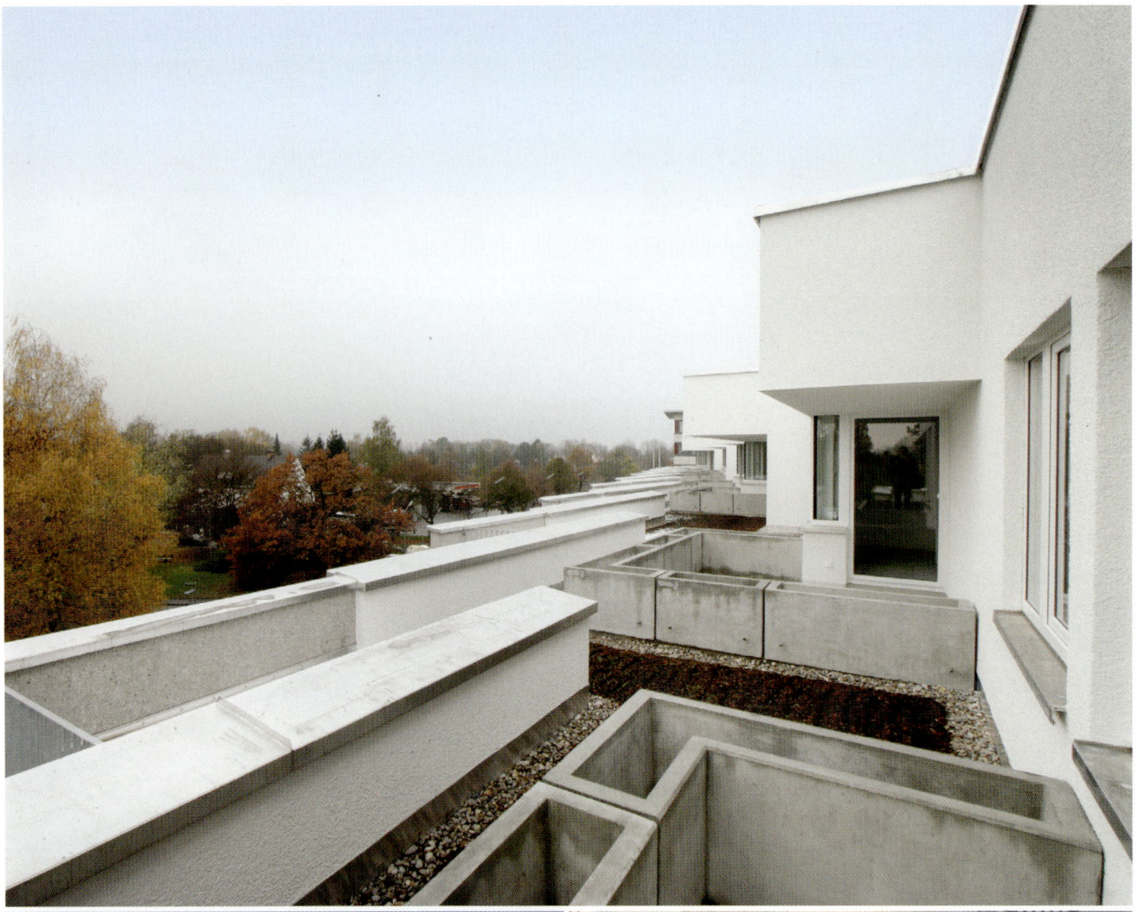

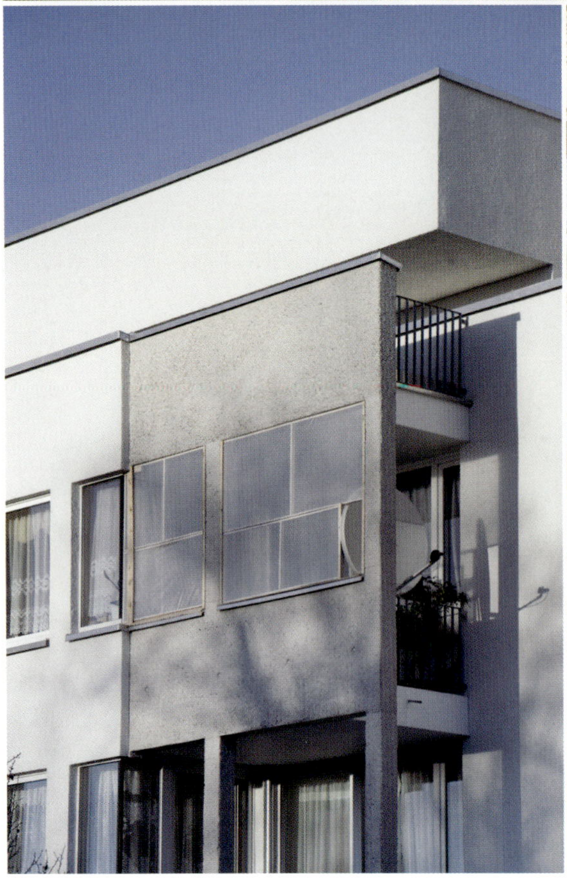

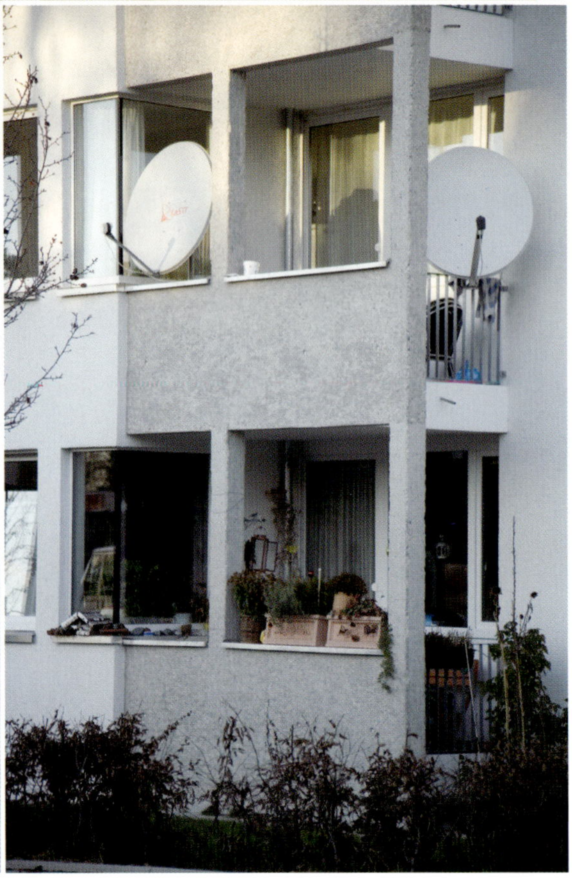

Viviendas sociales en Lohengrinstrasse, Múnich

Social-housing apartments on Lohengrinstrasse, Munich

BFTS, Centro de Investigación y Tecnología Bávaro para las Ciencias del Deporte, Múnich
BFTS, Bavarian Research and Technology Centre for Sports Sciences, Munich

2000-2004

El BFTS (Bayerisches Forchungs und Technologiezentrum für Sportwissenschaften) de la Technische Universität (TU) de Múnich se construyó como una ampliación de sus equipamientos deportivos, ubicados justo al lado del complejo olímpico. Financiado con los fondos públicos de la Zukunftsoffensive Bayern (Ofensiva de Futuro para Baviera), el Centro de Investigación pretende reforzar el papel de Baviera como centro científico para el desarrollo de una investigación altamente especializada en los ámbitos de la salud, el deporte y las ciencias de los materiales, así como también ofrecer un amplio programa de formación en el ámbito de las ciencias de la comunicación, y estar a disposición de patrocinadores privados que aporten fondos a la investigación en el campo del deporte.

El proyecto debía responder a un amplio y heterogéneo programa de usos que incluía instalaciones técnicas costosas, capaces de adaptarse a los continuos cambios de necesidades de los usuarios, y todo ello en el contexto de un presupuesto fijo determinado de antemano. El edificio se proyectó a partir de una estructura prefabricada de hormigón que permitiera una distribución interior flexible. Entre los núcleos de comunicación vertical, situados en los extremos del edificio, se situó una zona libre, sustentada únicamente por la fachada y los conductos verticales para las instalaciones. La distribución del espacio en cada una de las plantas del edificio puede adaptarse a las necesidades específicas.

La fachada perforada del edificio de hormigón armado no condiciona su flexibilidad gracias a la utilización de sólo dos tamaños de ventana. Las instalaciones se han ubicado en una posición centrada sobre la cubierta del edificio o bajo ella, y se conducen a cada una de las dependencias a través de unos conductos verticales portantes. De esta forma, las instalaciones pueden llegar a cada una de las áreas de laboratorio, entre las que se encuentran un estudio de televisión, además de laboratorios biológicos y de pruebas químicas, talleres y zonas para experimentación con animales en los laboratorios de genética.

La limitación presupuestaria no permitía adoptar soluciones costosas para la resolución de las fachadas, por ello, se optó por revestir el edificio con paneles composite que incorporan el aislamiento térmico, y disponer una malla uniforme y densa de ventanas. Las variaciones en esta fachada se producen exclusivamente como resultado de las diversas distribuciones de las plantas y la supresión de las ventanas en las zonas perimetrales, subrayadas por la pintura al esmalte. Las distintas capas de pintura se entrecruzan como si de un tejido ejecutado con precisión se tratase y confieren a este edificio macizo un aspecto transparente. Para que el edificio se integrara en su entorno, se utilizó un color que armonizase con el contexto, que en este caso no es el de los edificios cercanos de finales de la década de 1960 construidos con acero cortén, sino el paisaje del vasto complejo deportivo de la zona olímpica.

The BFTS (Bayerisches Forchungs und Technologiezentrum für Sportwissenschaften) of Munich University of Technology was erected as an extension to the university sports complex, directly beside the Olympic complex. Financed from public funds of the Zukunftsoffensive Bayern (Bavarian Future Offensive), the institution is intended to strengthen Bavaria as a scientific centre, to permit highly specialised research work in the area of health, sports and materials sciences as well as to provide an extensive training programme in the area of media sciences, and to be available to private sponsors for sports research.

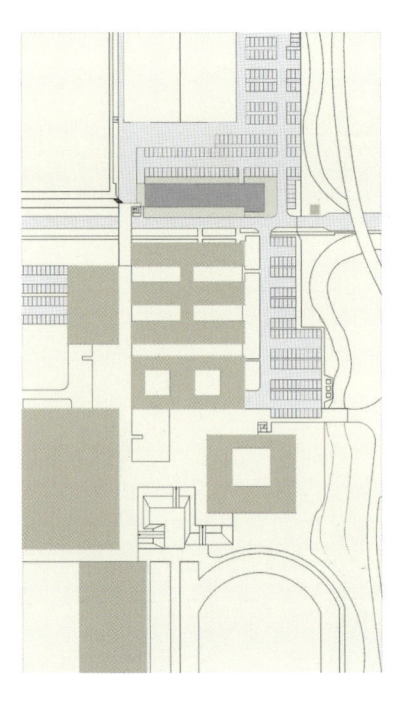

An extensive, heterogeneous, spatial programme with expensive technical facilities that must be able to permanently react to changes in the user structure had to be given built form within the framework of a predetermined budget. Hence the building was designed as a prefabricated, reinforced-concrete structure with a flexibly laid-out interior. Between two end buildings with fixed service areas lies a flexibly designed central building that is carried only by the external wall and vertical shafts. The layout of the spaces in this area can be designed as required on all floors. The hole-in-the-wall facade of the reinforced-concrete building does not impair flexibility thanks to the reduction to only two window sizes. The services are centrally positioned beneath or on top of the roof of the building and are led to the individual areas through the vertical load-bearing shafts. Thus the services can run directly to each of the highly sensitive laboratory areas that include a TV studio as well as biology and chemistry test laboratories, workshops, and areas for animal experiments with genetic technology laboratories.

Due to the limited budget, a decision was made to create a solid building with a composite thermal insulation facade and a uniform tight grid of windows. The variations in the facade occur entirely as a result of the different storeys of the building and the omission of windows in the perimeter areas, and are underlined by the glazed paintwork of the external skin.

Edificios adyacentes.
Context buildings.

Different layers of glaze are woven together like a finely meshed web, giving this solid building a transparent appearance. To integrate the building in its setting the colour harmonises with the surroundings, which here means not the late-1960s grid buildings made of Corten steel but rather the landscape of the extensive sports complex and the Olympic site.

Emplazamiento Location **Connollystrasse 32, Múnich, Alemania/*Munich, Germany*** | Equipo Design team **Andreas Hild, Dionys Ottl, Matthias Haber y/*and* Sandra Räder** | Proyecto Design years **2000, 2003-2004** | Construcción Construction years **2004** | Ingenieros Engineers **Herrschmann Ingenieure** | Consultores técnicos Technical consultants **Nimbach Ingenieure, Gruppe Ingenieurtechnik** | Cliente Client **Estado Federal de Baviera/*Federal State of Bavaria*** | Superficie Surface area **3.100 m²** | Fotografías Photographs **Michael Heinrich**

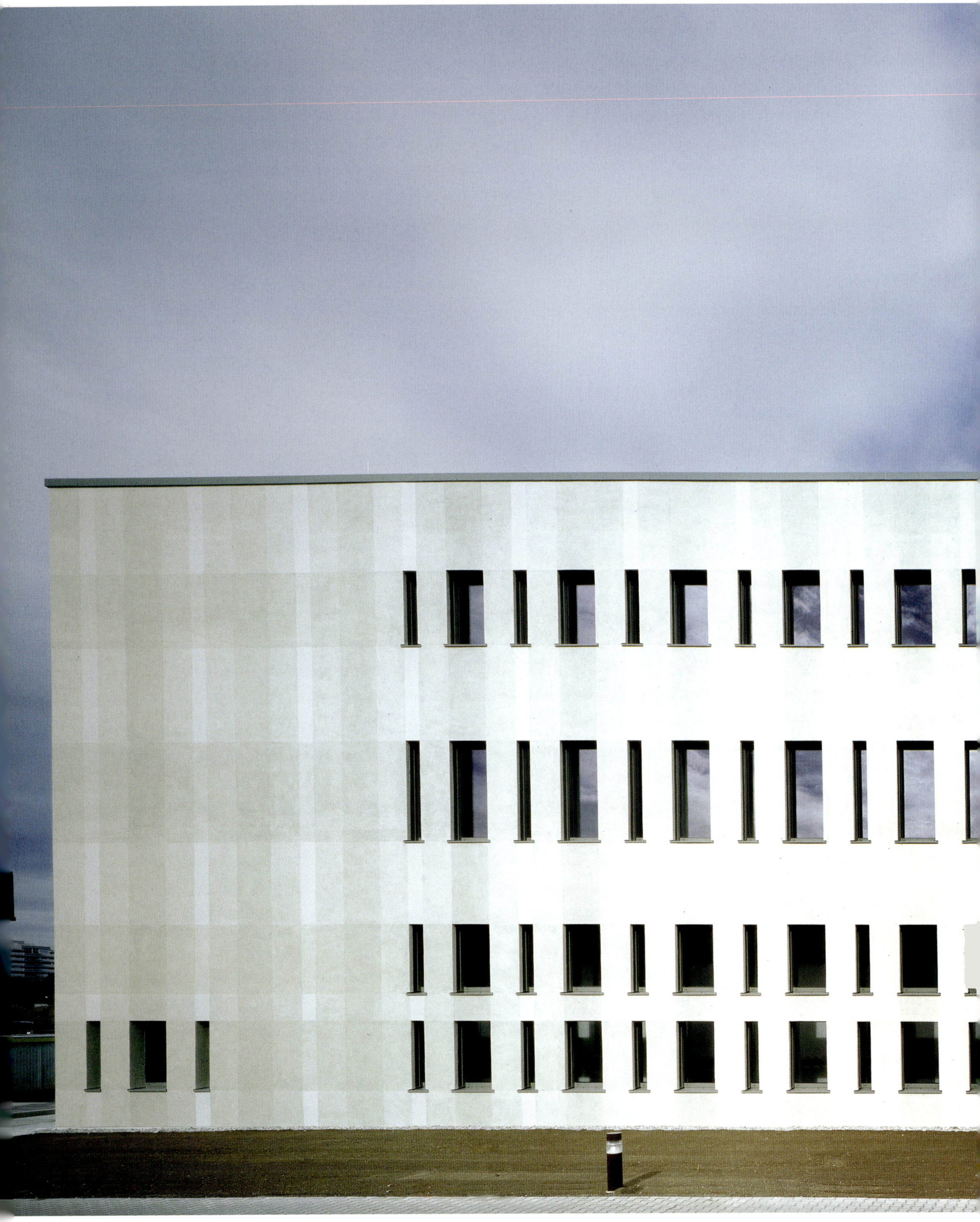

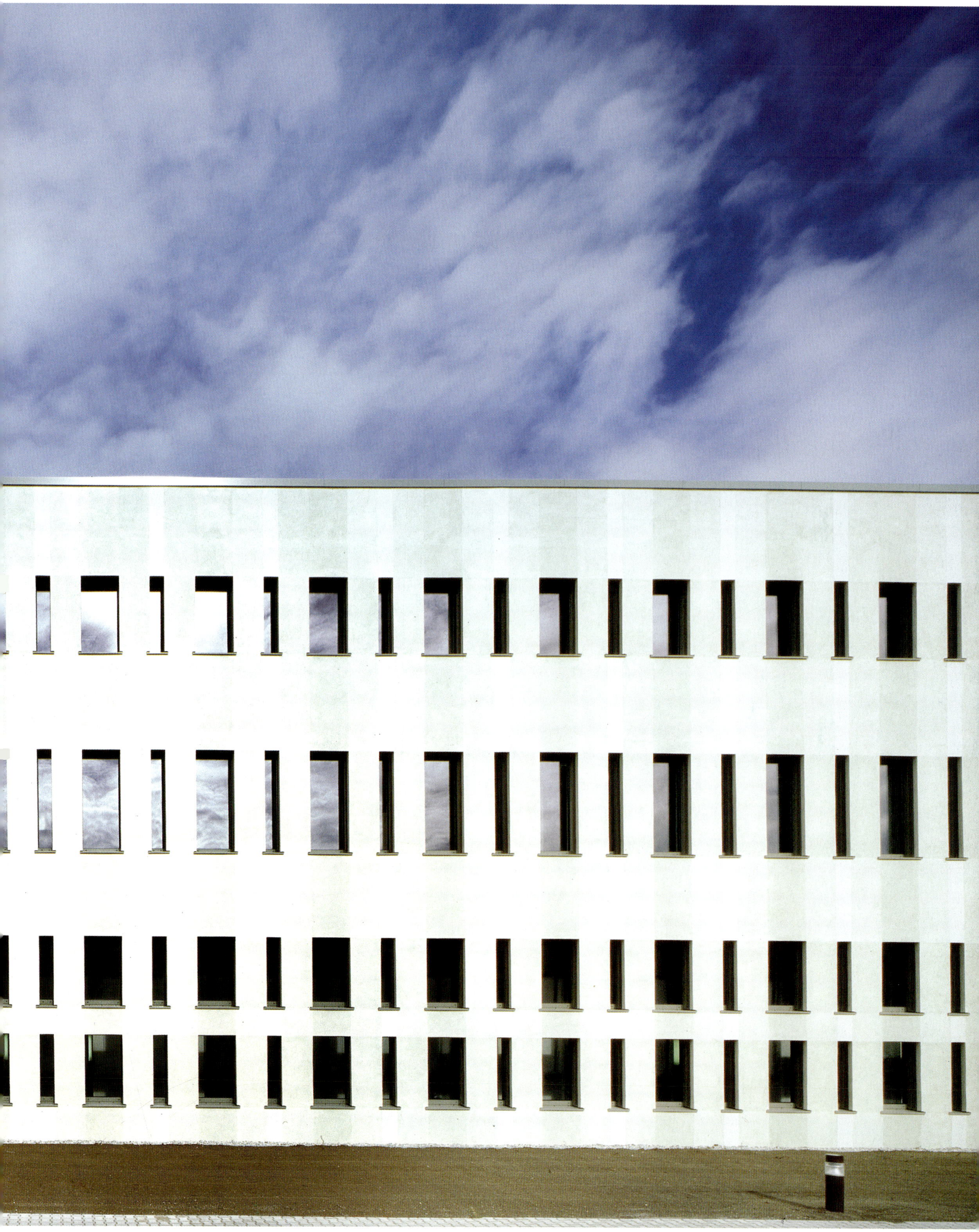

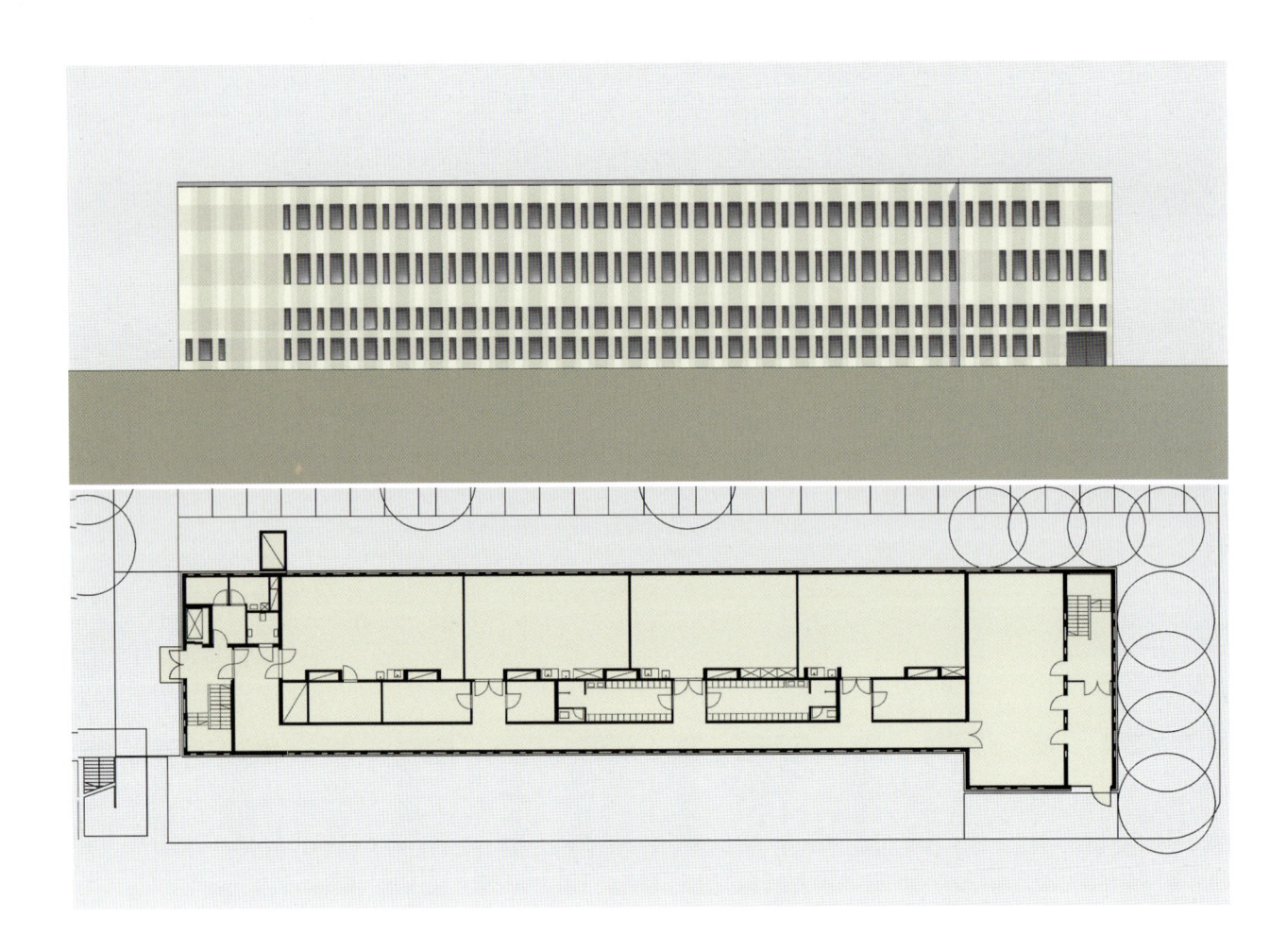

Planta baja.
Ground floor.

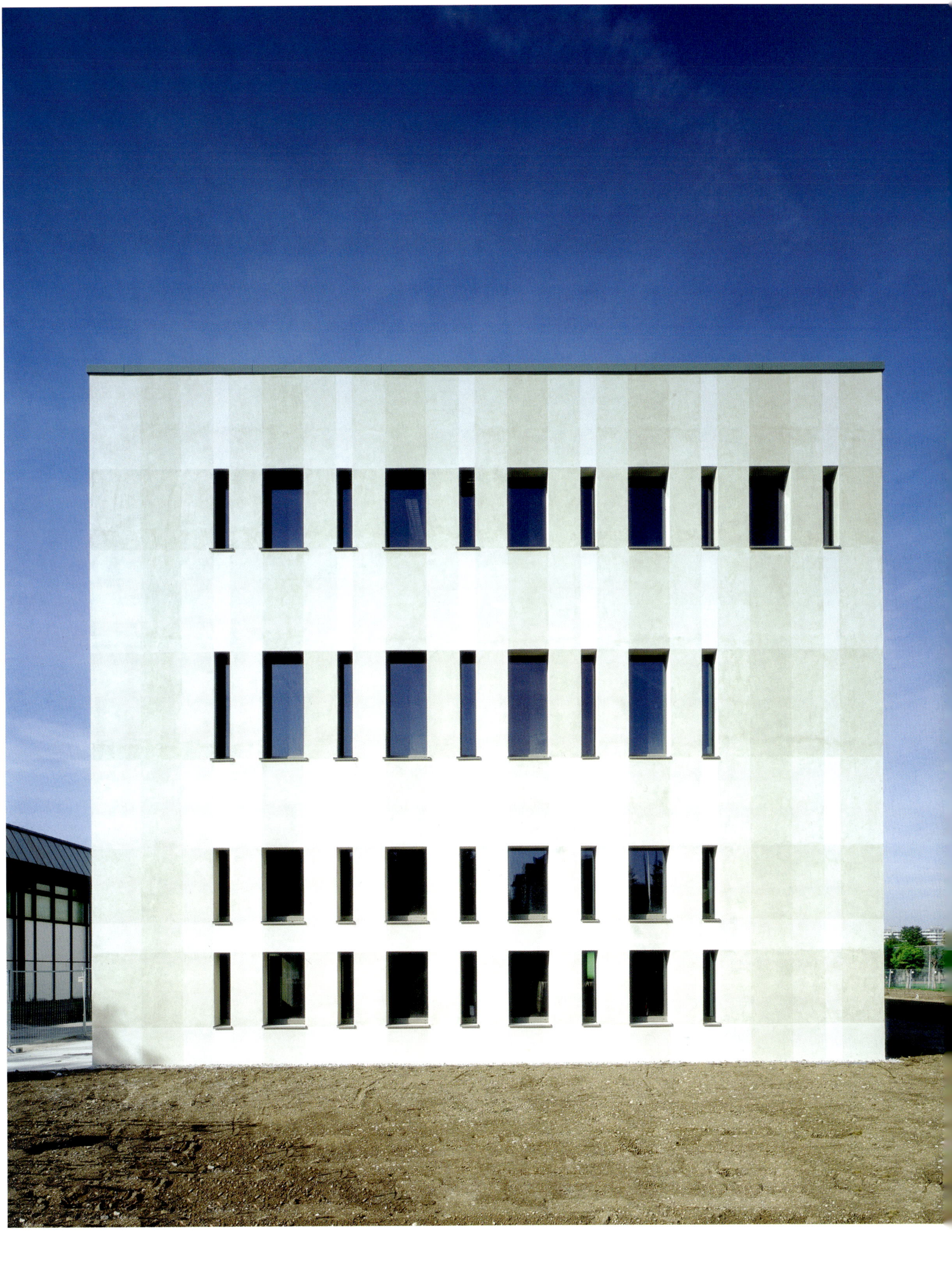

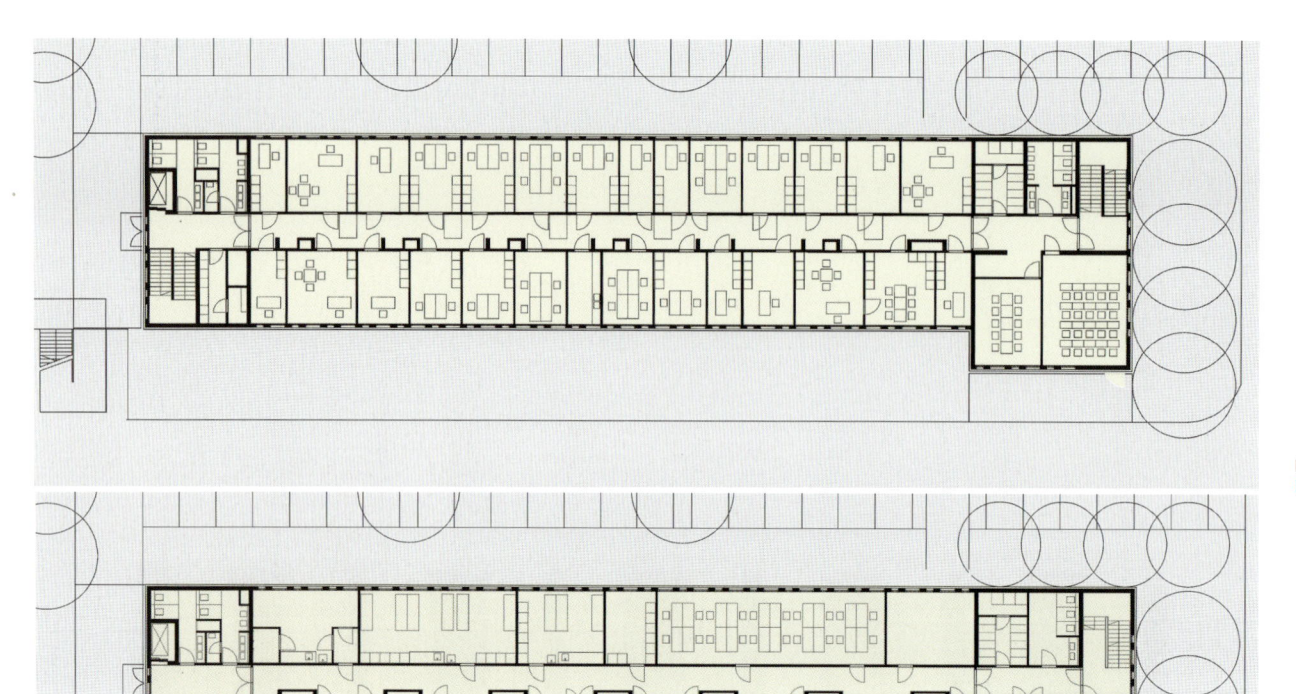

Planta 2.
Floor 2.

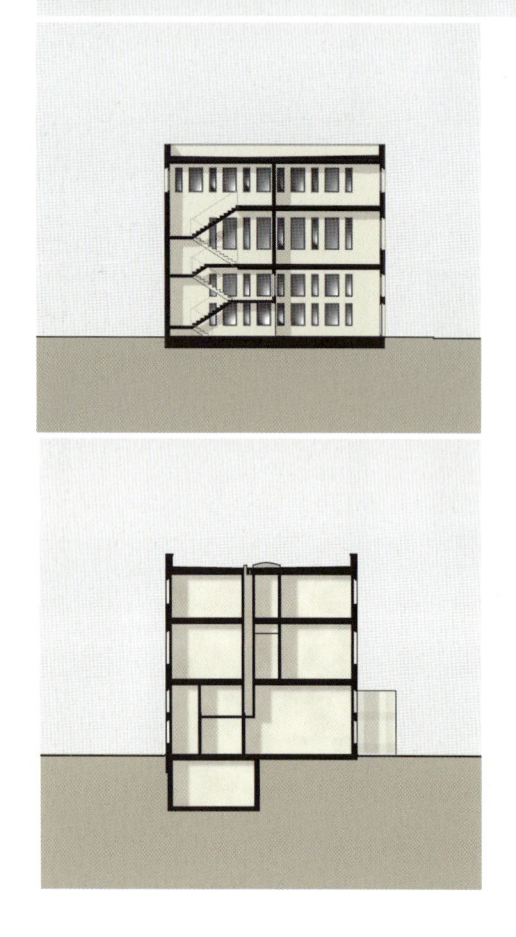

Planta 1.
Floor 1.

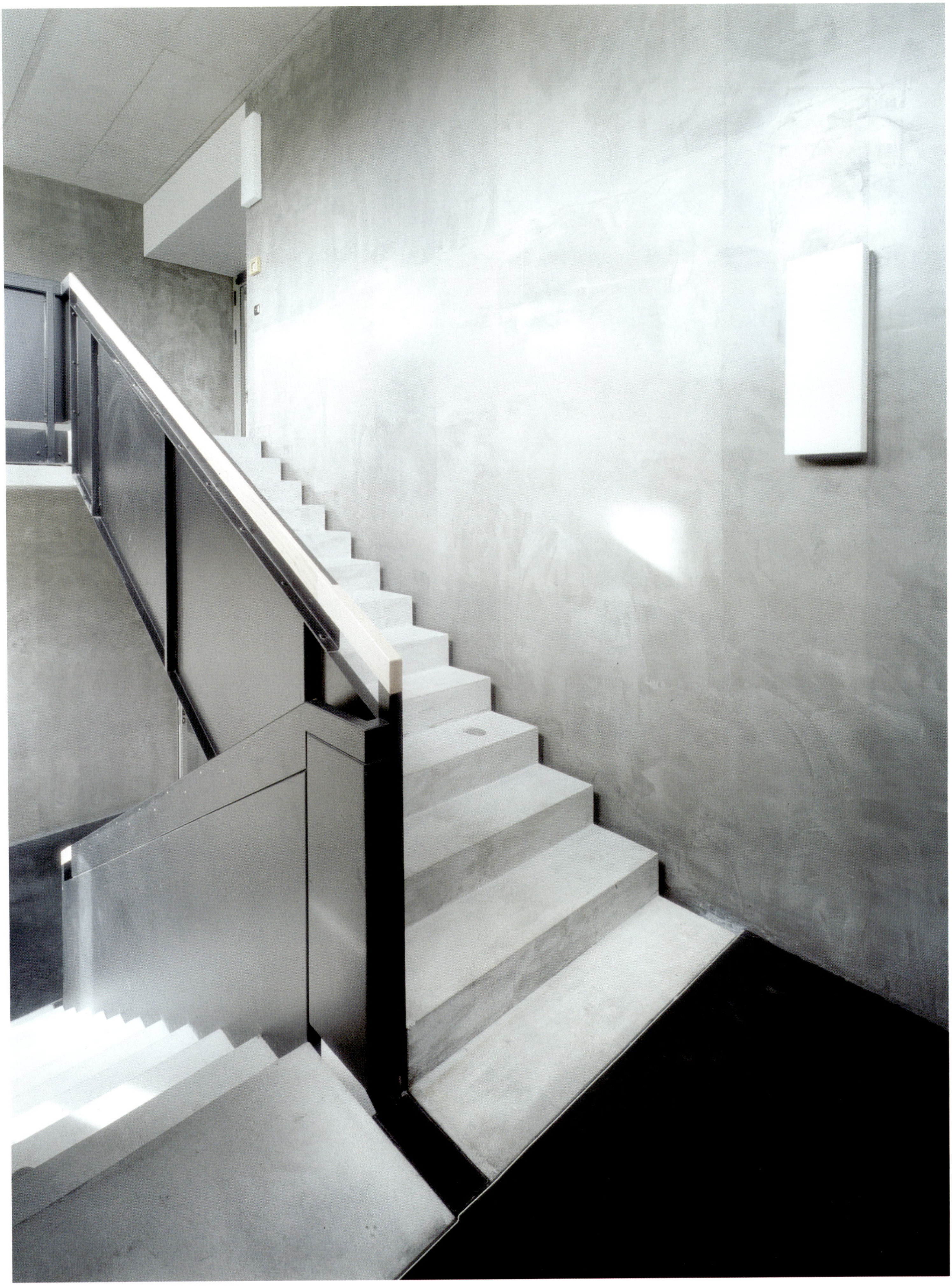

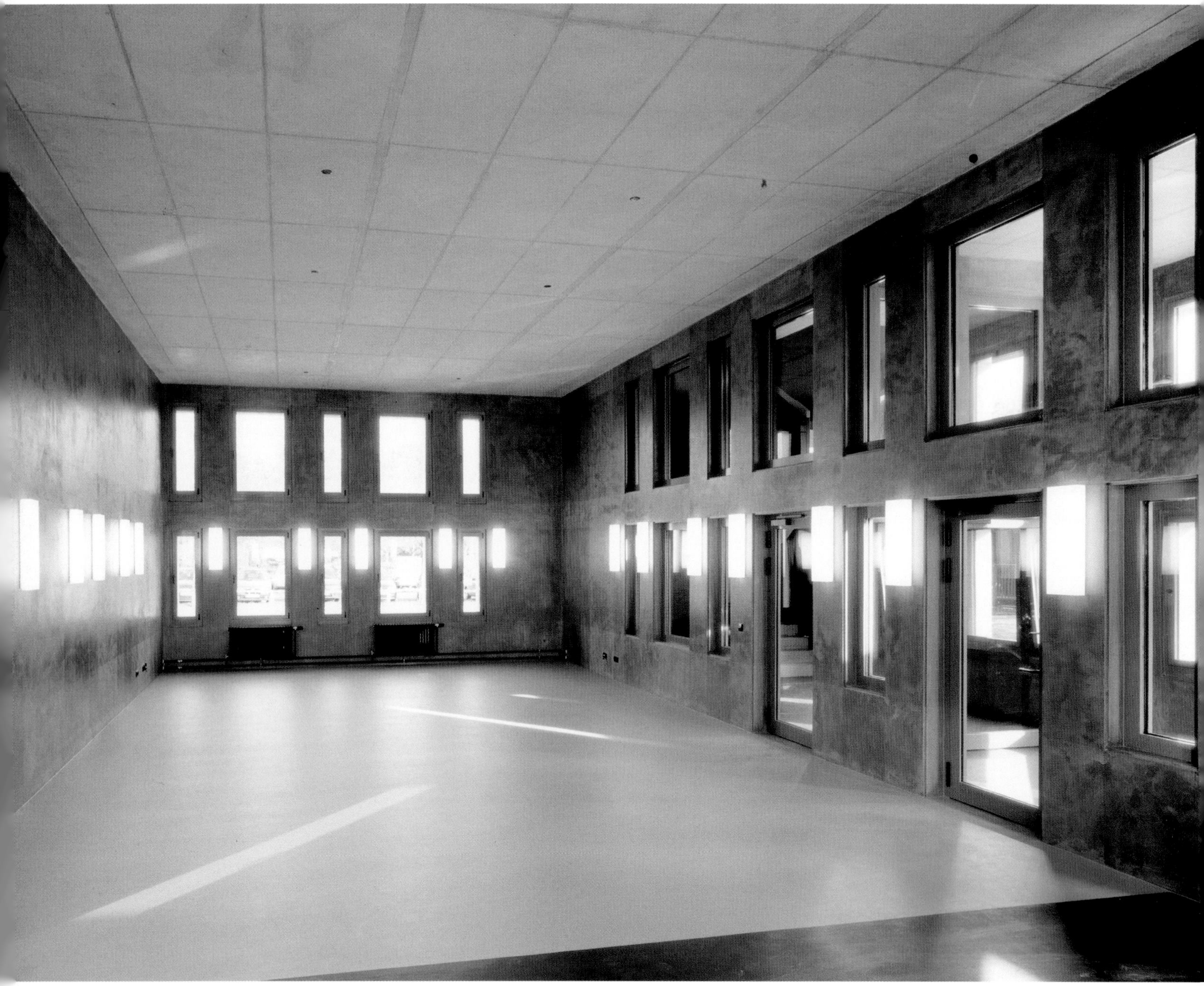

BFTS, Centro de Investigación y Tecnología Bávaro para las Ciencias del Deporte, Múnich

BFTS, Bavarian Research and Technology Centre for Sports Sciences, Munich

Viviendas sociales en Stockholmstrasse, Múnich-Riem
Social-housing apartments on Stockholmstrasse, Munich-Riem

2003-2004

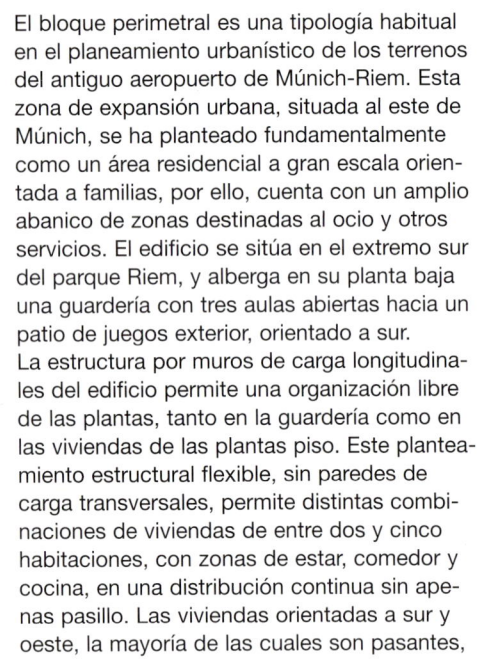

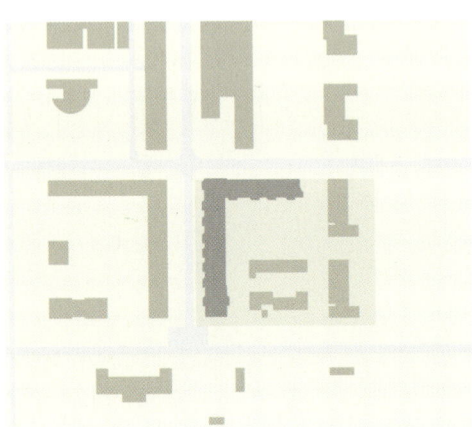

El bloque perimetral es una tipología habitual en el planeamiento urbanístico de los terrenos del antiguo aeropuerto de Múnich-Riem. Esta zona de expansión urbana, situada al este de Múnich, se ha planteado fundamentalmente como un área residencial a gran escala orientada a familias, por ello, cuenta con un amplio abanico de zonas destinadas al ocio y otros servicios. El edificio se sitúa en el extremo sur del parque Riem, y alberga en su planta baja una guardería con tres aulas abiertas hacia un patio de juegos exterior, orientado a sur.
La estructura por muros de carga longitudinales del edificio permite una organización libre de las plantas, tanto en la guardería como en las viviendas de las plantas piso. Este planteamiento estructural flexible, sin paredes de carga transversales, permite distintas combinaciones de viviendas de entre dos y cinco habitaciones, con zonas de estar, comedor y cocina, en una distribución continua sin apenas pasillo. Las viviendas orientadas a sur y oeste, la mayoría de las cuales son pasantes, disfrutan de balcones continuos con una zona principal de dos metros de profundidad situada frente a la sala de estar, a la que se puede acceder desde el resto de las habitaciones.
Se eligió una pintura uniforme de color verde claro para todo el edificio. El aislamiento térmico de la fachada está protegido en el zócalo por pequeñas piezas cerámicas.
El objetivo de que todas las viviendas y espacios comunes disfrutaran de una relación directa con el exterior y el parque, condujo a adoptar la idea de balcones continuos a lo largo de toda la fachada del edificio, que le otorga una apariencia de bloque de apartamentos en la costa mediterránea, antes que uno en la periferia este de Múnich.

Block perimeter development is one of the typical systems used in the new development of the former airport at Munich-Riem. This urban expansion area on the eastern edge of Munich is conceived primarily as a family-friendly, large-scale, new housing development with a wide range of leisure-time amenities. The building stands on the southern edge of the large landscaped Riem Park and at ground-floor level has an integrated three-group children's day-care centre in which the group rooms are oriented towards an outdoor play area in the south.
The structure of the building, which consists of load-bearing sidewalls and a central structural wall, allows a free organisation of the floor plans, both for the children's day-care centre as well as for the subsidised apartments above. The flexible structural system with non-load-bearing cross walls allows different combinations of apartments ranging from two to five rooms in size with, generally speaking, continuous living, eating and cooking areas and a minimal amount of corridor space. On the south and west sides the apartments, most of which face in two directions, have continuous balconies in which the two-metre-deep main area in front of the living room can be reached from the other rooms. A uniform coat of light green was chosen for the building. In the plinth zone the facade thermal insulation is protected by small ceramic tiles.
The aim of giving all apartments and communal spaces a direct relationship to the outdoors and to the landscaped park led to a balcony structure that shapes the character of the entire facade of the complex, making it look like an apartment block on a Mediterranean coast rather than on the eastern periphery of Munich.

Emplazamiento Location **Helsinkistrasse 45-49, Stockholmstrasse 12-14 Múnich-Riem, Alemania/*Munich-Riem, Germany*** | Equipo Design team **Andreas Hild, Dionys Ottl y/*and* Carmen Wolf con/*with* Tilmann Rohnke** | Concurso Competition **2003** | Construcción Construction years **2003-2004** | Ingenieros Engineers **Stegerer und Zuber** | Consultores técnicos Technical consultants **IBF Ingenieure** | Cliente Client **ZF Baumanagement & Consulting GmbH** | Superficie Surface area **5.650 m²** | Fotografías Photographs **Michael Heinrich**

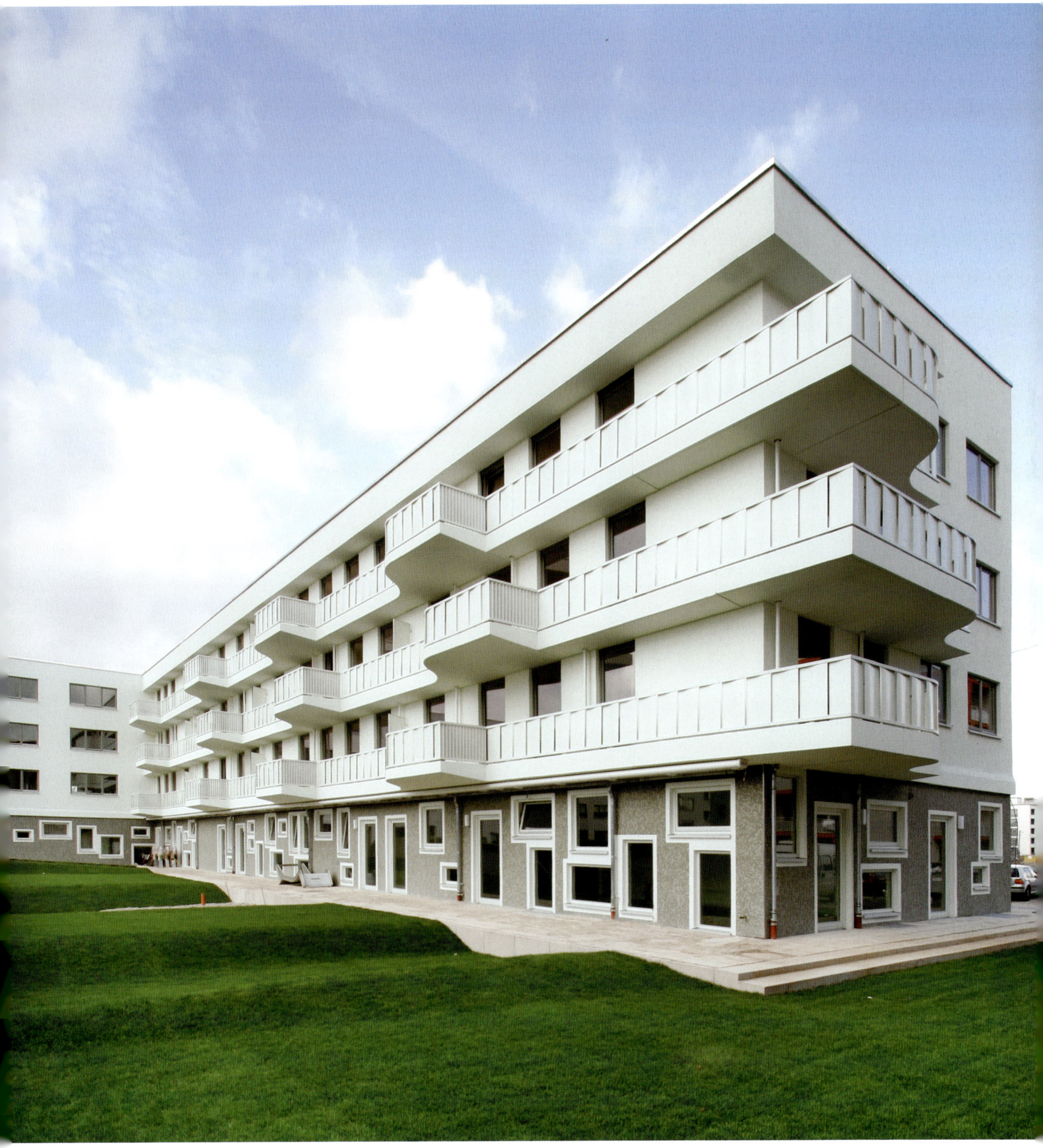

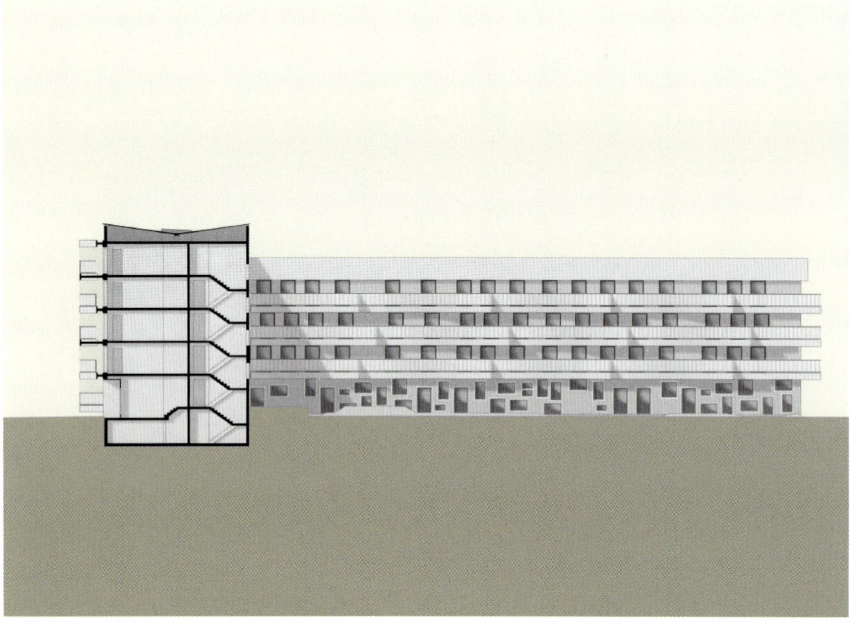

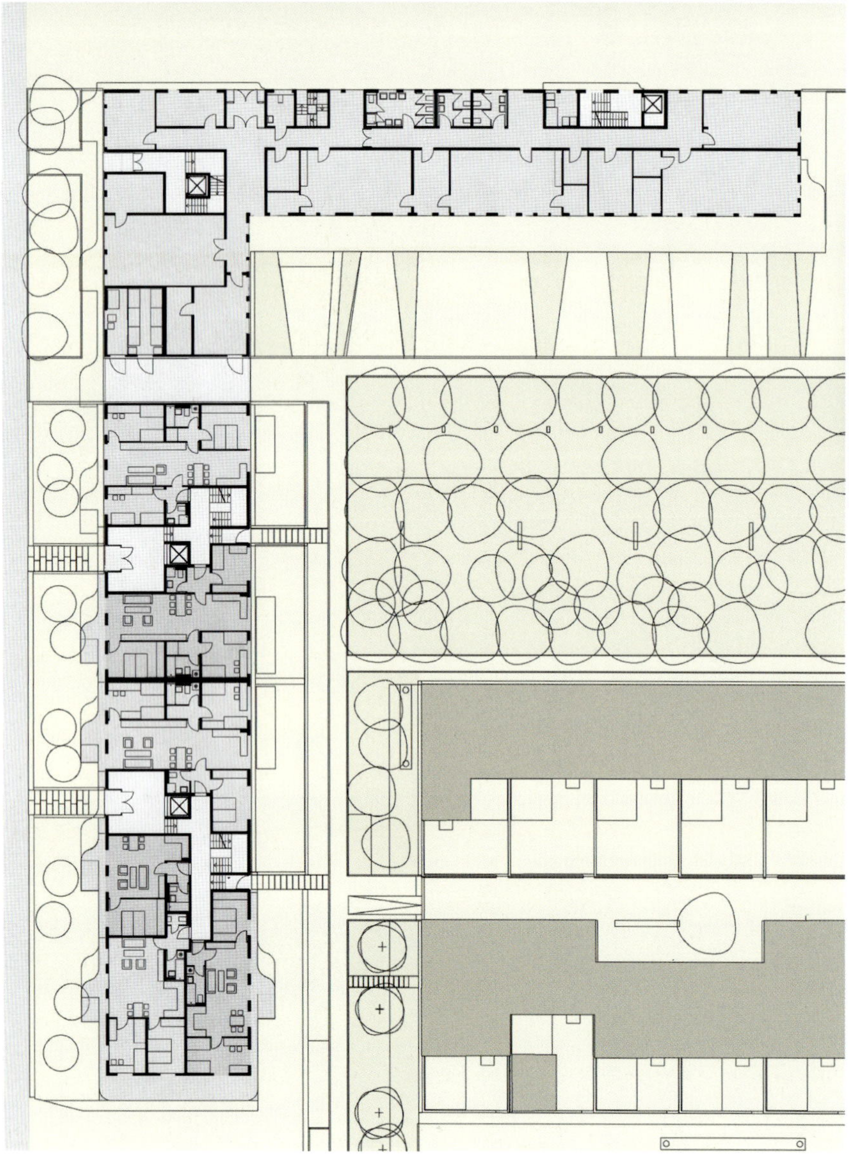

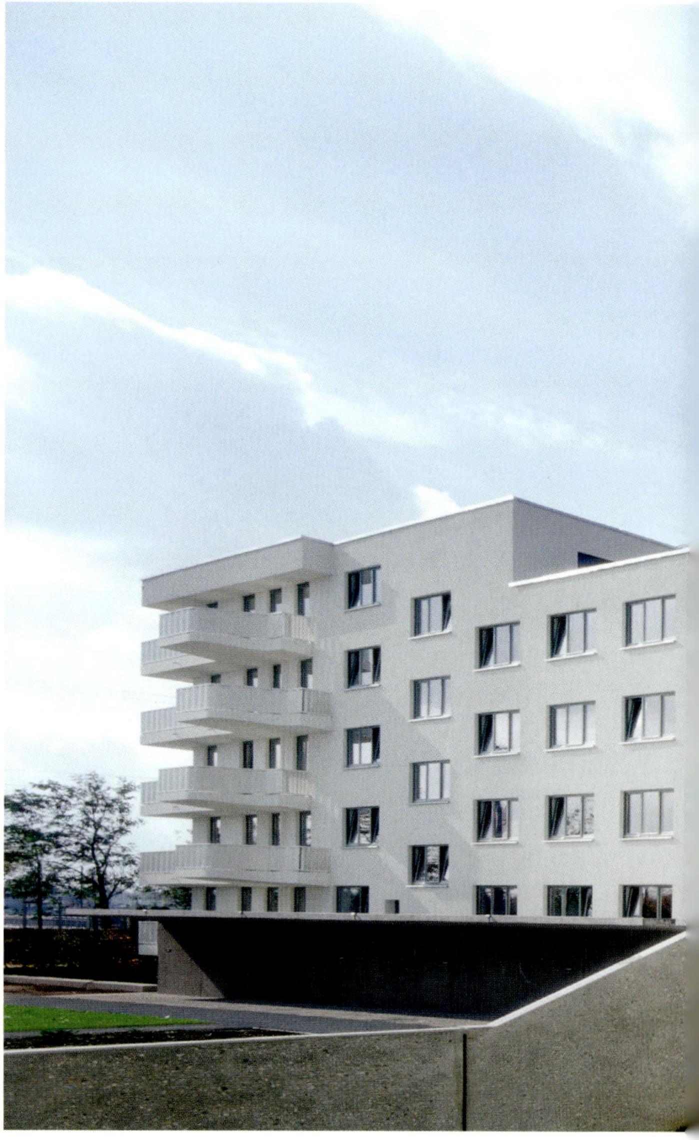

Viviendas sociales
en Stockholmstrasse,
Múnich-Riem

Social-housing apartments
on Stockholmstrasse,
Munich-Riem

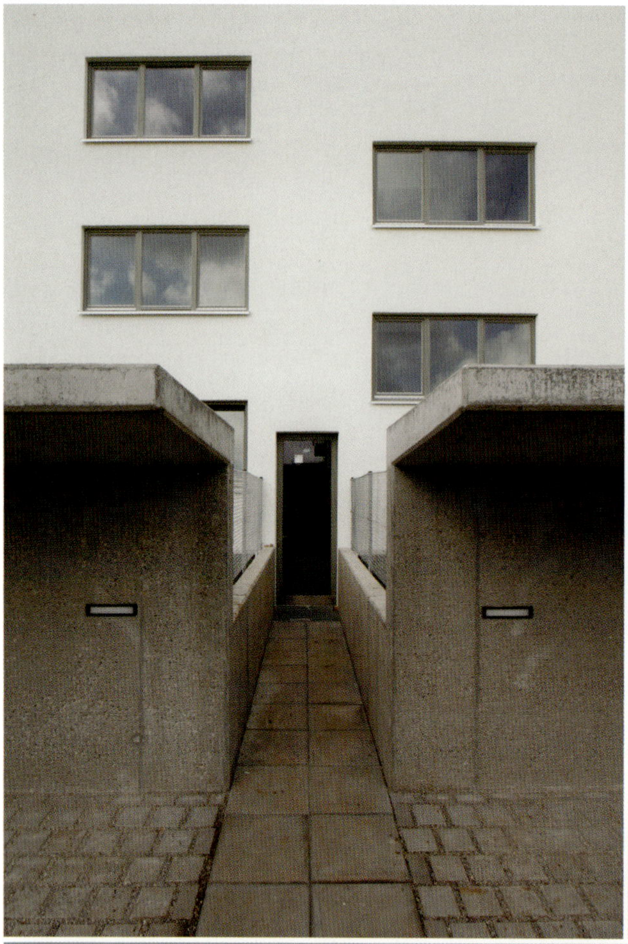

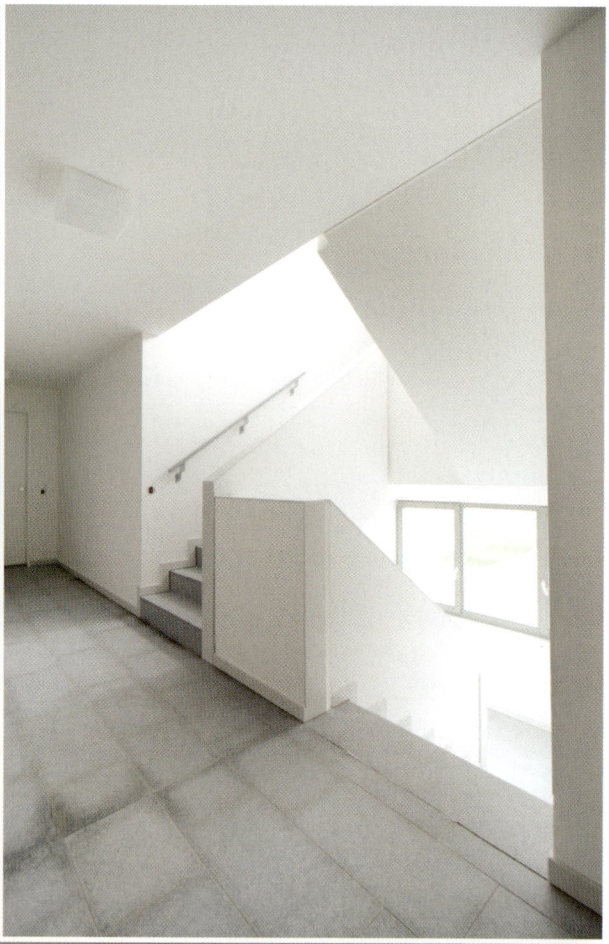

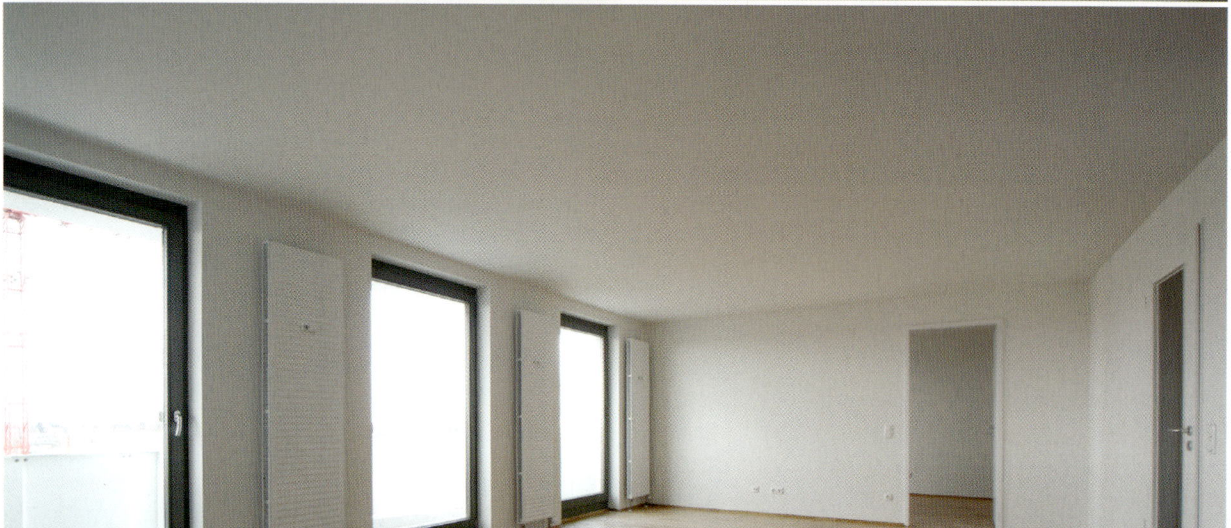

Guardería.
Children's day-care centre.

Palco VIP en el estadio Allianz Arena, Múnich
VIP box in the Allianz Arena stadium, Munich

2004-2005

La decisión por parte de Stadion AG, la sociedad propietaria del nuevo estadio de fútbol de Múnich proyectado por Herzog & de Meuron, de alquilar una planta completa a distintas empresas, ofreció a la compañía Godelmann la oportunidad de disponer de un espacio extraordinario, con una atmósfera especial, que podría utilizar durante todo el año para celebrar reuniones con sus clientes en Múnich.
El diseño del interior juega con las formas, los temas y los materiales del emplazamiento, y, por lo tanto, con el deporte, el fútbol y el estadio. La pared revestida con césped artificial está decorada con unos marcos blancos —en alusión a las líneas que delimitan los campos de juego— tras los cuales se ocultan espacios para almacenamiento, equipos multimedia así como una despensa y otras instalaciones. Las mesas de linóleo verde con bordes de corian® blanco, que pueden unirse para crear distintas configuraciones, así como las sillas, los cojines también verdes y el pavimento propio de instalaciones deportivas, de nuevo con las líneas blancas, aluden al campo de fútbol que puede contemplarse desde la ventana panorámica. Los focos halógenos distribuidos de forma irregular en el espacio crean otro vínculo contextual y transforman el palco de hierba verde en una especie de capilla lateral de esta grandiosa "catedral del fútbol".

The decision by Stadion-AG to rent out an entire floor in Herzog and de Meuron's new Munich football stadium to various businesses offered the Godelmann Company an opportunity to acquire an impressive space with a special-event character that could be used throughout the year for discussions with clients in Munich.
The design of the interior plays with the forms, themes and materials of the place and thus examines the themes of sport, football and the stadium. Beyond a screen of artificial grass, storage areas and multi-media appliances as well as a pantry and service facilities are concealed behind white pitch markings. The group of tables in green linoleum with white Corian edges, which can be put together in a variety of ways, as well as the seating, cushions and the sport flooring repeat the design of the soccer pitch that can be seen through a panorama window. Halogen spotlights distributed at random in the space create a further contextual link and transform the box of green grass into a kind of side-chapel in this great "cathedral of football".

Emplazamiento Location **Allianz Arena, Múnich, Alemania/ Munich, Germany** | Equipo Design team **Andreas Hild, Dionys Ottl** y/and **Carmen Wolf** | Concurso Competition **2004-2005** | Construcción Construction years **2005** | Consultores técnicos Technical consultants **Bernd König Lichtplanung** | Cliente Client **Godelmann KG** | Superficie Surface area **41 m²** | Fotografías Photographs **Michael Heinrich**

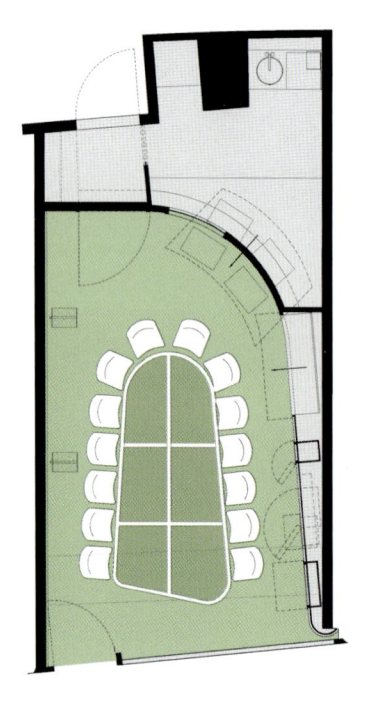

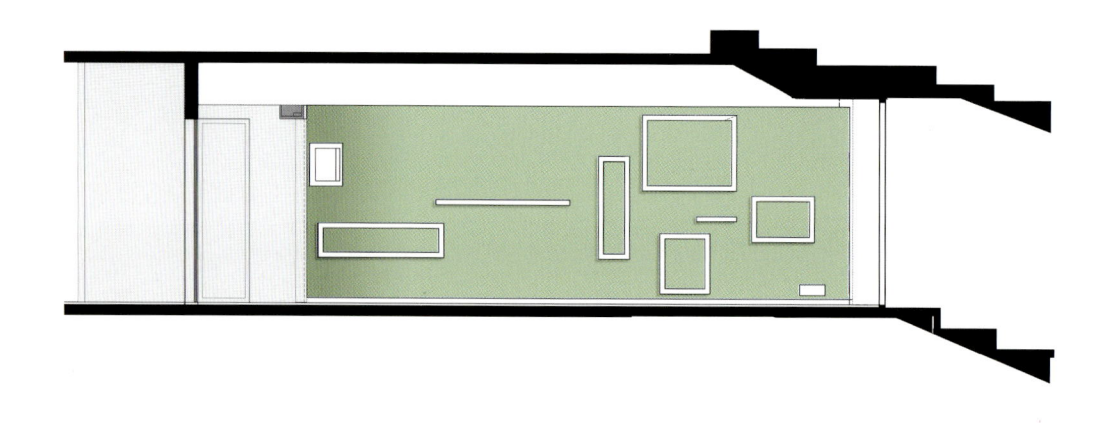

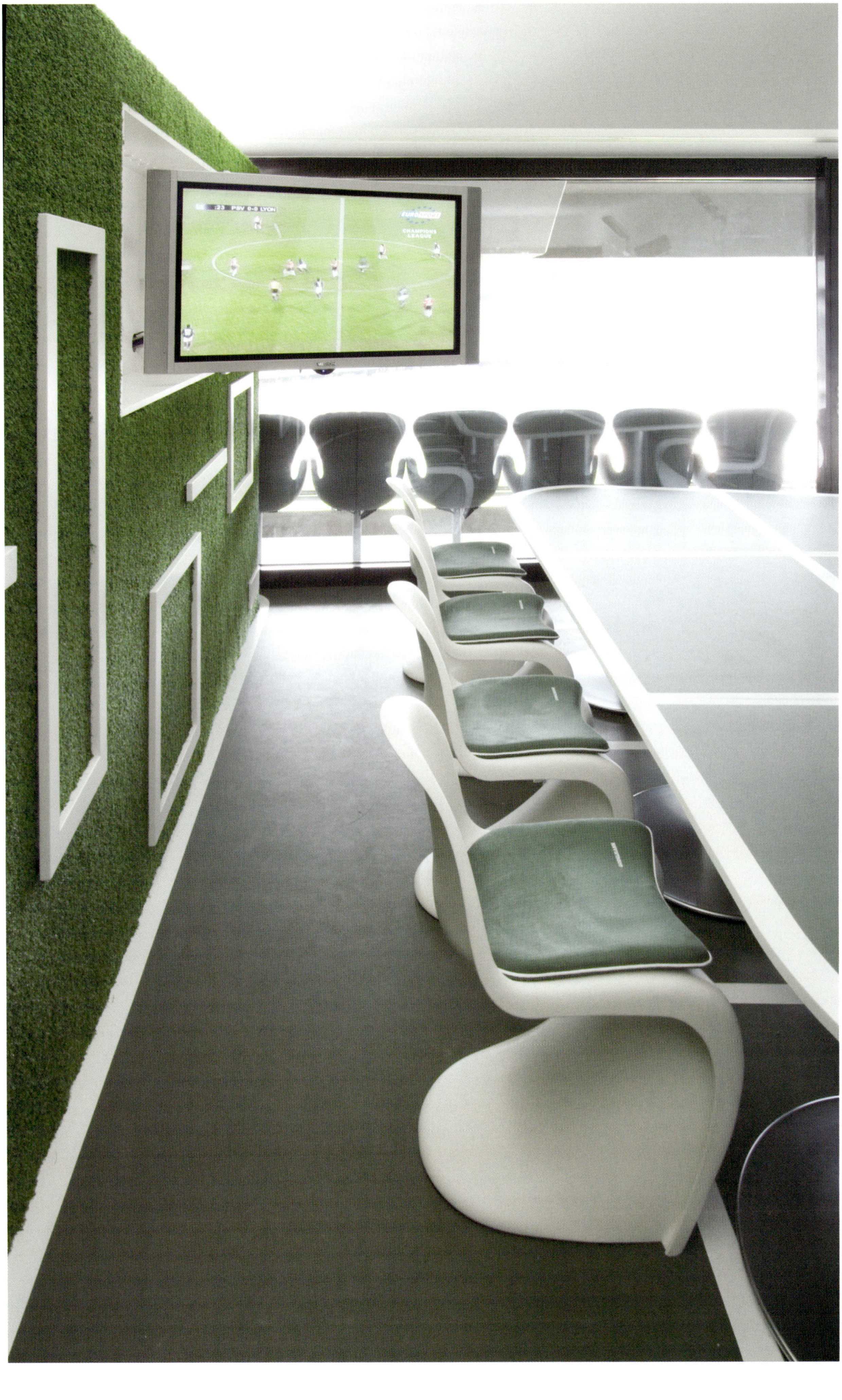

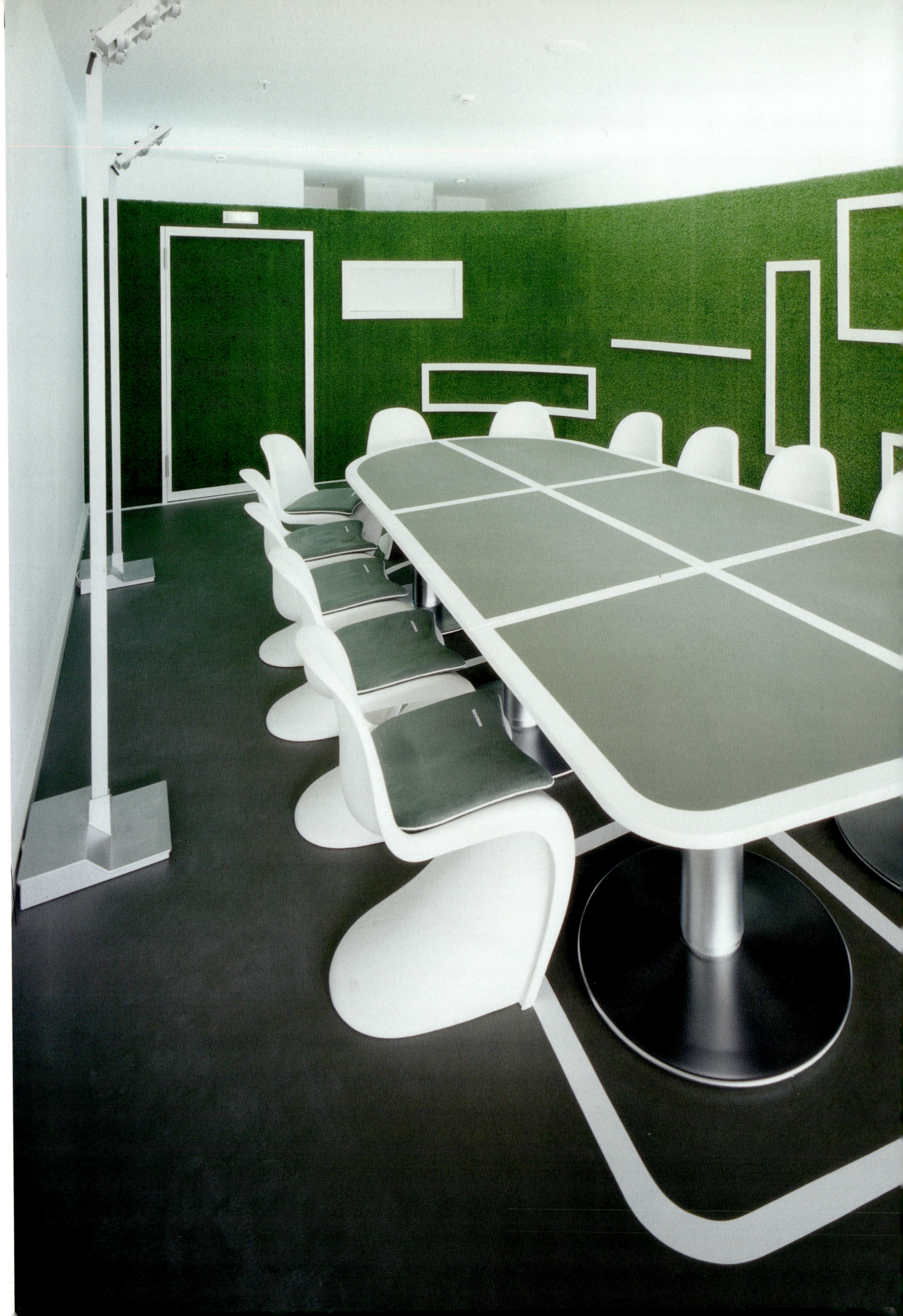

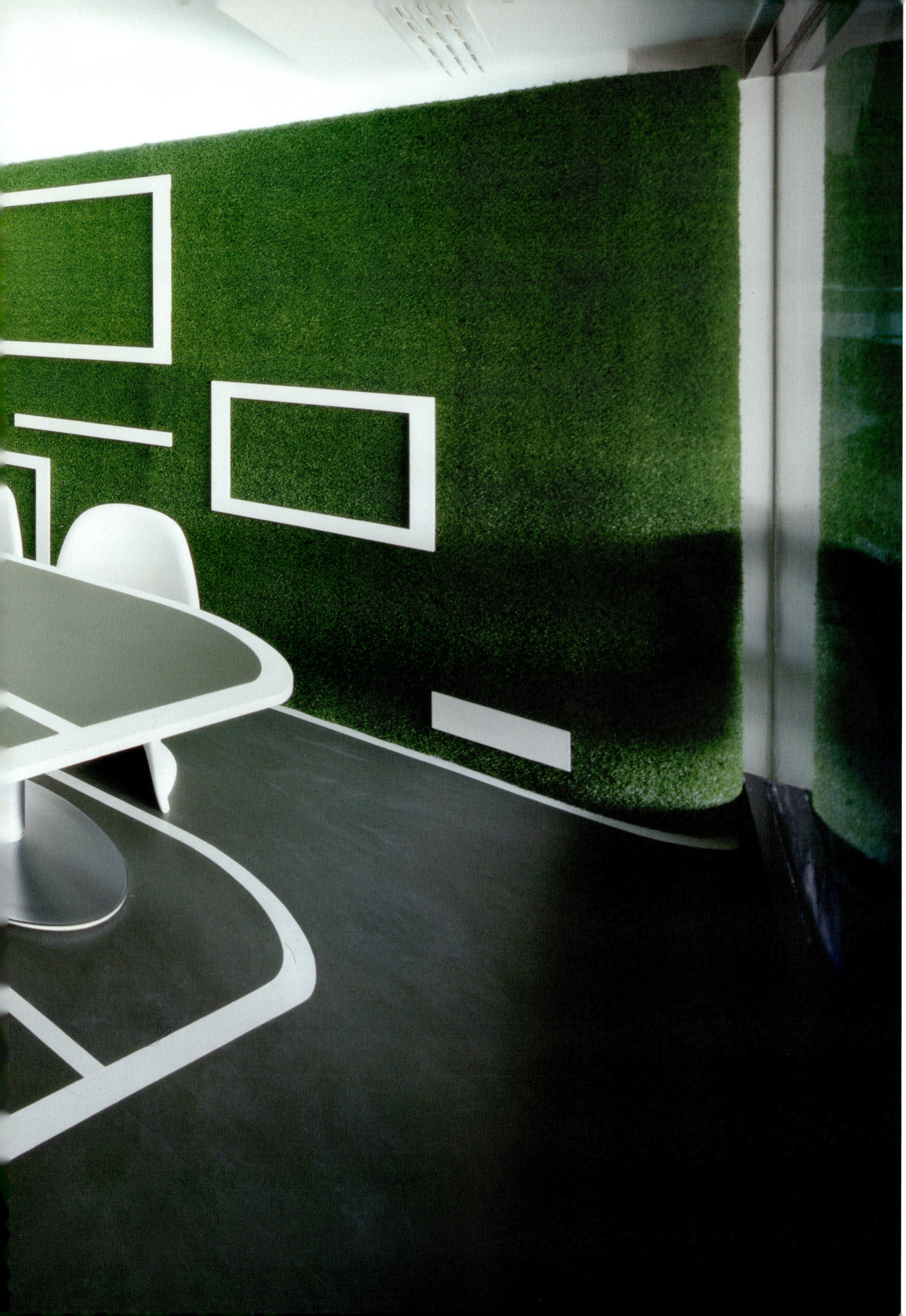

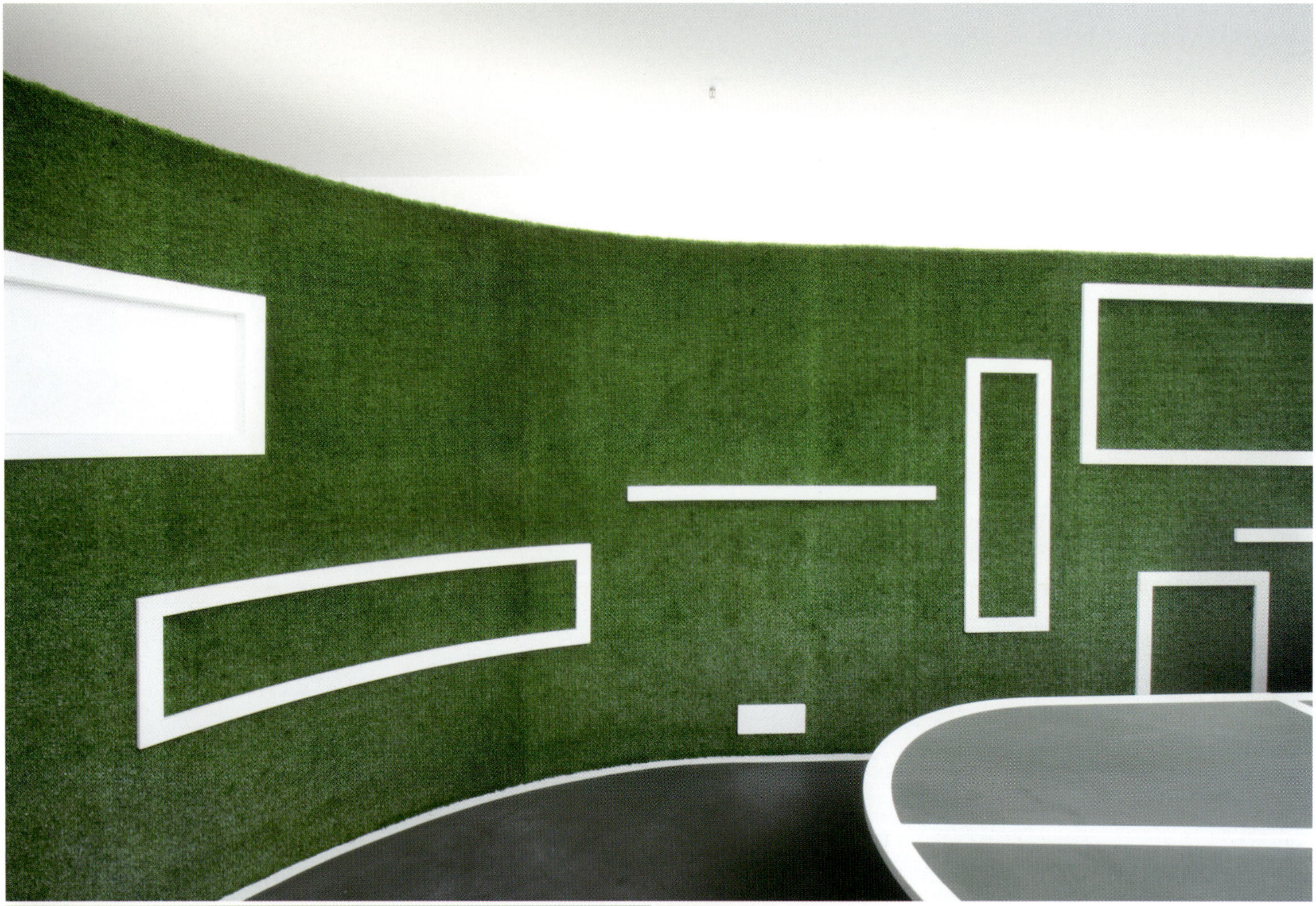

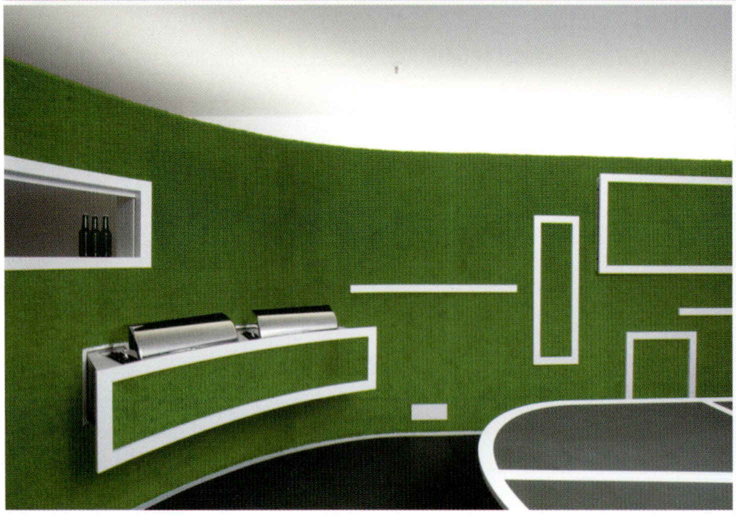

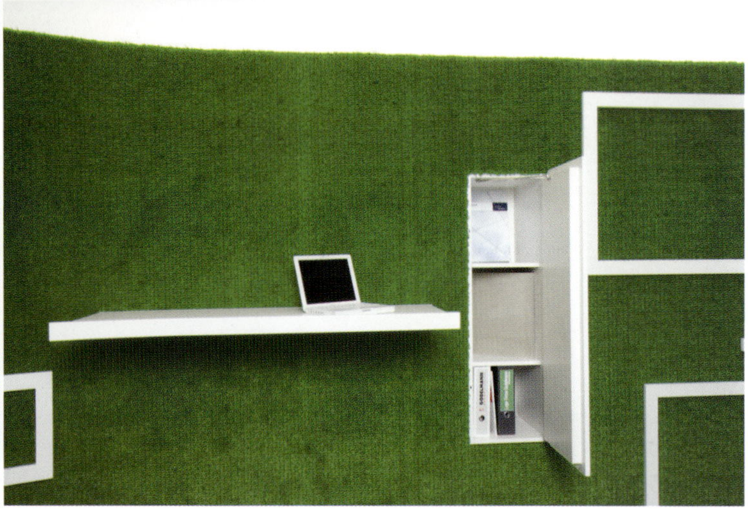

Palco VIP en el estadio
Allianz Arena, Múnich

VIP box in the Allianz Arena
stadium, Munich

Montaje expositivo en Bayerisches Nationalmuseum, Múnich
Exhibition design for the Bayerisches Nationalmuseum, Munich

2004-2005

El Bayerisches Nationalmuseum (Museo Nacional de Baviera) administra la herencia increíblemente extensa de los príncipes y reyes bávaros, además de las numerosas colecciones privadas que ha ido incorporando a sus fondos a lo largo de siglo y medio de historia. El propio edificio forma parte de la historia cultural de Múnich. El arquitecto Gabriel von Seidl proyectó un palacio historicista que constituye un *collage* de numerosos elementos arquitectónicos originales y piezas de todas las épocas de la historia de la arquitectura. Los daños que sufrió este edificio durante la guerra y la reconstrucción realizada en la década de 1960 condujeron a la destrucción casi total de las estancias, ricamente amuebladas y que, aunque en algunos casos se podían calificar de excesivas, conformaban una referencia histórica directa de los objetos que en ellas se exponían.

El encargo consistía en la realización del diseño para distintas exposiciones temporales. El argumento que ha vertebrado estas intervenciones ha sido la inclusión de la perspectiva histórica en los temas concretos que cada exposición planteaba. Para la exposición celebrada con motivo del aniversario del diseñador rococó de porcelanas Franz Anton Bustelli, las salas se transformaron para que el oscuro espacio expositivo se convirtiera en un lugar brillante y luminoso. A pesar de las restricciones impuestas por un presupuesto limitado y la necesidad de emplear materiales ya existentes, en el invierno de 2004 se recreó un salón de baile rococó donde, gracias a la utilización de espejos y bolas giratorias de vidrios reflectantes, las figuras de porcelana y otras piezas de hasta 250 años de antigüedad adquirieron vida y parecían danzar en la atmósfera de un museo algo polvoriento y del que el público se había olvidado casi por completo, convirtiéndolo en un nuevo espacio lleno de energía.

The Bayerisches Nationalmuseum (Bavarian National Museum) administers the incredibly extensive inheritance of the Bavarian princes and kings. In addition to this, during the course of its 150-year history it has absorbed numerous private collections. The building itself is also a part of Munich's cultural history: it was designed by architect Gabriel von Seidl as a historicist palace that creates a collage of numerous original architectural elements and pieces from all epochs of architectural history. The war damage suffered by the building and the reconstruction during the 1960s led to the almost complete destruction of the richly furnished rooms that, although at places overdecorated with applied arts, always made a direct art historical reference to the exhibits displayed.

In the context of a commission to design changing exhibitions for the museum, relationships to history as well as to the exhibition themes have been built up. For the anniversary exhibition of the rococo porcelain designer Franz Anton Bustelli, the rooms were altered in such a way that the dark exhibition space was transformed into a bright and light room. Within the constraints of a tight budget and the need to use existing material, as well as through the use of mirrors and rotating disco globes, in winter 2004 a rococo ballroom was staged in which the 250-year-old porcelain figures and individual pieces began to dance, introducing an animated atmosphere into a somewhat dusty museum that had almost been forgotten by the public.

Emplazamiento Location **Prinzregentenstrasse, Múnich, Alemania/*Munich, Germany*** | Equipo Design team **Andreas Hild, Dionys Ottl, Michael Bacherl y/*and* Julianna Eger** | Proyecto Design years **2004-2005** | Construcción Construction years **2004-2005** | Cliente Client **Bayerisches Nationalmuseum München** | Superficie Surface area **600 m²** | Fotografías Photographs **Simone Rosenberg, Michael Heinrich**

ATMÓSFERA
Martin Tschanz

En la exposición de las esculturas de porcelana del Bayerisches Nationalmuseum, el elemento de alienación, que es inherente a las exposiciones de los museos, se convierte en el tema de la presentación. En ella, los objetos ya no son piezas espléndidas en un interior rococó o en el centro de una mesa suntuosamente decorada, sino que han sido reunidos en grandes grupos dentro de vitrinas donde es posible compararlos entre sí y explicar sus características mediante textos adyacentes. Sin embargo, la iluminación de la sobria sala de exposiciones mediante bolas de vidrios reflectantes insinúa en parte la opulencia que parecería apropiada para los objetos expuestos. Esta luz en movimiento también estimula una forma de percepción que se ha convertido en algo extraño para nosotros, y coloca en primer plano otras cualidades distintas a las de la habitual iluminación "funcional" en un museo. El hecho de que se hayan utilizado bolas propias de las discotecas para crear una iluminación brillante y titilante, en lugar de velas u objetos de plata sobre mesas, nos puede hacer reflexionar acerca de la forma como abordamos actualmente la suntuosidad. Por ello, en esta exposición se incitan en igual medida la emotividad y la reflexión, la empatía y cierta sensación de distancia, y tanto los objetos expuestos como el museo adquieren una nueva perspectiva gracias al efecto de esta alienación.

En resumen, una muestra más de que actualmente existen distintas formas de expresión que pueden ayudar a que la arquitectura comunique sus objetivos a sus usuarios y a los que la contemplan, y una de ellas puede hacerlo "como en un teatro". Pero nunca desde la neutralidad.

ATMOSPHERE
Martin Tschanz

In the presentation of porcelain figurines in the Bavarian National Museum, the element of alienation, which is an inherent part of museum exhibitions, becomes the theme of the presentation. The objects here are no longer magnificent pieces in a rococo interior or the centre of a lavishly decorated table but are placed together in large numbers in display cases, where they can be compared with each other and explained by means of inscriptions. And yet a dance of light in the sober exhibition hall suggests a hint of opulence that would be appropriate to the objects shown. It also encourages a form of perception in moving light that has become unfamiliar to us, foregrounding other qualities than the normal "functional" museum lighting. The fact that it is disco globes which create the shimmering, flickering light rather than candles or table silver may cause us to reflect on how we handle celebration and lavishness today. Thus, in this exhibition emotionality and reflection, empathy and a sense of distance are stimulated in equal measure, and both the exhibits and the museum are placed in a new light through the effect of this alienation.
To sum up, it is shown that today there are different possible forms of expression that can help architecture convey its purpose and destiny to its users and viewers "like in the theatre." But not neutrality.

Cervecería Pschorrbräu, Múnich
Pschorrbräu Beerhall, Munich

2005

Uno de los proyectos de reconstrucción más importantes del centro de Múnich fue el del antiguo Schrannenhalle —uno de los primeros edificios industriales de hierro fundido de Baviera, que data de 1850 aproximadamente—, que se creía perdido para siempre. Este proyecto destinaba el antiguo mercado de cereales a la ubicación de artistas y tiendas de artesanía, e incluía la recreación de una típica taberna muniquesa en la parte anterior del edificio, que fue el objeto de este concurso. Como se encontraba junto al Viktualienmarkt (el mercado de abastos histórico de Múnich) con sus peculiares puestos de color verde, y con el fin de integrarla en el contexto de la actividad del mercado, se consideró lógico que el espacio recreara el ambiente de un típico jardín de cervecería, por medio de utilizar motivos de castaño de color verde en la pintura de las paredes, y el diseño de un mobiliario que retomaba el mismo motivo y el mismo concepto cromático que en las cervecerías tradicionales. El proyecto recurría a la talla de madera tradicional de la Alta Baviera, aunque realizada con medios técnicos actuales, con la intención de convertir el mobiliario en un sucesor del que amueblaba magníficamente las posadas y tabernas de finales del siglo XIX, como la Hofbräuhaus, y ofrecer una respuesta contemporánea al encargo de proyectar una taberna inequívocamente muniquesa.

One of the most important reconstruction projects in Munich's inner city was the former Schrannenhalle—one of the few early industrial cast-iron buildings in Bavaria dating from around 1850—which it was thought had been lost for ever. The intention was that various arts and crafts shops should move into the hall, and also to create a typical Munich tavern in the front building.
In direct proximity to the Viktualienmarkt (Munich's historical food market) with its highly individual green market stands, it seemed obvious to create a green beer garden with painted chestnut trees and to design the furniture using the same motif and colour scheme so as to integrate the tavern in the context of the market activity. The design was to employ typically Upper-Bavarian woodcarving made using modern technical means and was intended as a successor to the lavishly fitted inns and taverns of the turn of the previous century—such as the Hofbräuhaus—that would provide a contemporary response to the task of designing an unmistakeable Munich tavern.

Emplazamiento Location **Prälat-Zistl-Strasse, Múnich, Alemania/*Munich, Germany*** | Equipo Design team **Andreas Hild y/*and* Dionys Ottl** | Concurso Competition **2005** | Cliente Client **Die Schranne München** | Superficie Surface area **450 m²** | Fotografías Photographs **Michael Heinrich**

TRANSFORMAR LA TRADICIÓN
Martin Tschanz

El proyecto de la taberna de la cervecera Pschorr se mantiene fiel a la cervecería tradicional con su mobiliario de madera sólido, sencillo y confortable, los bancos pegados a las paredes y las largas mesas. Se adoptaron elementos habituales tales como la ornamentación de estilo popular, aunque interpretados de una nueva manera. El color verde del mobiliario evoca el color de los cercanos puestos del mercado; el motivo decorativo de la hoja es un homenaje al castaño, el árbol tradicional de los jardines de las cervecerías. Este motivo puede encontrase en las paredes y los bancos, de forma que el diseño del mobiliario se funde con las paredes, al igual que en las antiguas cervecerías. Quizá el diseño tenga el mismo carácter tradicional que las obras de Ödön von Horvath: respetuoso precisamente por el hecho de que no intenta imitar sencillamente los elementos de la tradición popular, sino que se apropia de ellos de una forma artística. Adopta la tradición recibida y la continúa de una forma contemporánea y renovada. A propósito, el proyecto resultó demasiado arriesgado para un cliente que prefirió apostar por los valores seguros de la imitación y la pátina artificial.

TRANSFORMING TRADITION
Martin Tschanz

The design for the Pschorr Brewery tavern remains faithful to the traditional beer hall, with simple, solid and comfortable wooden furniture, with benches along the walls and long tables. The familiar themes of panelling to chest height and folksy ornamentation were taken over but interpreted in a new form. The green of the furniture echoes the colour of the neighbouring market stalls; the decorative leaf design pays tribute to the chestnut tree, the classic tree in beer gardens. This motif can be found on the walls and the benches, so that the design of the walls and the furniture blends, as in old beer halls. The design is folksy in the same way as the plays of Ödön von Horvath, perhaps: respectful precisely because of the fact that it does not attempt to simply imitate popular folk elements but appropriates them in an artistic form. It is in its own way traditional in that it adopts what has been handed down, continuing it in a contemporary, renewed way. Incidentally, this was too risky for the client who preferred to place his bets on the safe values of imitation and artificial patina.

Acondicionamiento del castillo Hohenkammer, Hohenkammer
Refurbishment of Hohenkammer Castle, Hohenkammer

2005-2006

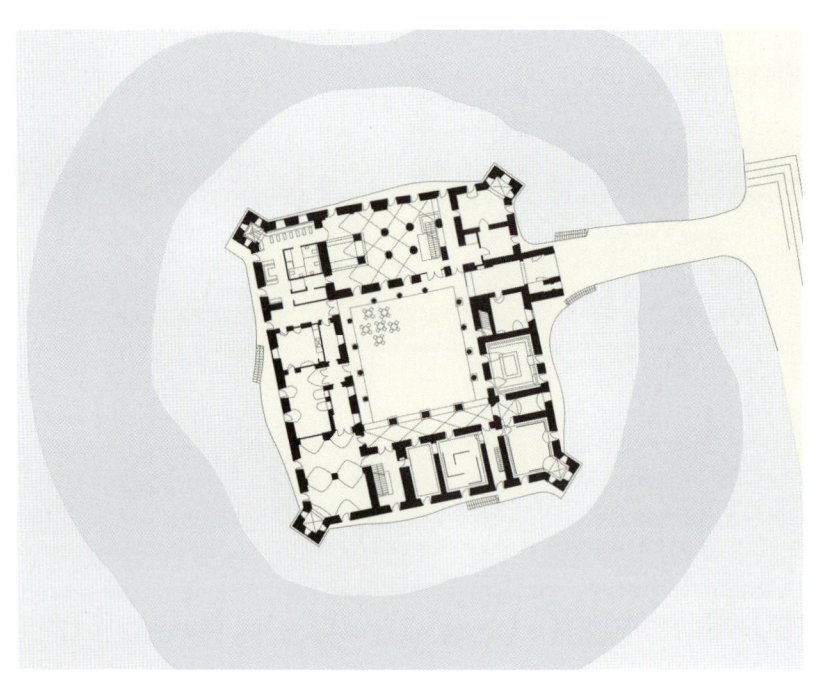

El castillo Hohenkammer, un gran complejo formado por el propio castillo, edificios anexos y villas agrupadas en torno a él, así como por zonas de bosque y tierras de labranza, es uno de los pocos castillos renacentistas rodeados por un foso que existen en Baviera. Tras una historia llena de acontecimientos, durante la que fue utilizado sucesivamente como residencia de la nobleza, academia militar e internado masculino, se utiliza desde ya hace algún tiempo para celebrar cursos y seminarios de negocios. Se ha previsto que este castillo, que se encuentra a unos cuarenta kilómetros de Múnich, se convierta en un futuro en un centro internacional de reuniones que destaque por su diseño.
Para conseguir este objetivo es necesario eliminar o reformular las reformas y destrozos realizados durante la década de 1970, de forma que el edificio recupere su carácter y dignidad como castillo y, al mismo tiempo, se conserven cuidadosamente los restos históricos que todavía existen. A partir del plano histórico se pretende configurar una organización espacial nueva que cree una mayor amplitud y fomente la comunicación mediante la inserción de espacios intermedios. En este contexto, el patio renacentista rodeado de galerías en cada una de sus tres plantas adquiere una importancia fundamental. El edificio recuperará su tradición histórica mediante una especie de destilación de lo esencial y la utilización bastante arcaica de la escayola, la madera maciza y la piedra natural. Las intervenciones técnicas necesarias y la moderna tecnología de comunicaciones se mantendrán, en la medida de lo posible, en un discreto segundo plano.

Hohenkammer Castle, which is an extensive ensemble made up of the castle itself, outbuildings and villas grouped around the castle, as well as areas of woods and farmland, is one of the few surviving Renaissance moated castles in Bavaria. After an eventful history during which it was used as a seat of the nobility, a military academy and a boys' boarding school, for some time now business-training courses have been held there. In the future this castle, some 40 km outside Munich, is to be used as an international meeting centre with high design aspirations.
To achieve this goal the conversions and destruction from the 1970s are to be removed or reformulated to such an extent that the building is given back its dignified, castle-like character while carefully preserving the surviving historical fragments. The new spatial organisation based on a historic plan aims in particular at creating greater spatial breadth and, through the insertion of intermediate spaces, at encouraging communication. The three-storey Renaissance courtyard with the surrounding galleries acquires central importance in this context. By a kind of purification and the rather archaic use of plaster, solid timber and natural stone the building is to regain its historical tradition. The necessary technical interventions and modern communications technology will, as far as possible, be discreetly placed in the background.

Emplazamiento Location **Hohenkammer, Alemania/Germany** | Equipo Design team **Andreas Hild, Dionys Ottl, Nina Grosshauser y/and Sandra Räder** | Concurso Competition **2005** | Proyecto Design years **2005-2006** | Construcción Construction years **2006-2007** | Ingenieros Engineers **Sailer Stephan** | Consultores técnicos Technical consultants **Lechl und Forster; Ludwig Ingenieure** | Cliente Client **Münchener Rückversicherung AG** | Superficie Surface area **4.600 m²** | Fotografías Photographs **Michael Heinrich**

123

Revestimiento
Cladding

En 1898 Adolf Loos afirmó que el trabajo del arquitecto es crear "un espacio doméstico cálido". Para conseguirlo, quiso revestir una habitación de moqueta, lo que le obligaría a desarrollar una estructura que la mantuviera en su sitio. Este hecho revela de forma clara dos aspectos. En primer lugar, que, según Loos, el núcleo de la arquitectura es el interior y no la apariencia externa de un edificio. Este aspecto se relaciona estrechamente con la importancia que en HildundK conceden a los interiores. En segundo lugar, expresa el hecho de que la arquitectura tiene que ver con el revestimiento, con el efecto producido por las superficies y no con los medios utilizados para producirlos. De esta forma, Loos se distancia del enfoque que sostiene que la arquitectura debería ser la expresión artística del juego de fuerzas y cargas del sistema en el que se colocan los elementos constructivos. En este sentido, también se relaciona con los edificios de HildundK, que asimismo se caracterizan por el uso de revestimientos de distintos tipos para definir la apariencia exterior.

HildundK consigue superar el peligro de arbitrariedad inherente a cualquier separación entre expresión y construcción, gracias a su respeto tanto por lo que es apropiado al emplazamiento y el encargo concretos como por la técnica propia del revestimiento. La elección de los materiales de sus edificios parece estar influida en primer lugar por el contexto. La mayor parte de sus edificios urbanos están enlucidos, mientras que en Hamburgo la fachada es de ladrillo clinker que armoniza con los materiales presentes en las calles del entorno. En Bad Tölz el objetivo era que los volúmenes curvos de los edificios revestidos con madera y vegetación se integraran en las copas de los árboles, mientras que las fachadas de los grandes edificios proyectados recientemente son de acero y vidrio. Todo esto no suena a espectacular en absoluto, sino a normal. Y así es como debe sonar. Los encargos a los que se ha enfrentado HildundK hasta el momento no son de naturaleza monumental, sino cotidiana. La normalidad de los materiales que eligen contribuye a conservar la legibilidad de la ciudad, a que siga siendo comprensible. Por ejemplo, en el BFTS fue el color, la herramienta de diseño del pobre, el que hizo posible que el sistema constructivo con aislamiento térmico exterior que se les impuso por falta de fondos de la universidad, quedara relativizado. Gracias a la pintura vitrificada se consigue un refinamiento que, en este caso, permite que el edificio se relacione con los edificios de acero del entorno, y un tipo de ennoblecimiento adecuado a una ins-

Adolf Loos stated in 1898 that the architect's job is to create "a warm, domestic space." To achieve this end, he said, he wanted to line a room with carpet, which would then oblige him to develop a frame to keep this carpet in place. Two aspects become clear here. Firstly, that, according to Loos, the interior—and not the external appearance of a building—is the core of architecture. This corresponds closely with the importance attached to interiors by HildundK. Secondly, it expresses the fact that architecture is, about cladding, that is, about the effect produced by surfaces and not about the means required to produce these effects. Loos thus distances himself from the approach that says architecture should be the artistic expression of the play of forces and loads and of the system in which the building elements are placed. This, too, seems to relate to HildundK's buildings, which are characterised by claddings of different kinds, also in terms of their external appearance.

These architects negotiate their way around the danger of arbitrariness that is inherent in any essential separation of expression and construction by their respect for appropriateness in terms of place and the commission on the one hand, and in terms of the technique of cladding on the other. The choice of building materials seems to be primarily influenced by the context. The urban residential buildings are for the most part rendered, while in Hamburg they have a clinker facade, matching what is usual in the surrounding streets. In Bad Tölz, curved building volumes in envelopes of wood and plants were intended to integrate themselves amid the treetops, while the recent designs for facades for large buildings are composed of steel and glass. This all sounds completely unspectacular and almost normal. And this is how it should sound. The building commissions that HildundK have dealt with to date are not of a monumental nature, but everyday. The normality of the materials they choose contributes to keeping the city legible and comprehensible. For example, in the BFTS building it was colour, the poor man's design tool, which made it possible to relativise the construction system with its external thermal insulation, which was forced on the architects due to the university's empty coffers. Thanks to the glazed painting, a finesse has been achieved here that can communicate with the neighbouring steel buildings, and a kind of ennoblement appropriate to such an institution is achieved. Thus the design can be read as a subtle criticism of the policy followed by the public hand of economising at every possible point.

MARTIN TSCHANZ (Berna, 1965), cursó Arquitectura en la ETH (Eidgenössische Technische Hochschule) de Zúrich, licenciándose en 1990. Hasta 2001 fue profesor asistente en el Institut gta del ETH de Zúrich. Ha desempeñado distintos cargos docentes relacionados con la historia, la teoría y la crítica de la arquitectura, en distintas instituciones, entre ellas el ETH y las universidades de Zúrich, Dortmund y la Fachhochschule Chur. Desde 2005 imparte cursos de Teoría de la Construcción en la Zürcher Hochschule Winterthur. Ha sido comisario de varias exposiciones, como *Architektur im 20.Jahrhundert: Schweiz* [Arquitectura del siglo XX: Suiza] en el Deutsches Architektur Museum de Fráncfort, entre otras. Fue editor de la revista *archithese* entre 1992 y 1997, y desde 2002 lo es de la revista *werk, bauen + wohnen*.

MARTIN TSCHANZ (Bern, 1965) studied architecture at the ETH in Zurich (graduating in 1990). Until 2001 he was an assistant at the gta Institute of the ETH. He has held various lectureships in the areas of architecture history, theory and criticism at the ETH and the University of Zurich, at Dortmund University and at the Fachhochschule in Chur, among others. Since 2005 he has taught theory of construction at the Zürcher Hochschule Winterthur. He has curated a number of exhibitions (including *Architektur im 20.Jahrhundert: Schweiz* at the Deutsches Architektur Museum in Frankfurt) and has worked as an editor on the magazine *archithese* from 1992 to 1997, and since 2002 as the editor of *werk, bauen + wohnen*.

Viviendas para la tercera edad, Bad Tölz, HildundK, concurso, 2005.
Housing for senior citizens, Bad Tölz, competition, 2005.

titución de ese tipo. Así, el proyecto puede interpretarse como una crítica sutil a la política planteada por el cliente público de economizar en todo concepto posible.

Pero los proyectos no derivan directamente de una elección de los medios que se utilizarán por su vinculación al contexto. La simplicidad sagrada que Louis Kahn creía oír en la respuesta del ladrillo a la pregunta de qué quería ser *realmente*, se ha perdido. La historia de la arquitectura muestra con toda claridad el carácter maleable y abierto a todas las formas de los distintos materiales de construcción. De este hecho no se deriva inevitablemente la arbitrariedad si el postulado de un uso adecuado de los materiales se combina con la corrección estilística en el sentido de Gottfried Semper, quien creía que los principios de la técnica original debían respetarse aun cuando se hubiera producido un cambio de material. Las fachadas de la casa en Aggstall, por ejemplo, aunque están construidas con ladrillo, no parecen una pared, sino, por expresarlo de alguna manera, un tejido que hubiese sido tensado alrededor del edificio, con costuras ceñidas allí donde está perforado y donde se encuentra con la cubierta y el zócalo. La forma de diamante evoca un motivo tradicional textil, aunque deba respetar la naturaleza modular del ladrillo. El diseño es correcto tanto desde el punto de vista estilístico con respecto a la técnica textil como desde el técnico en relación con el material constructivo utilizado.

Las relaciones presentes en la fachada revocada de la Belziger Strasse en Berlín son incluso más complejas. En este caso, el relieve se extrajo de un plano de una fachada de escayola desaparecida hace mucho tiempo, que a su vez estaba inspirada en la arquitectura de piedra labrada. El resultado invita a sumergirse en reflexiones de gran alcance sobre la naturaleza de tales procesos de transformación: la fachada lleva consigo las huellas de la historia y habla de ellas, pero también de las posibilidades que ofrecen las tecnologías contemporáneas de reproducción y producción, y de la naturaleza cambiante del revoco, que aunque actualmente adopta formas tridimensionales con menos frecuencia que el siglo XIX, sigue siendo una masa escultórica y maleable incluso cuando se aplica "únicamente" en capas relativamente finas.

No sorprende que en los últimos proyectos de HildundK hayan sido distintas formas de entretejido las que se han convertido en el tema dominante del revestimiento de los edificios. Es una evocación tanto de una técnica primitiva de definición del espacio como, también, del hecho de que *Wand* (que en alemán significa "pared") provenga etimológicamente del verbo *winden* ("devanar", "trenzar"), una circunstancia que indica su origen en la producción textil. La decisión acerca de si el material de acabado ha de ser madera, como en Bad Tölz, ladrillo clinker, como en Hamburgo, o metal, como en los edificios de Bad Reichenhall y Múnich, se toma en función del emplazamiento y del encargo concreto. Pero la imagen del entretejido y su relevancia parecen ser más potentes en estos casos que el material y las aspiraciones asociadas a él. Esperamos con impaciencia el resultado de los detalles constructivos: con texturas de mayor escala, quizás no sea tan fácil conseguir una congruencia entre el material constructivo y la imagen que posea la misma elegancia que la superficie de ladrillo de la casa en Aggstall.

But design cannot be directly derived from a context-related choice of the means used. The sacred simplicity that Louis Kahn believed he heard in the brick's answer to the question what it *actually* wanted to be, has essentially been lost. The history of architecture shows all too clearly how pliable and open to all possible forms the various building materials are. This does not inevitably mean arbitrariness, if the postulate of appropriate use of materials is combined with stylistic correctness in the sense of Gottfried Semper, according to which the principles of the original technique ought to be respected, even when a change of material has taken place. The facades of the house in Aggstall, for example, although clearly made of brickwork, do not indicate a wall but, so to speak, a fabric that has been stretched taut around the building with tight seams where it is perforated and where the roof and plinth abut. The diamond-shaped pattern recalls a traditional weaving pattern, yet must respect the modular nature of brick. The design is both stylistically correct in terms of textile art and materially correct in terms of the building material used.

The relationships in the new rendered facades on Belziger Strassse in Berlin are even more complex. Here the relief quotes from a drawing of a long-gone plaster facade that in turn borrowed from cut stone architecture. The result invites one to engage in far-reaching reflections about the nature of such transformation processes: the facade bears the traces of history and speaks of them, but also of the possibilities offered by contemporary technologies of reproduction and production, and about the changing nature of render, which is less often formed three-dimensionally today than in the 19th century but still represents a sculptural, malleable mass, even when it is "only" applied in relatively thin layers.

It is not surprising that in the latest projects by HildundK different ways of weaving have become a theme in terms of the building envelope. This recalls a primitive technique of defining space, and that the German word for wall (*Wand*) is etymologically related to the world *winden* (to wind), thus indicating an origin in textile production. The decision as to whether the texture is made with wood as in Bad Tölz, clinker as in Hamburg, or metal as in the buildings in Bad Reichenhall and Munich, is made according to the place and the particular commission. But the weave image and its significance seem to be stronger here than the material and the aspirations associated with it. We eagerly await the outcome of the constructional detailing: with larger scale textures it may not be so easy to achieve such an elegant congruence of building material and image as in the woven brick surface of the house in Aggstall.

Tres fachadas en Hamburgo, Bad Reichenhall y Múnich
Three facades in Hamburg, Bad Reichenhall and Munich

2006

En diversos proyectos y concursos para la construcción de edificios administrativos exploramos la forma de flexibilizar en cierta medida la densidad de la malla y la rigidez de los límites de los edificios de oficinas estandarizados, respetando al mismo tiempo un orden regular. Tras un primer intento con la malla de la fachada del edificio del BTFS, insistimos en el tema de las estructuras textiles aplicadas a las fachadas desarrollando diversos proyectos basados en este concepto de estructuras textiles tridimensionales.

En el marco de un seminario de planeamiento que estudiaba cómo aumentar la densidad del Brahmsquartier de Hamburgo, una malla de fachada perforada de ladrillo fue manipulada teniendo en cuenta la tercera dimensión mediante el uso de estructuras textiles. Continuamos estudiando este concepto en el concurso para la reforma del edificio de una entidad bancaria, donde se partía de una fachada existente que imponía rigurosas limitaciones. Se crearon módulos de dos aberturas a partir de la apretada malla de la fachada existente, con el objetivo de lograr una amplitud mayor sin renunciar a la pequeña escala de la malla. Los recesos y resaltos de los antepechos y las franjas verticales se "trenzaron" como si de un tejido se tratase para conseguir un relieve dinámico.

En la propuesta para el nuevo edificio de las oficinas centrales de AGFA se fue incluso más lejos. En este caso, el edificio existente debía ser sustituido por uno nuevo con el mismo volumen. Se convocó un concurso de proyectos para las nuevas fachadas, que permitiese resolver la insatisfactoria situación urbanística mediante pequeñas intervenciones en su relieve y que se ajustasen a los requisitos del concurso: un intento de planificación urbanística a través de las superficies de los edificios. Mediante un leve voladizo a lo largo de la fachada principal y un ligero aumento de altura en la parte más alta del edificio, redefinimos el volumen como un edificio alto recostado con la "cabeza" levantada, clarificando de este modo la situación urbana del acceso sur a la ciudad. Los elementos que determinan el aspecto de la fachada, como los antepechos, las persianas, las ventanas y los pilares se plantearon como cintas de un tejido trenzado que se extiende sobre las diversas partes del edificio y subraya principalmente la estructura general antes que los elementos individuales.

In various designs and competition entries for administration buildings the architects examined how the tight grid of standardised office buildings and the rigid boundaries of this grid could be loosened somewhat, while still following a regular order. After the first attempt at a facade grid in the web structures of the BFTS project they repeatedly looked at the theme of textile structures on facades. Following the projects various attempts at making web structures, also in three dimensions, were undertaken.

Within the framework of a planning workshop to increase the density of the Brahmsquartier in Hamburg, a gridded perforated facade with a

Edificio de viviendas en el Brahmsquartier, Hamburgo.
Housing in Brahmsquartier, Hamburg.

Reforma de una entidad bancaria en Bad Reichenhall.
Refurbishment of a bank in Bad Reichenhall.

Fachada para las oficinas centrales de AGFA, Múnich.
Facade design for the AGFA Head Office, Munich.

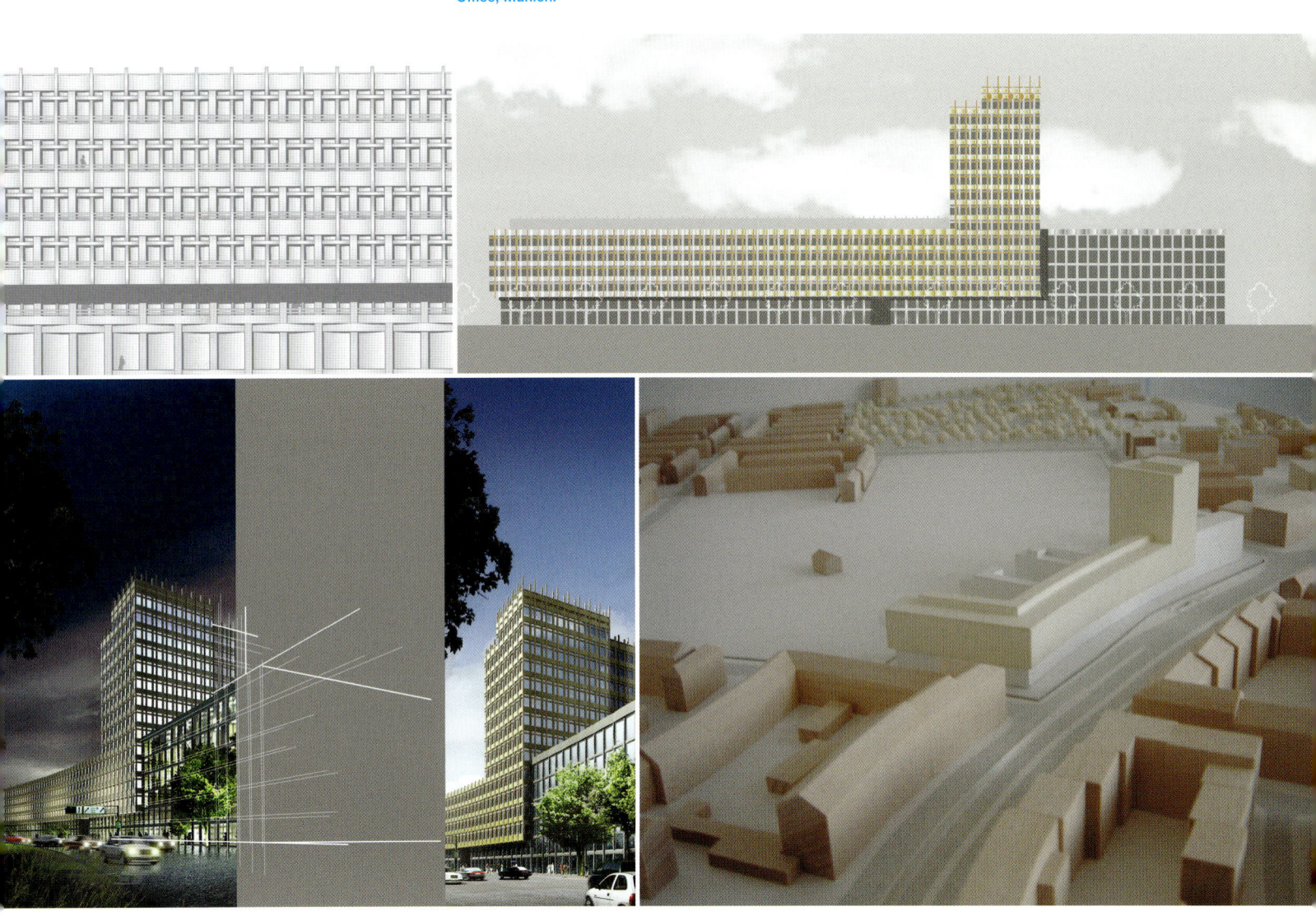

brick surface was translated into the third dimension through the use of web structures. These studies were continued in a competition for the restoration and re-organisation of the savings bank administration building on the basis of the existing fabric with tight constraints. In the area of the facade the closely-knit existing grid was combined in units of two axes to achieve greater generosity in the facade without having to abandon the small-scale grid. The recesses and projections of the parapets and the vertical strips were laid over and under each other—like in a piece of woven material—to achieve a more animated relief. The proposal for the new development of the Agfa Head Office went even further. Here the existing high-rise building was to be replaced by a new building with the same volume. A competition was held for the design of the new facades in which—departing from the stipulations of the competition—slight interventions in the facade relief allowed the unsatisfactory urban planning situation to be clarified: an attempt to carry out urban planning by means of building surfaces. Through a slight projection in the outline of the building along the main facade and a slight relief on the main front of the high-rise structure the building was redefined as a kind of recumbent high-rise with a raised "head", and the urban situation at the southern entrance to the city was clarified. The individual elements that determine the appearance of the facade, such as parapets, solar blinds, piers and structure, were interpreted as bands of a fabric and were woven together to develop a structure that is laid across the parts of the building and emphasises its overall structure rather than the individual elements.

EDIFICIO DE VIVIENDAS EN EL BRAHMSQUARTIER, HAMBURGO HOUSING IN BRAHMSQUARTIER, HAMBURG
Emplazamiento Location **Brahmsstrasse, Hamburgo, Alemania**/*Hamburg, Germany* | Equipo Design team **Andreas Hild, Dionys Ottl y**/*and* **Tilmann Rohnke** | Concurso Competition **2006** | Cliente Client **Stadt Hamburg**

REFORMA DE UNA ENTIDAD BANCARIA EN BAD REICHENHALL REFURBISHMENT OF A BANK IN BAD REICHENHALL
Emplazamiento Location **Bahnhofstrasse, Bad Reichenhall, Alemania**/*Germany* | Equipo Design team **Andreas Hild, Dionys Ottl y**/*and* **Karsten Sieb** | Concurso Competition **2006** | Cliente Client **Kreissparkasse Bad Reichenhall**

FACHADA PARA LAS OFICINAS CENTRALES DE AGFA, MÚNICH FACADE DESIGN FOR THE AGFA HEAD OFFICE, MUNICH
Emplazamiento Location **Tegernseer Landstrasse, Múnich, Alemania**/*Munich, Germany* | Equipo Design team **Andreas Hild, Dionys Ottl y**/*and* **Matthias Haber** | Concurso Competition **2006** | Proyecto Design years **2006-2007** | Construcción Construction years **2007-2008** | Consultores técnicos Technical consultants **ATF Frankfurt** | Cliente Client **Park Immobilien AG** | Superficie Surface area **34.500 m²**

Biografía / Biography

HildundK

© Wilfried-dechau.de

Andreas Hild (Hamburgo, 1961) estudió arquitectura en la ETH de Zúrich con Miroslav Sik (1987), y en la Technischen Universität de Múnich, por la que se licenció en 1989. Fundó el estudio de arquitectura Hild und Kaltwasser en 1992 junto a Tillmann Kaltwasser, con quien trabajó hasta su prematura muerte en 1998. En 1999, junto con Dionys Ottl, creó el estudio HildundK Architekten en Múnich. Ha sido profesor suplente en la Universität Kaiserslautern (1996-1998) y en la Fachhochschule de Múnich (1999-2001). Entre 2000 y 2002 fue presidente de la BDA Kreisverbandes de Múnich/Alta Baviera. Asimismo, fue profesor invitado en la Akademie der Bildenden Künste de Hamburgo (2003-2004) y desde 2005 es profesor en la Technischen Universität de Graz. Es miembro de la Stadtgestaltungskom-mission de Múnich y Gestaltungsbeirats de Bregenz desde 2005. Ha impartido numerosas conferencias y seminarios en Oporto, Nancy, Delft, Harvard GSD, Boston y Alemania.

Dionys Ottl (Peissenberg, Alta Baviera, 1964) se licenció en 1995 por la Technischen Universität de Múnich. Entre 1989 y 1992 trabajó para RRP Architekten, especialmente en los ámbitos de la arquitectura hospitalaria y las instalaciones de carácter social. Colaboró en el estudio KPS (1992-1994) y en Hild und Kaltwasser Architekten entre 1994 y 1998. En 1999, junto con Andreas Hild, creó el estudio HildundK Architekten en Múnich. Ha impartido numerosas conferencias y ha colaborado en distintas publicaciones de arquitectura.

Premios distinciones
· Premio de arquitectura Farbe Struktur Oberfläche 2006 por el proyecto BFTS, Centro de Investigación y Tecnología Báfaro para las Ciencias del Deporte, Múnich.
· Premio a la calidad en proyectos residenciales del Landeshauptstadt München 2005 por las viviendas sociales en Lohengrinstrasse, Múnich.
· Premio de arquitectura Ziegelforum 2001 y premio BDA Baviera 2001 (mención) por la vivienda unifamiliar en Aggstall.
· Premio Deutscher Städtebaupreis 1998; premio Lichtarchitekturpreis 2000; premio Deutscher Architekturpreis 1999 (mención); y premio BDA Baviera 1999 (mención), por el Pequeño Teatro en Landshut.
· Stahlinnovationspreis [premio a la innovación en acero] 2000 (mención) por la parada de autobús en Landshut.
· Deutscher Fassadenpreis 1999 por las viviendas sociales en Kempten.
· IXXX Award Belgien 1996 y premio Deutsches Klempnerhandwerk (mención especial) por la ampliación de la casa Bonnin en Eichstätt.
· Premio a la innovación Holzbaufenster 1995 y premio BDA 1996 (mención) por la casa Wolf en Múnich.

Publicaciones
· Ruby, Ilka & Andreas; Ursprung, Philip, *Images*, Prestel Verlag, Múnich, 2004.
· Bader, Rainer; Coltoti, Francesco; Hammerstein, Lukas; Eichberger, Tassilo, *HildundK, Architektur zum Lesen. Vier Schriften über Architektur*, publicación propia, Múnich, 2002.
· Thompson, Jessica Cargill, *40 architects around 40*, Taschen, Colonia, 2000.
· Ammer, Andreas, *Hild & Kaltwasser*, Editorial Gustavo Gili, Barcelona, 1998.
· *Deutsches Architektur Museum Jahrbuch*, Fráncfort, 1996, 1997 y 1998.

Su obra ha sido publicada en numerosas revistas especializadas, entre las que destacan: *a + u* (Japón); *Arquitectura Viva*, *a + t* (España); *architektur aktuell*, *Baumeister*, *Bauwelt*, *db*, *Der Architekt*, *Detail* (Alemania);); *Domus* (Italia); *L'Architecture d'aujourd'hui*, *Le Moniteur* (Francia); *Oase* (Holanda); *Werk, Bauen & Wohnen* (Suiza).

Andreas Hild (Hamburg, 1961) studied architecture at the ETH in Munich with Miroslav Sik (1987) and at the Technischen Universität, also in Munich, graduating from there in 1989. In 1992 he founded the architecture studio Hild und Kaltwasser with Tillmann Kaltwasser, with whom he worked until the latter's premature death in 1998. In 1999 he created the studio HildundK Architekten along with Dionys Ottl. He has been a substitute professor at the Universität Kaiserslautern (1996-1998) and the Munich Fachhochschule (1999-2001). Between 2000 and 2002 he was president of the BDA Kreisverbandes of Munich/Upper Bavaria. Likewise, he was a guest professor at the Akademie der Bildenden Künste in Hamburg (2003-2004) and since 2005 he has been a professor at the Technischen Universität in Graz. He has been a member of the Stadtgestaltungskommission in Munich and the Gestaltungsbeirats in Bregenz since 2005. He has given many lectures and seminars in Porto, Nancy, Delft, Harvard GSD, Boston, and Germany.

Dionys Ottl (Peissenberg, Upper Bavaria, 1964) graduated from the Technischen Universität, Munich, in 1995. Between 1989 and 1992 he worked for RRP Architekten, especially in the fields of hospital architecture and facilities of a social kind. He was an assistant in the KPS studio (1992-1994) and Hild und Kaltwasser Architekten between 1994 and 1998. In Munich in 1999 he created the studio HildundK Architekten along with Andreas Hild. He has given lectures and worked as a critic in Germany and Canada; similarly, he has collaborated on different specialised publications.

Prizes and awards
· Farbe Struktur Oberfläche Architecture Prize 2006 from the BFTS, Bavarian Research and Technology Centre for Sports Sciences, Munich.
· Landeshauptstadt München Prize 2005 for quality housing projects, for social housing in Lohengrinstrasse, Munich.
· Ziegelforum Architecture Prize 2001 and Bavarian BDA Prize 2001 (mention) for the single-family house in Aggstall.
· Deutscher Städtebaupreis 1998; Lichtarchitekturpreis 2000; Deutscher Architekturpreis 1999 (mention); Bavarian BDA Prize 1999 (mention) for the Little Theatre in Landshut.
· Stahlinnovationspreis [prize for innovation in steel] 2000 (mention) for the bus stop in Landshut.
· Deutscher Fassadenpreis 1999 for social housing in Kempten.
· IXXX Belgien Award 1996 and Deutsches Klempnerhandwerk Prize (special mention) for enlargement of the Bonnin House in Eichstätt.
· Holzbaufenster Prize for Innovation 1995 and BDA Prize 1996 (mention) for the Wolf House in Munich.

Publications
· Ruby, Ilka & Andreas; Ursprung, Philip, *Images*, Prestel Verlag, Munich, 2004.
· Bader, Rainer; Coltoti, Francesco; Hammerstein, Lukas; Eichberger, Tassilo, *HildundK, Architektur zum Lesen. Vier Schriften über Architektur*, self-published, Munich, 2002.
· Thompson, Jessica Cargill, *40 architects around 40*, Taschen, Cologne, 2000.
· Ammer, Andreas, *hild & kaltwasser*, Editorial Gustavo Gili, Barcelona, 1998.
· *Deutsches Architektur Museum Jahrbuch*, Frankfurt, 1996, 1997 and 1998.

HildundK's work has been published in numerous specialised magazines, including *a + u* (Japan); *Arquitectura Viva*, *a + t* (Spain); *architektur aktuell*, *Baumeister*, *Bauwelt*, *db*, *Der Architekt*, *Detail* (Germany); *Domus* (Italy); *L'Architecture d'aujourd'hui*, *Le Moniteur* (France); *Oase* (Holland); *Werk, Bauen & Wohnen* (Switzerland).

Andreas Hild, Dionys Ottl

Sobre arquitectura y contaminación. Correspondencia de final del verano.
On architecture and contamination. Letters for late summer.

nexus

ANDREAS HILD, DIONYS OTTL

Sobre arquitectura y contaminación. Correspondencia de final del verano.
On architecture and contamination. Letters for late summer.

Querido Andreas:
Cada día, cuando voy a la ciudad, paso al lado de un edificio del que hace ya tiempo que quería hablarte. La verdad es que se trata de un edificio normal, pero que cada día vuelve a sorprenderme y emocionarme. Quizá sea precisamente por el hecho de que es un edificio normal pero con una fachada inusual que le confiere un carácter propio, como de objeto, lo que lo convierte en un objeto particularmente carismático.
De hecho, se trata de uno de los típicos edificios del movimiento moderno tardío de posguerra que pueden contemplarse por todo Múnich. Posee todos los elementos que conforman la arquitectura tradicional: paredes de ladrillo y ventanas casi cuadradas, ligeramente más altas que anchas, distribuidas de forma regular en la fachada. El volumen, levemente achaparrado y demasiado grande para el emplazamiento sobre el que se levanta, está rematado por un pequeño voladizo en la cubierta. Se trata sencillamente de un edificio normal que, con todas sus cualidades, se encuentra profundamente enraizado en el mundo de los edificios y de la arquitectura. Sin embargo, el diseño de su fachada provoca que se salga de la norma y que conecte de forma sorprendente con mundos muy distintos.
La fachada no está pintada, sino acabada con un revoco coloreado formado por varias capas —una roja, otra gris claro y otra gris oscu-

Residencia Maria Regina, Thalkirchener Strasse, Múnich.
Maria Regina Residence, Thalkirchener Strasse, Munich.

© Michael Heinrich

Como no existen documentos que registren las conversaciones y las discusiones que son una parte esencial de nuestra práctica cotidiana en el despacho, para esta sección nexus de 2G, decidimos poner por escrito nuestros pensamientos por medio de una correspondencia que mantuvimos entre nosotros.
As we do not document the conversations and discussions that are an essential part of daily life in the office we share, for 2G's nexus section we decided to put down our thoughts in a series of letters from one to the other.

Dear Andreas,
Every day on my way into town I pass by a building, which I have been meaning to talk to you about for a while. It is, in fact, a normal building and yet it surprises and thrills me again every day—notwithstanding the number of times I've passed by it. This may be because it is just a normal building, but with an unusual facade that gives it a highly individual quality as an object and makes it particularly charismatic.
It is actually one of the typical buildings of late-postwar Modernism, of a kind that can be seen throughout Munich. It has all the elements that go to make up traditional architecture: brick walls with virtually square windows, slightly taller than they are wide, distributed regularly on the facade. The slightly squat volume, which is just a little bit too large for the site it stands on, is terminated by a short roof overhang. It is simply a normal building, which, with all its

ro—, que presenta relieves superficiales que parecen realizados con plantillas. Algunas veces me recuerda a los grabados con planchas de madera japoneses o a los dibujos expresionistas; otras se parece más a un tatuaje aplicado sobre la piel del edificio. Al pasar hoy por allí, me recordó a un mantel bordado que hubiese sido arrojado sobre el edificio. Unas líneas verticales se prologan hasta el alero, donde su aspecto recuerda a una viga del voladizo de una cubierta. A medida que se extienden en dirección ascendente, otras líneas las atraviesan a intervalos escalonados. Entre estas líneas más cortas existen unas franjas zigzagueantes de textura más fina que las entreteje. Las ventanas tienen molduras de color rojo que las perfilan como si de piezas bordadas en un encaje se tratara. Los adornos situados debajo de las ventanas son triángulos donde se superponen motivos de estrellas. Y aunque todos estos elementos parezcan haberse desarrollado como dibujos, no son simples aplicaciones, sino elementos construidos del edificio que se realizaron utilizando una impecable y meticulosa técnica de esgrafiado. Quizá esa sea la razón de que parezcan elementos espaciales, construidos, y de esa forma traspasen el ámbito de lo artesanal y entren en el de lo artístico (y viceversa).

No creo que mucha gente se fije en este edificio, pero debo decir que a mí me parece un tipo de arquitectura bastante espectacular y especial. Aunque se encuentra revestido por esta segunda y asombrosa capa, el edificio básico seguirá siendo siempre un edificio, quizá porque esta segunda capa se ciñe a lo que se ha construido detrás de ella —los forjados, las ventanas, las puertas, la cubierta— y porque, por encima de todo, desarrolla un carácter abstracto tan inusual que el edificio ya no sólo forma parte del mundo de los edificios, sino que pertenece también al de los objetos, o al del arte, y dependiendo del modo en que lo contemples, parece moverse entre ambos mundos.

Querido Dionys:
Puede que suene raro, pero tras leer la segunda línea de tu carta supe ya con exactitud a qué edificio te estabas refiriendo sin tener que mirar la fotografía que también me enviaste. Siempre pensé que formaba parte del mundo de los edificios pintados; pero, desde luego, tienes razón: se trata de un edificio especialmente interesante.

El hecho de que un edificio no pueda incluirse de forma inequívoca en uno u otro mundo resulta siempre fascinante. Es evidente que el mundo de los objetos y el mundo de los edificios constituyen definiciones bastante arbitrarias, aunque, sin embargo, permiten una clasificación relativamente precisa. Lo que me ronda por la cabeza y puede discutirse en relación con este edificio es: ¿hasta qué punto deberían fundirse ambos mundos? Lo que me molesta de este ejemplo es el hecho de que uno de esos mundos parece haber sido aplicado sobre el otro. Hay que reconocer que existen ejemplos en los que la superficie ornamental parece haberse distanciado aún más del edificio (por ejemplo, en los grandes almacenes Ludwig Beck, con sus espléndidos motivos tipo *patchwork*). Si considerásemos que la Residenz es

qualities is deeply rooted in the world of buildings and of architecture. Yet in the design of its facade it steps out of line and surprisingly connects with very different worlds.

The facade is of coloured plaster, which is not painted, however, but consists of several layers—a red, light grey, and dark grey layer—in which shallow reliefs have been made as if by stencil. Sometimes it reminds me of a Japanese woodcarving or an Expressionist drawing; at others it seems more like something tattooed on the skin of the house. When I walked past today, it made me think of an embroidered tablecloth that had been thrown over the house. Vertical bands extend up to the eaves, where they suggest the beam of a roof overhang. As they extend upwards, they are crossed by short bands at staggered intervals. In between these short bands there is a zigzagging line of a lighter texture weaving them together. The windows have red surrounds that outline them like pieces of embroidery on a lace cloth. The trimmings below the windows become triangular consoles in which the motifs of cross and star overlap. And although these effects seem to have been developed as drawings, they are not solely applications but constructed building elements that were made using an impeccable and meticulous *sgraffito* technique—perhaps this is why they seem something constructed spatially and thus extend beyond the traditionally crafted to the realm of the artistic and vice-versa.

I do not think that many people notice this building, but I must say I find it quite spectacular and a very special kind of architecture. Although the building is overlaid with this second, very striking layer, the basic building will always remain a building, maybe because this second layer always keeps to what has been built beneath—the floors, the window, the doors, the roof—and on top of that it develops such an unusual abstract character that this building is no longer just part of the world of buildings but also belongs to the world of objects or the world of art and, depending on how you look at it, seemingly wanders back and forth between these worlds.

Dear Dionys,
It may sound strange but I knew after reading only the second line exactly which building you were referring to—without even having to look at the picture you also sent. I had always thought it belonged to the world of painted buildings, but of course you are right, it is a particularly interesting building.

It is always exciting if a building cannot be assigned unambiguously to one world or the other. The world of objects and the world of buildings are, of course, rather arbitrary definitions and yet they do permit relatively precise classification. The question moving around in my mind and which can be discussed in connection with this building is: how far should these worlds merge? What disturbs me about this house is the fact that the one seems to be applied to the other. Admittedly, there are examples where the ornamental surface seems to have distanced itself

meramente una pintura arquitectónica, deberíamos considerar que los almacenes Beck son mera pintura ornamental. Creo que el edificio del que me hablas ocupa una posición a medio camino entre ambos, sin una superposición excesiva. Ambos estamos de acuerdo en que en arquitectura necesitamos el mundo de los objetos para poder introducir aspectos nuevos que, por expresarlo de algún modo, hagan que el mundo arquitectónico sea más fértil. Sin embargo, me parece fundamental la cuestión de hasta qué punto ambos mundos se funden. La arquitectura que sólo tiene que ver con los objetos o las cosas (como la que proponen muchos arquitectos suizos u holandeses, por ejemplo) se queda demasiado corta, al igual que la obra arquitectónica de algunos arquitectos particularmente historicistas que no parecen aventurarse fuera del mundo arquitectónico. Por ello, desearía un tipo de arquitectura que fuera capaz de conectar de forma inseparable ambos mundos, de forma que lo nuevo no fuese simplemente un *collage*, sino una entidad formal nueva que se moviese entre ambos mundos. El edificio del que me hablas, en mi opinión, no se acerca a ello. Tampoco estoy muy seguro de si la pintura puede acercarse lo suficiente. El hecho de que ambos consideremos que el esgrafiado es el enfoque más convincente, refuerza esta teoría. Pero pensemos sencillamente en el pequeño desplazamiento en el patio de la Oficina Europea de Patentes. Ese es, en mi opinión, un paso en la dirección adecuada.

Andreas:
En tu respuesta intentas plantear y responder a todas las cuestiones al mismo tiempo. ¿No deberíamos discutir este tema con más calma? No sólo porque estamos intentando debatir sobre el contenido, sino para que lo que estamos discutiendo y lo que queremos decir resulte más comprensible.
Mencionaste algunos de los edificios de la ciudad que nos gusta visitar. ¿Por qué no utilizamos estos edificios —y espero que algunos más— para mostrar qué es lo que significan para nosotros la superposición y la alienación en arquitectura, y por qué creemos que construir casas no significa sólo construir edificios? Asimismo, da la impresión de que carece de sentido construir edificios que aparentemente no poseen utilidad práctica, o que al menos

Grandes almacenes Ludwig Beck, Marienplatz, Múnich.
Ludwig Beck department store, Marienplatz, Munich.

© Michael Heinrich

Residenz, antigua residencia real (XVI-XIX), Residenzstrasse, Múnich.
Residenz, former royal residence (between the 16th and the 19th century), Residenzstrasse, Munich.

© Michael Heinrich

even more from the building (e.g. the Ludwig Beck department store, with its wonderful patchwork-like patterns). If we try to consider the Residenz as purely architectural painting, then Beck would be purely ornamental painting. The building you are talking about occupies a position somewhere in between the two, without too much overlapping, I think. We both agree that in architecture we need the world of things in order to introduce new aspects, which in turn fertilise the architectural world, so to speak. The question as to how far both worlds merge, however, seems quite central to me. Architecture that is purely about objects or things (as presented by many Swiss and also Dutch architects, for example) falls far short of its aims, as does the purely architectural work of some particularly historicising architects, who don't seem to venture outside the architectural world.
I would therefore wish for a type of architecture that manages to inseparably connect worlds. So that the new is not just a collage but a new formal entity shuttling between both worlds. Your building, in my opinion, doesn't come close to that. I'm also not too sure if painting can come close enough. The fact that we both consider *sgraffito* the most plausible approach underlines this theory. But just think of the small displacement in the courtyard of the European Patent Office—that, in my opinion is a step in the right direction.

Oficina Europea de Patentes, Erhardtstrasse, Múnich.
European Patent Office, Erhardtstrasse, Munich

© Michael Heinrich

no se ocupan de ciertas exigencias y acaban convirtiéndose en meros objetos simbólicos. Escogí la residencia Maria Regina porque, al encontrarse muy alejada del debate sobre la arquitectura contemporánea, me pareció un buen ejemplo de cómo la arquitectura normal puede verse revestida de estructuras. Unas estructuras que, a su vez, confieren al edificio una expresión especial, sin tener que hacer siempre referencia a cuestiones relacionadas con la historia del arte o de la arquitectura. Además, en ella se utilizan ciertas tradiciones artesanales y aspectos de expresión gráfica que la hacen destacar entre los edificios del entorno, construidos a toda prisa. Y, por cierto, sigo estando convencido de que en este caso esas superposiciones constituyen también una unidad formal, y de que la fachada posee cualidades escultóricas. Es cierto que la arquitectura y el diseño de la fachada no se funden por completo, pero reaccionan la una ante el otro. No obstante, existe abstracción, que está muy unida al arte (en este caso al arte popular con un toque de arte religioso tradicional). ¿Acaso el diseño de fachadas de la arquitectura contemporánea actual no intenta acercarse cada vez más al arte a través del uso de motivos impresos, por ejemplo? Este hecho, evidentemente, no puede ser el único objetivo en los nuevos edificios, pero creo que la residencia de la Thalkirchener Strasse fue un pequeño paso más allá de la arquitectura actual, ya que también funde los elementos arquitectónicos —como el zócalo o el telar exterior de las ventanas— con el diseño de la fachada, y no dibuja una cáscara abstracta independiente de la arquitectura (construida).

En mi opinión, la estrategia de cubrir todas las partes de un edificio con una piel de vidrio, metal o madera, no supera un examen riguroso de la solución a los problemas básicos de la arquitectura que puede exigírsenos. ¿Cómo entro en el edificio? ¿Cómo debería alinear las ventanas? ¿Cómo debería ser el encuentro entre la cubierta y la fachada? En muchos casos, el resultado es que el edificio se convierte en un objeto que se abstrae hasta adoptar una forma amorfa, o de cubo, para, en última instancia, superponer una capa sobre otra y conseguir de esta forma una duplicación sistemática de todos los elementos constructivos. Este no es más que un pequeño inciso explicativo con un ejemplo opuesto, para que el debate sea más fácil de seguir.

Gracias a su fachada, la residencia Maria Regina sigue siendo un edificio, aunque posea una textura abstracta. La razón de que consideres su fachada como una aplicación superpuesta creo que se debe al hecho de que con sus estrellas y sus líneas en forma de espina nos dice

Andreas,
In your answer you try to raise all the questions at once and to answer them at the same time! Shouldn't we discuss this subject somewhat more patiently? Not only because we are trying to argue about content, but also to make it more understandable what we are talking about and what we mean.

You quoted some of those buildings in town we love visiting. Why don't we use these buildings—and hopefully some other ones, too—to show what we mean by overlapping and estrangement in architecture and why we believe that building houses does not only mean constructing buildings? Similarly, it seems just as meaningless to build buildings with seemingly no practical usage or which at least do not cater for certain demands and just mutate into symbolic objects.

I chose the Maria Regina Residence because, far removed from a discussion about contemporary architecture, it seemed a good example of how normal architecture can be overlaid with structures, which in turn give the building a special expression without always having to refer to things from architectural or art history, and uses certain handicraft traditions and also qualities of graphic expression to lift itself above the surrounding, quickly erected buildings. And, by the way, I remain convinced that these overlayings also have a formal unity here and that the facade design has sculptural qualities. Certainly, architecture and facade design do not completely merge, but they do react to one another. However, there is abstraction, which is closely linked to art—in this case popular art, a touch of folk-religious art. In the design of facades today doesn't contemporary architecture look increasingly for a proximity to art, by using printed patterns, for example? This, naturally, cannot be the exclusive goal in the development of new architecture. But I mean that the residence in Thalkirchener Strasse was a small step beyond present-day architecture, as it also merges architectural elements—as the plinth and the window reveal—with the chosen facade design and does not draw an abstract shell independent of the (built) architecture.

In my opinion, the strategy of covering all parts of a building with a shell of glass, metal or wood negates a close examination of the solution of the very basic problems of architecture that can be demanded of us. How do I enter the building? How should I align the windows? How should the roof meet the wall? In many cases the result is that the building becomes a

algo acerca de su función de espacio dedicado a la Virgen María, y por ello, al menos para mí, parece muy cercana a un monasterio. Quizá esta apariencia sea la que hace que el edificio sea tan familiar. Familiar en tanto que edificio, y familiar porque utiliza elementos con los que estamos familiarizados de forma inconsciente debido a nuestras tradiciones.

El segundo ejemplo que mencionas me parece más adecuado para tu tesis de edificios únicamente pintados, aunque en este caso no está pintado, sino que emplea relieves coloreados trabajados en el enlucido. El edificio de los grandes almacenes Beck en el centro de la ciudad es un ejemplo mucho más explícito. Su fachada cuenta de forma muy directa, a través del uso de las formas romboidales y las pequeñas figuras, la historia del edificio (destruido durante la guerra), que en su momento fue un negocio de pañería y una elegante tienda de ropa. Aparte de esto, la calidad de la ejecución de la técnica de los esgrafiados resulta conmovedora; tanto como lo es el intento de inventar una ornamentación moderna para un edificio nuevo en la zona histórica de la ciudad, con el objetivo de anclarlo ambientalmente a la "ciudad antigua" pero sin la pretensión de convertirlo en una mera reconstrucción historicista. En ese sentido, el arquitecto del edificio quizá se aventurase tímidamente en el mundo de los objetos (en este caso, de los textiles y los estampados) para no quedarse exclusivamente en el ámbito de lo histórico, o, como afirmaste con razón, para no conferir un carácter historicista al trabajo arquitectónico, y evitar tener que construir una ornamentación de escayola a la antigua. Tengo que contener la risa, porque cada vez me recuerda más a nuestro trabajo. A diferencia de ti, quizá yo crea que la Residenz de Múnich es una pieza acertada en lo que respecta al modo como el mundo de la arquitectura y el mundo de los objetos empiezan a fundirse. No en el sentido actual,

Grandes almacenes Ludwig Beck, Marienplatz, Múnich.
Ludwig Beck department store, Marienplatz, Munich.

© Michael Heinrich

thing, it is abstracted to ultimately shape it into the shape of a cube or an amorphous object—finally to simply layer the shell over the shell, thus achieving a consistent doubling of all the building elements. This is just a small explanatory aside, using a contrary example, to make our discussion easier to follow.

With its facade, the Maria Regina Residence remains a building and yet it has an abstract texture. Why you see the facade here as a superimposed application is, I believe, due to fact that with its stars and the thorn-like lines it tells us a little bit about its purpose as a place dedicated to the Madonna and thus seems, at least to me, in some way close to monastery works.

Maybe this appearance does make this building so familiar—familiar as a building and, secondly, familiar because it uses elements we all are unconsciously familiar with in our traditions.

You mention a second example, which I find more suitable for your thesis of purely painted buildings—although it isn't painted, in fact, but employs coloured reliefs worked in the plaster. The Beck department store in the city centre is much more explicit. Its facade tells the story of the building (destroyed in the war), which used to be a drapery business and an elegant clothes shop, in a very direct manner using rhomboid shapes and little figures. Apart from that, the craftsmanship of the *sgraffito* technique is very touching—as is the attempt at inventing a modern ornament for a new building in the historical part of town in order to anchor the building atmospherically within the "old town" without wanting to merely historicise or reconstruct. In that respect the architect of the building perhaps ventured a little into the world of things (in this case textiles and patterns) in order not to remain exclusively in the realm of historical, or as you correctly put it, historicising architectural work and to avoid having to build old plaster ornament. I have to suppress a smile as I am increasingly reminded of our work.

Unlike you, maybe I believe that the Munich Residenz is a felicitous piece of work as regards how the world of architecture and the world of things begin to merge. Not in the present-day sense, of course, but it quotes references from a world to which the building would have liked to belong but which—at least economically—it could not. Therefore all the "palacey" bits that seemed appropriate to a royal palace were simply painted on. Not, however, in the form of *trompe-l'oeil* painting but by painting elements (that is, things) which belong to a palace, such as rustication, columns, pediments and even whole rows of windows in a very simplified manner, thus creating with a sketch a universally understandable message that says something like "Look here, this is a magnificent palace."

Leo von Klenze quite clearly transferred this strategy to the buildings on Ludwigstrasse, making them with their ordered and painted, almost "pointillist", monochrome rectangles look as if they were built of sandstone, thus giving them a more distinguished air than they would have had if they had been left with their "poor" construction of bricks. I think this was due less to any intellectual limitations on his part and more to the restrictions of his time,

evidentemente, pero alude a un mundo al que al edificio le hubiese gustado pertenecer, aunque —al menos desde el aspecto económico— no pudiese hacerlo. Esa fue la razón de que, sencillamente, se pintasen todos los detalles "palaciegos" que parecían apropiados para un palacio real. Pero no de forma ilusionista, sino pintando de forma muy sencilla elementos (es decir, objetos) propios de un palacio, como el almohadillado, las columnas, los frontones e, incluso, una hilera de ventanas completa, creando de ese modo, a través de un esbozo, un mensaje universalmente comprensible que dice algo parecido a: "!Mirad, este es un palacio espléndido!".

Leo von Klenze trasladó de forma muy clara esta estrategia a los edificios de la Ludwigstrasse, e hizo que, gracias a los rectángulos monocromáticos, ordenados y pintados, casi "puntillistas", pareciesen construidos con piedra arenisca; de este modo, les otorgó un aspecto más distinguido que el que hubiesen tenido si se hubiese dejado a la vista su "pobre" construcción con ladrillo. Creo que, más que a cualquier limitación intelectual por su parte, se debió a las restricciones de la época, en la que la abstracción era algo desconocido y el distanciamiento de la realidad únicamente era posible como una forma de expresión.

El arquitecto de la Oficina Europea de Patentes que se encuentra enfrente del Deutsches Museum lo tuvo mucho más fácil, porque por esa época hacía ya mucho tiempo que se había inventado y consolidado el arte abstracto.

Residenz, antigua residencia real (XVI-XIX), Residenzstrasse, Múnich.
Residenz, former royal residence (between the 16th and the 19th century), Residenzstrasse, Munich.

© Michael Heinrich

Ludwig-Maximilian-Universität de Leo von Klenze, Ludwigstrasse, Múnich.
Leo von Klenze's Ludwig-Maximilian-Universität, Ludwigstrasse, Munich.

which only allowed estrangements of reality as a form of expression and where abstract expression was unknown. The architect of the European Patent Office opposite the Deutsches Museum had it much easier as by that time abstract art had long been invented and established. Let us attempt to work in this direction; this is also why I think you introduce it directly.

The means used there to give expression to the inner courtyard are, however, not dissimilar to those used by Von Klenze—the difference being that in our time no material has to be imitated any longer and we therefore have more room for development. I think that what fascinates us both is, among other things, its colourfulness and the few interventions required to create this effect. And, of course, I agree: when overlaying the world of architecture—a reminder of the courtyard of the Residenz—with the world of things—cloths, flags or perhaps a spatial abstract painting, and therefore with the world of Paul Klee's art—a completely new expression is created, because both worlds were successfully merged. But there is something else quite essential about that building that crossed my mind and which I would like to discuss with you: by tilting them slightly the patches of colour are detached from the facade. In this way a second surface is successfully derived from the facade and breaks with the strict facade pattern. Venturing into three dimensionality is a step towards beginning to change the form of this building so as to estrange it to such an extent

Oficina Europea de Patentes, Erhardtstrasse, Múnich.
European Patent Office, Erhardtstrasse, Munich.

© Michael Heinrich

Intentemos proseguir en esta dirección; creo que esta es la razón por la que has hablado de este edificio. Sin embargo, los medios empleados en este caso para conferir expresión al patio interior no son muy distintos de lo que utilizó Von Klenze; la única diferencia es que en nuestra época ya no hay que imitar ningún material, y por ello tenemos más margen de maniobra. Creo que lo que nos fascina a ambos, entre otras cosas, es el colorido y las pocas intervenciones que se necesitan para crear este efecto. Y, desde luego, estoy de acuerdo: cuando al mundo de la arquitectura —un recordatorio del patio de la Residenz— se le superpone el mundo de los objetos —telas, banderas, o quizá una pintura abstracta (es decir, el mundo de Paul Klee)— se crea una expresión completamente nueva, porque ambos mundos se han fundido con éxito. Pero hay algo más, algo esencial, acerca del edificio del que me acordé y que me gustaría discutir contigo: al inclinarlos ligeramente, los parches de color se separan de la fachada. De esta forma se origina de manera satisfactoria una segunda superficie a partir de la fachada que rompe el diseño estricto de esta última. Aventurarse en la tridimensionalidad es un paso hacia la modificación de la forma del edificio, de modo que se distancia hasta tal punto que ya no pertenece sólo al mundo de los edificios, sino también al mundo de las cosas o, de forma más correcta, al mundo de los objetos.

¿Es este el tipo de cambio de dirección al que te referías y que esperas que conduzca a un desarrollo de nuestra arquitectura? ¿Utilizar una pequeña intervención para contagiar a la arquitectura con el mundo de los objetos? ¿Es posible que utilizando los edificios en los que hemos trabajado juntos podamos explicar dónde vemos las líneas divisorias y cómo pueden interseccionarse, algo para lo que sólo se necesita una pequeña cantidad de "contaminación" mutua? ¿Se te ocurre algún ejemplo adecuado que nos permita explicar nuestra posición y nuestra forma de entender el movimiento gradual entre el mundo de los objetos y el mundo de la arquitectura, sin hacer que un edificio parezca exclusivamente un objeto? Bueno, recuerda nuestra primera casa, la casa Wolf. En aquel momento la idea era que tenía que ser una "caja lisa". Por el hecho de utilizar un material nuevo —paneles sándwich de aluminio—, ese objetivo estaba unido a toda una serie de detalles constructivos nuevos, inventados, que debían dominarse para generar una caja de aluminio, quizá debido a que estábamos muy empeñados en "construir una casa como una caja". ¿Estamos realmente dejando atrás de forma coherente esa estrategia para seguir nuestra exigencia de una nueva unidad? ¿Puede servir la casa en Aggstall como un ejemplo mejor del modo como una casa tradicional en el campo puede convertirse en una pieza de arquitectura? Probablemente, en ese caso "contaminamos" la casa de dos formas. Por un lado, contagiamos a la casa con el mundo de la arquitectura (algo que, debido a su tamaño y volumen, parecía que se adaptaba a las costumbres locales), ya que su organización constituye una referencia muy directa a la arquitectura existente. Y por el otro, a este tipo de arquitectura se le superpuso después un dibujo abstracto (mucha gente se refiere a ella como la casa con el jersey de ganchillo, cuando, de hecho, es

that it belongs not only to the world of buildings but also to the world of things—or, more correctly, of objects. Is this the kind of change of direction you mean and that you expect will lead to a development of our architecture? Using a small intervention to infect architecture with the world of objects? Maybe we can explain, by using the buildings we've worked on together, where we see the dividing lines and how they can intersect, for which only a small amount of mutual "contamination" seems sufficient? Can you think of a suitable example close at hand to be able to explain our positions and to show how we understand the gradual movement between both the world of things and the world of architecture without making a building appear exclusively like an object? Well, remember our first house: the Wolf House. The idea in those days was that it should be a "flush box". Using a very new material—aluminium composite panels—this aim was linked to a whole series of newly invented details that had to be mastered in order to generate an aluminium box. Probably because we were so set on "making that house like a box." Are we really and consistently leaving that strategy behind in following our demand for a new unity?

Can the house in Aggstall serve as a better example of how a traditional house in the country can become a piece of architecture? In that instance we probably "contaminated" the house in two ways. On the one hand we infected a house, which in terms of its size and volume seemed to suit the local traditions, with the world of architecture, in that its organisation refers in a very concrete way to existing architecture. And on the other, this type of architecture was then overlaid with an abstract pattern (many people refer to it as the house with the crocheted jumper, when in fact it is more like a knitted jumper) that originated from the idea of wanting to make an irregular surface as geometrical as possible so that this irregularity could be built. And then we also applied a system—the system of knitting a pattern—to a constructional process, thus involving a further estrangement effect. Here there is overlaying in several directions at once: architecture, context, handicraft, art.

Dionys,
You're right; of course, I am too rapid, as so often. That is also because terms sometimes have to be articulated and then, having been said and ticked off—in my case at least—there is room for new thoughts… It's like when we're designing. Don't we always start with the last project and from there launch ourselves from one new idea to the next?
Of course you are right; we should discuss the subject with a bit more patience. Maybe I simply felt uncomfortable with the fact that the whole discussion was only about facades, but that shouldn't be a problem, we can take it from there.
But I would like to try and digress, as a parallel discussion, so to speak.

Sobre arquitectura y contaminación — On architecture and contamination — Andreas Hild, Dionys Ottl

Casas anónimas, contexto de la vivienda unifamiliar en Aggstall.
Anonymous houses, context of the single-family housing in Aggstall.

más como un jersey de punto) que tiene su origen en el deseo de crear una superficie irregular tan geométrica como fuese posible, de manera que se pudiese construir esa irregularidad. Posteriormente también aplicamos un sistema —el sistema de tejer un dibujo— al proceso constructivo, lo que supuso un distanciamiento aún mayor. En este caso, existe una superposición que se da simultáneamente en varias direcciones: arquitectura, contexto, trabajo artesanal y arte.

Dionys:
Tienes razón. Es verdad que voy demasiado rápido, como casi siempre. Lo que pasa es que a veces es necesario articular los términos y después, una vez que se ha hecho y se ha dado el visto bueno —al menos en mi caso—, queda espacio para nuevas ideas… Es como cuando proyectamos. ¿Acaso no empezamos siempre con el último proyecto y a partir de ahí nos movemos de una idea a otra?
Desde luego, tienes razón; deberíamos discutir el tema con más paciencia. Quizá me sentí incómodo con el hecho de que toda la discusión se centrase en las fachadas, pero no tiene que ser necesariamente un problema, podemos partir de ahí.

You said that building houses in architecture means more than just constructing buildings, just as it makes little sense to build buildings that mutate into mere symbolic objects.
This sentence contains two statements: starting with the first statement, you doubt whether houses should look like things or objects. As much as I agree, in my opinion this statement also makes an assumption in saying that houses should look the way houses usually look. The interesting word here is "usually". Houses should look as they "usually" do. Why should they? Maybe because we more or less presume that there should be a kind of continuity in architecture. This thought presupposes that in principle the world has been built and that the text accompanying its construction does not need continuous inventions but just careful amendments. Is the aim here to reach some sort of comprehensibility?
The second statement contains the rejection of the symbolic object. Why do we reject it? (We haven't always done so). I think we reject it because it doesn't want to fit into the "usual" context. Comprehensibility, in this instance, is not a complex system of meanings and their interpretations, but gives up this complexity for the sake of a gesture… The thing/object is not about complex multidimensional comprehensibility (and with it continuity) but about simple recognisability, which works best when detached from the constructional context. If this is all true, then it's quite clear what we're aiming at, yet the question still arises: why not stick to writing with the usual architectural terms.

Sin embargo, me gustaría intentar hacer un inciso, una especie de discusión paralela, por decirlo de algún modo. Dijiste que, en arquitectura, construir casas significa algo más que construir edificios, del mismo modo que carece de sentido construir edificios que se convierten en meros objetos simbólicos.

Esta frase contiene dos afirmaciones. Empezando por la primera, dudas de que las casas tengan que parecer cosas u objetos. A pesar de que estoy de acuerdo, en mi opinión, con esta afirmación también se está asumiendo el hecho de que las casas deberían tener el aspecto que tienen las casas habitualmente. La palabra más interesante aquí es "habitualmente". Las casas deberían tener el aspecto que tienen "habitualmente". ¿Por qué? Quizá porque presumimos, en mayor o menor medida, que debería existir algún tipo de continuidad en la arquitectura. Esta idea presupone que, en principio, el mundo ha sido construido, y que el texto que acompaña a su construcción no necesita invenciones continuas, sino sólo correcciones cuidadosas. ¿Se trata en este caso de alcanzar cierta forma de comprensibilidad?

La segunda afirmación contiene un rechazo hacia el objeto simbólico. ¿Por qué lo rechazamos? (No siempre lo hemos hecho). Creo que lo rechazamos porque no quiere encajar en el contexto "habitual". La comprensibilidad, en este caso, no es un sistema complejo de significados y sus interpretaciones, sino que abandona esa complejidad en favor de un gesto… La cosa/objeto no tiene que ver con una comprensibilidad multidimensional y compleja (y con su continuidad), sino sencillamente con la cualidad de ser reconocible, que funciona mejor cuando se separa del entorno construido. Si todo esto es cierto, está muy claro cuál es nuestro objetivo, aunque sigue planteándose la cuestión de por qué no seguir escribiendo con los medios arquitectónicos habituales. ¿Por qué no se puede, o no podemos, tomar la arquitectura tal y como es? Hemos hecho algunos experimentos, por ejemplo, con Alvar Aalto en nuestro complejo residencial de la Theresienhöhe. ¿Por qué no resulta suficiente el distanciamiento que siempre se da al construir en un contexto distinto? Sospecho que deseamos otorgar al texto un contenido nuevo, al igual que un poema nuevo, que sólo tiene sentido si es capaz de interpretar y trasmitir el contenido de una forma nueva y diferente. Si ahora nos preguntamos cómo se puede crear algo nuevo dentro de un contexto puramente arquitectónico, lo que tenemos es la posibilidad de combinar elementos que forman parte de lo ya conocido y cuya legibilidad es sólo parcial. Necesitamos el distanciamiento de lo conocido para poder ser verdaderamente capaces de abrirlo y hacerlo utilizable; algo que puede compararse a un proceso enzimático. Sin añadir otro ingrediente, lo conocido es inutilizable. Pero no todo sirve como ingrediente… Existen distintas estrategias que podríamos intentar explicar. Creo que el número de posibles procesos/ingredientes es limitado, incluso muy reducido. No todo puede combinarse con todo. Para hacer que esta integración sea posible debería existir algún tipo de relación desde un principio. Hemos dado a este ingrediente enzimático el nombre de "contaminación" para explicar la ruptura con la arquitectura "pura", que a su vez hace que esta adopción sea posible.

Edificio en la Burgstrasse, Múnich. Originalmente destinado a centro de atención social, acoge ahora al departamento de Cultura del Ayuntamiento. **Building on Burgstrasse, Munich.** Orginally intended as a social services centre, it now houses the City Council's culture department.

© Michael Heinrich

Cuando hablamos de significado tenemos que tener en cuenta el hecho de que la arquitectura es un sistema de signos extremadamente complejo, cuyos significados no pueden jamás definirse desde una única perspectiva, ya que siempre precisan de interpretaciones parciales de otros aspectos. Pero vayamos al grano: tu análisis del patio de la Oficina Europea de Patentes me parece perfectamente adecuado, y la cuestión sobre la que estoy reflexionando ahora es lo mucho, o lo poco, que se necesita para "contagiar" una obra de arquitectura sin que el paciente caiga gravemente enfermo. La Oficina Europea de Patentes es un buen ejemplo, e imagino que se podría contaminar un edificio menos interesado en el arte moderno utilizando esta deformación mínima. Creo que el término "relación" es fundamental. Ello no significa, sin embargo, que las cosas que uno reúne sean similares entre sí, sino que se da cuenta de cómo encajan juntas para poder conseguir cierto objetivo. Esta combinación constituye el auténtico acto creativo: unir cosas aparentemente incompatibles para crear algo nuevo, diferente; algo que es más que la suma de sus partes. En este sentido, es evidente que el mundo de los tejidos tiene que ver con los grandes almacenes Beck, pero en lo que se refiere al grado de relación con el mundo de los tejidos, no alcanza el mismo nivel que la interpretación de la retícula de la Oficina Europea de Patentes. No creo que sea una coincidencia el hecho de que, de entre los ejemplos mencionados, prefiera los trabajos de esgrafiado a los que están sencillamente pintados. Podríamos haber utilizado el ejemplo del edificio pintado con la tribuna de la Burgstrasse, un ejemplo excelente del Múnich "precario" de la década de 1950. Creo que la tercera dimensión constituye una parte esencial de la arquitectura, aunque sólo sea porque la luz y la sombra pueden añadir otras cualidades.

Volviendo a la cuestión que planteabas acerca de si podemos explicar la contaminación "mutua" con nuestros propios edificios, cuando intento responderla pienso inmediatamente en Berlín, donde el simple dibujo del edificio, que se aplica sobre la fachada, aumentado y transformado mediante un proceso fotomecánico, se convierte en la ornamentación. Esa es la razón de que el dibujo del edificio (un objeto) conecte profundamente con su arquitectura, y dado que lo que se cuestiona está relacionado también con la arquitectura, la conexión parece casi perfecta. El acto creativo es "ver" esa relación entre el dibujo, la ornamentación y el edificio. A través de esta relación, la fusión parece producirse casi sin esfuerzo. Los objetos se funden y se convierten en algo nuevo. Se puede leer, es "habitual", comprensible y original al mismo tiempo.

Andreas:
En tu última carta he encontrado tres puntos que me gustaría comentar: una vez más mencionas un edificio que nos gusta realmente a ambos; se trata de un edificio del período de reconstrucción de posguerra. Gran parte de lo que se ha dicho ya de la Residenz puede aplicarse a este edificio, aunque en este caso estaba originalmente dedi-

Why can't one, or can't we, just take existing architecture as it is? We did these experiments, for example with Alvar Aalto in our housing development on the Theresienhöhe. Why is estrangement, which always occurs when you build in a different context, not enough? I suspect that we want to give the text new content. Just as a new poem only makes sense if it is able to interpret and transport content in a new and different way. If you now ask yourself how, in a purely architectural world, something new is to be created, all you are left with is the possibility of combining elements of the known that is apparently only partly legible.

We need an estrangement of the known, to really be able to open it up and to make it usable. One could compare this to an enzymatic process. Without adding an ingredient, the known is not usable. Now, not everything serves as an ingredient… There are different strategies, which one could try to explain. I think that the number of possible processes/ingredients is limited, even quite small. Not everything can be combined with everything else. There might have to be some relationship there right from the beginning to make this integration possible. We have called this enzymatic ingredient "contamination", to explain the breaking with "pure" architecture, which in turn makes the adoption of it possible.

When we speak of meaning, we must be aware of the fact that architecture is an extremely complex system of signs, whose meanings can never be denoted single-mindedly but which are always a sectional interpretation of part of an aspect. But let's get to the point here: your analysis of the courtyard of the European Patent Office seems perfectly correct to me, and the question that I am pondering is how much, or rather how little, is needed to "infect" a piece of architecture without the patient falling seriously ill? The European Patent Office is a good example and I imagine that it might be possible to contaminate a building that is less interested in modern art by using this minimal deformation. I believe that the term "relationship" is quite central. It doesn't mean, though, that the things one brings together are similar to one another but rather that you see how they fit together in order to reach a certain goal. This combination is the real creative act: bringing together seemingly incompatible things to create something new, different, something which is more than the sum of its parts. In that respect, of course the world of drapery has to do with the Beck department store, but as regards the degree of relationship it does not reach the same level as the interpretation of the already existing grid at the Europen Patent Office. I do not think it is a coincidence that, from the examples mentioned, I prefer *sgraffito* works to the simply painted-on ones. We could have used the example of the painted building with the bay window in Burgstrasse, a fine example of the "meagre" 1950s in Munich. I believe the third dimension to be an essential part of architecture, even if only because light and shade can then add another dimension.

To come back to your question as to whether we can explain the mutual "contamination" with our own buildings. If I try and do this, I think straightaway of Berlin, where the simple drawing of the building becomes an ornament.

cado a servicios sociales. Seguramente lo que nos gusta de esta fachada es la vida que se ha inducido por medio de las columnas pintadas y las figuras ovales frente a las que se han colocado las líneas completamente limpias, como si de dibujos de tinta se tratase. ¿Es esto lo que te ha hecho pensar en el proyecto de Berlín? En segundo lugar está nuestra actitud respecto a la esperanza de encontrar algo nuevo. Tú has excluido de forma categórica la posibilidad de innovación en el mundo de la arquitectura. En tercer lugar, el hecho de restringir la novedad del proyecto de Berlín a su componente visual.

El proyecto de Berlín posee varios niveles —como suele suceder en arquitectura—, y esto puede aplicarse también a su originalidad. El nivel ornamental puede descubrirse por partida doble: en la propia ejecución del dibujo del ornamento del artista que nos serviría de modelo, y en el hecho de que el propio dibujo —además de la importancia que tiene al representar un edificio— se convirtió en el tema central a través de su abstracción gráfica. Este dibujo aplicado permite que el edificio original, del que nosotros nos distanciamos a través de la propia aplicación, siga existiendo como edificio, y también reúne, en otro nivel, un objeto (dibujo) y un edificio (arquitectura). Por lo tanto, creo que la estrategia que hemos utilizado en este proyecto no es tanto una medida ornamental, sino, sobre todo, arquitectónica: por un lado, en lo que se refiere a la técnica innovadora mediante la que pudo implementarse la idea, y por el otro, por el hecho de que utilizásemos una obra de arquitectura dibujada. Preferiría considerar a nuestro método como arquitectura figurativa; quizá el término ornamental pueda aplicarse sólo de forma incidental, especialmente porque me encuentro en un punto en el que ya no deseo continuar la discusión sobre la ornamentación que nos plantean actualmente desde las revistas especializadas. La arquitectura sobre la que se debate, con sus fachadas que parecen papel pintado, no me interesa lo suficiente. Incluso sus cualidades escultóricas, que de hecho son un punto muy significativo en el trabajo ornamental, son ignoradas completamente. Por lo tanto, me gustaría evitar este término —al menos en nuestras conversaciones— en favor del término "figurativo", que probablemente representa otra serie de aspectos que constituyen los temas de nuestra discusión.

Creo que el término figurativo es más fácil de entender cuando hablamos de lo "habitual" y de lo "familiar". Doy por sentado que el hecho de que no temamos a lo "figurativo" es también la razón de que seamos capaces de aceptar la arquitectura tal y como es. Hemos comprendido que podemos (e incluso queremos) recurrir a un gran número de edificios existentes, mientras que nos da la impresión de que muchos de nuestros colegas sencillamente se centran en cierta parte de la arquitectura y se mantienen en ella. En ello va implícito también el concepto de usar y desarrollar de la A a la Z un alfabeto arquitectónico y las posibilidades de la arquitectura. Y con ello no nos estamos refiriendo sólo a la arquitectura que ha alcanzado un lugar importante en la historia, sino a la arquitectura de la realidad construida, del uso cotidiano.

A thing is applied to the facade, enlarged and changed by means of a photomechanical process. Hereby the drawing of the building (a thing) connects intimately with its architecture—and as the thing in question is also about architecture, the connection seems nearly ideal. The creative act is the "seeing" of this relationship between the drawing, an ornament and the building. Through this relationship, the merging seems to succeed almost without effort. The things melt into one another and become something new. It was read, it was "usual" and comprehensible and original at the same time.

Andreas,
I found three points to relate to in your last letter: once again you mention a building both of us really like and once again it is a building from the postwar reconstruction period. Much the same applies to this building as has already been said about the Residenz—although in this case it was originally given over to social services. Most likely, we love the way that the lines on the facade are what give life to it—is this why you think of the Berlin project? Then, secondly, there is our attitude towards expecting to find something new. You have just categorically excluded the possibility of innovation in the architectural world. Thirdly, the restricting of the novelty of the Berlin project to its visual component.

The Berlin project has various levels—as is generally the case in architecture—and this also applies to its novelty. The ornamental level alone can be discovered twice over: the artist's ornamental execution of the drawing which was to serve as our model and secondly that the drawing in itself—besides its importance in representing a building—became a central theme as an abstract graphic. It still allows the original building that we estranged with it to remain a building, then, and yet it brings together on another level a thing (a drawing) and a building (an architecture). Therefore I see the strategy we've used on this project as less an ornamental measure but above all an architectural one: on the one hand as regards the technically innovative way in which the idea could be implemented in the first place, and on the other because of the fact that we used a depicted piece of architecture.

I would prefer to consider our method as figurative architecture; the term ornament is only incidentally applicable, perhaps, especially as I am at a point where I no longer wish to continue the ornament discussion that people are coming to us with at the current level of specialist journals. With its wallpaper-like facades, the architecture discussed there doesn't interest me sufficiently. Even its sculptural qualities, which are in fact a very significant point in ornamental work, are here completely ignored. I would therefore like to drop this term more often—in our conversations at least—in favour of the term "representational", which can probably stand for a number of other things that are the subjects of our discussion.

Quizá nos ayude esta estrategia de superponer otra cosa a lo existente para luego llevarlo en una nueva dirección —"contaminación" es la expresión que hemos acuñado—. Ambos sabemos lo difícil que es, ¿no es cierto? A veces da la impresión de que para ti son suficientes el uso, la combinación y el distanciamiento de lo conocido y lo existente, que no consideras necesarias más innovaciones (quizá porque te gusta interpretar la innovación o el hallazgo de algo nuevo en el aspecto formal antes que en el técnico). Sin embargo, nos aventuramos en consideraciones técnicas. Pero tienes razón, afortunadamente, no siempre dependemos de las innovaciones en los materiales y las técnicas, aunque de vez en cuando hagan falta, y, al menos yo, me divierta mucho utilizándolas en nuestro trabajo. Necesitamos esos materiales nuevos para nuestra casa Wolf o para la casa Bonnin, e incluso se convirtieron en catalizadores de nuestros proyectos con acero. Pero hemos llegado a un punto en el que ya no dependemos sólo de ellos para conseguir expresarnos.

Me gustaría debatir contigo el tema de las innovaciones en arquitectura. ¿Podemos realmente excluir de forma tan categórica la posibilidad de que también existan innovaciones en la arquitectura? Creo que se dan en la ingeniería, y permiten construir edificios que hasta ahora "sólo" existían en el ámbito de la arquitectura imaginada. En lo que se refiere a la "arquitectura innovadora", siempre se puede argumentar que un edificio se parece siempre a otro que se ha construido antes, y que lo que de verdad criticamos es que después de años de arquitectura políticamente correcta, que se ceñía únicamente a los manuales de la modernidad, lo "retro" se haya convertido actualmente en algo presentable. Hermann Finsterlin se sorprendería de lo que puede construirse ahora a partir de su arquitectura, y que se califica como "deconstrucción" u "objetos amorfos".

Dionys:
No debería desanimarte mi enfoque totalizador. Las muchas conferencias que he dado y la continua modificación de mis ideas han provocado una especie de resumen estructurado en mi cabeza que puedo poner sobre el papel rápidamente, aunque al mismo tiempo corre el riesgo de convertirse en algo demasiado esquemático e incapaz de adaptarse con rapidez a otras ideas. Por eso me gustan tus comentarios, porque me muestran que es posible intercambiar ideas a lo largo de un período prolongado de tiempo sin tener que hablar constantemente entre nosotros. Y en segundo lugar, porque un punto de vista similar, pero no idéntico, también revela otros aspectos, especialmente en la propia versión de las cosas.

En tu última carta había dos puntos que me parecieron especialmente interesantes. Por un lado, por supuesto, el tema de la innovación y la invención, pero examinemos primero la diferencia entre innovación formal e innovación técnica. Creo que no es demasiado correcta tu asunción de que no me interesan las innovaciones técnicas, ¡hemos

I think that the term representational makes it easier to understand when we talk about "usual" and "familiar". I take it that our lack of fear of the "representational" is also the reason why we are able to take architecture as it is. We've now got it straight that we can (and even want to) resort to a large array of existing buildings, while we have the impression that a lot of our colleagues just focus on a certain section of architecture and stay there. The explanation of the term of using and developing an architectural alphabet and the possibilities of architecture from A to Z is also contained here. And here we don't mean just the architecture that has been given an important position in the history of architecture but the architecture of built reality, of everyday use.

This strategy of overlaying the existing with something else and thus pushing it in a new direction—"contamination" is the expression we've coined—probably helps us.

How difficult this is, we both know, don't we? You sometimes give the impression that the usage, combination and estrangement of the known and existing are enough. That no more inventions are necessary—maybe it's because you like seeing innovation or the finding of something new in the formal more than in the technical area. Yet sometimes we do go out on a limb in technical planning. But, you're right—luckily we're not always dependent on innovations in materials and techniques, although they are necessary from time to time, and I at least have great fun using them in our work. We required these new materials for our Wolf House or the Bonnin House—and they even became catalysts for our steel projects. But by now we've arrived at a point where we're no longer absolutely dependent on them to derive an expression from the built substance.

I would like to touch on the topic of innovations in architecture with you—can we really exclude so categorically the possibility that there are innovations in architecture, too? There are in engineering technology, I think, and they allow buildings to be erected that so far "only" existed in the area of depicted architecture. As regards the term "innovative architecture", you can always argue that a building always resembles something previously built and what we're actually criticising is that after years of politically correct architecture which stuck exclusively to the textbooks of modernity, retro has now become presentable. Hermann Finsterlin would be amazed by what can now be built as "deconstructionism" and "blobs" from his architecture.

Dionys,
You shouldn't be disheartened by my totalising approach. Due to the countless talks I've given and the continuous modification of my thoughts I have a sort of structured summary in my head, which can be put down on paper quickly, but which at the same time runs the risk of becoming a bit too schematic and no longer quickly adaptable to other thoughts.

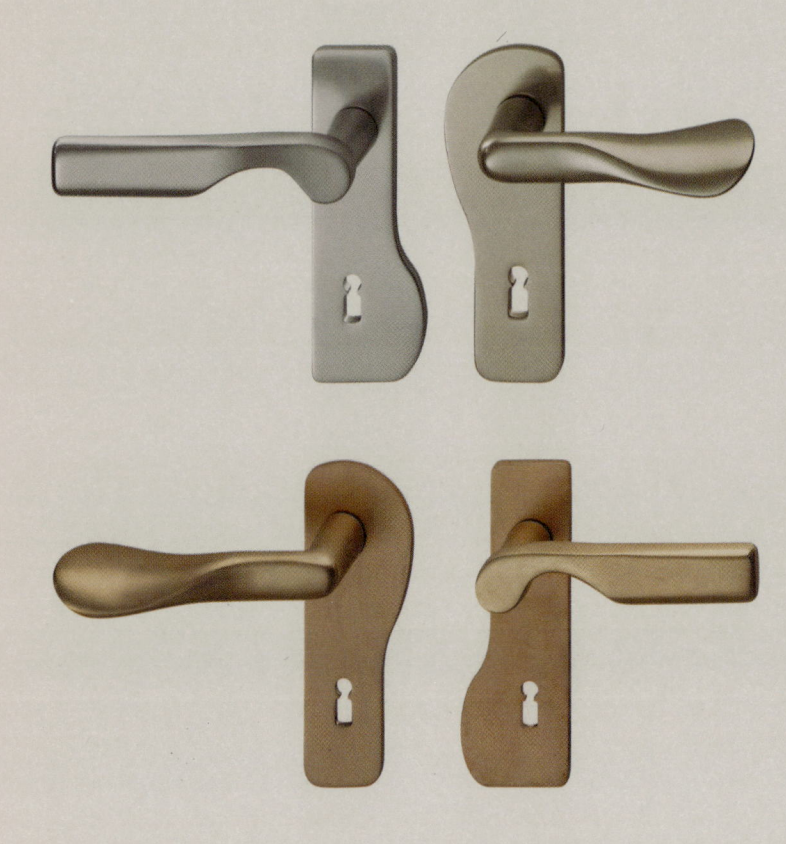

Manillas de puertas (modelos 1012.5 y 1019.5) diseñadas en 2006 por HildundK para FSB, a partir de sus modelos favoritos 1012 y 1020.
Door handles (models 1012.5 and 1019.5) designed in 2006 by HildundK for FSB, based on models 1012 and 1020, their favourites.

llevado a cabo demasiadas invenciones técnicas para que eso sea cierto! Más bien se trata de que lo que queda de una innovación, más allá de las discusiones técnicas, es su expresión, que en última instancia se genera a partir de la forma visible. Siempre me interesa esa expresión; la tecnología la hace posible. Creo que una expresión que únicamente refleja la tecnología que hay detrás de la innovación (que desde luego existe) carece de interés por completo.

En cuanto al otro tema que planteaste, acerca de cómo funcionan las cosas con las innovaciones… De hecho, se trata de un problema muy importante. En este caso uno debería pararse y pensar: ¿qué es una innovación? En primer lugar, y para delimitar: evidentemente tienes razón cuando dices que en el campo de la ingeniería existen, o parecen existir, auténticas innovaciones. Depende de cómo definas la innovación. Pero no quiero admitir que los ingenieros realizan verdaderas innovaciones, porque eso significaría que la expresión viene de aquello que ha sido inventado, y que esa expresión posee una legitimidad mayor. Nadie va a conseguir que admita eso… No quiero seguir con esta discusión ideológica moderna. Prefiero jugar con el término innovación un poco más.

Creo que ambos estamos de acuerdo en que la arquitectura está formada por una combinación de signos arquitectónicos que cambia constantemente, de forma similar a la escritura o, todavía mejor, a un texto. La cuestión que se plantea es si cada combinación constituye una innovación en el sentido positivo de la palabra.

Probablemente no, porque entonces —sigamos con esta analogía— cualquier combinación de palabras constituiría un texto nuevo. La cuestión, por lo tanto, es el contenido de la combinación mediante la cual debe crearse algo hasta ese momento desconocido y a lo que pueda dársele el nombre de innovación de forma justificada. He dicho de forma deliberada 'algo desconocido', y no algo

So, I enjoy your comments because they show me that it is possible to exchange ideas over a longer period of time without having to constantly speak to one another, and secondly because a similar but not identical viewpoint also discloses additional aspects, particularly in one's own version of things.

There are two points in your last letter that I find particularly interesting. On the one hand the theme of innovation and invention, of course, but first let's look at the difference between technical and formal innovation: your assumption that I am not interested in technical innovations is, I think, not quite correct—we've made too many technical inventions for that to be true! It is more the case that what remains of an invention beyond technical discussions of it is its expression, which is ultimately generated from the visible form. I am always interested in this expression; technology makes it possible. An expression that solely reflects the technology behind its invention (which does of course exist) I find completely uninteresting.

But to the other question you raised: about how the thing with new inventions works… This is in fact a major problem. Here one would have to stop and think, what is an invention? Firstly to delimit: you are right, of course, when you say that in the field of engineering there are, or seem to be, real inventions. It depends on how you define invention. Yet I do not want to admit that engineers make real inventions, as that would mean that the expression comes from that which has been invented and the expression thus created has a higher legitimacy. No one's going to get me to admit this… I don't want to continue this modern ideological discussion any more. I'd rather play around with the term invention a little bit.

I think we both agree that architecture essentially consists of a constantly changing combination of architectural signs, similar to writ-

'nuevo'; en la práctica, se trata casi de lo mismo. Qué tipo de combinación es, qué cantidad de innovación técnica es necesaria, y dónde reside exactamente la innovación son, en conjunto, los elementos que permiten clasificar y categorizar la innovación… Y es ahí donde entra en escena el maravilloso término "figurativo" que sencillamente describe una posible categoría de invención o innovación. (Actualmente, la que preferimos).

Andreas:
Creo que es muy interesante el punto al que nos ha llevado nuestra discusión. Releyéndola detenidamente, me doy cuenta de que intento una y otra vez construir toda la argumentación de una forma didáctica; también porque quiero estar seguro de que comprendo correctamente tus argumentos. No siempre es fácil percibir los saltos mentales para poder seguirlos. El punto al que nos han llevado nuestras reflexiones sobre la superposición y el distanciamiento puede comprobarse en las fotografías de las muestras de las manetas que hemos diseñado para FSB. En ellas ha sido exclusivamente la selección y la superposición de dos objetos existentes la que ha conducido a la generación de otros dos picaportes completamente distintos —creo que en nuestros proyectos arquitectónicos tampoco hemos estado nunca tan cerca del laboratorio experimental—, que crean especies completamente nuevas a partir del material genético existente. Pero quizá esté siendo otra vez demasiado didáctico.
Creo, sin embargo, que ha quedado claro cómo debe ser el "proceso de contaminación" que presentamos en nuestra discusión. Como deseamos agotar todo el abanico de posibilidades, hay que tener cuidado —como tu sugerías— con el dónde del que se obtienen los "contenidos" para este proceso, especialmente porque no parecemos reconocer ninguna categoría fija, y no estamos dispuestos a tener que restringirnos en nuestro trabajo a ciertos sectores de la genealogía arquitectónica. Al contrario, es precisamente en los nichos más oscuros donde acostumbramos a encontrar algo a partir de lo que podemos crear contextos nuevos, o mejor dicho, distintos. Aunque llevamos bastante tiempo investigando en este campo del distanciamiento, la distorsión, la relación y el contexto, siento verdadera expectación ante nuestro actual enfoque de lo figurativo.

ing or, better still, to a text. The question arises here as to whether each combination is an invention in the positive sense of the word? Probably not, because then—let's stay with this analogy—any stringing together of words would be a new text. The issue, therefore, is the content of the combination, whereby something hitherto unknown must be created with this combination to justifiably call it an invention. I deliberately say something unknown and not new; in practice it is much the same. The sort of combination it is, the amount of technical innovation that is necessary, and where exactly the invention lies, are, taken together, what makes the invention classifiable, and allows you to categorise it… And this is where the wonderful term "representational" comes in, which simply describes a possible category of invention or innovation. (At present, the one we prefer).

Andreas,
I think it's really interesting where our discussion has brought us. Reading through it I notice that I repeatedly attempt to build up the whole thing in a didactic way—also to be sure that I correctly understand your arguments. It isn't always easy to capture the mental leaps so that we can be followed. Where our considerations on overlaying and estrangement have led to can be seen in the new photographs of the door handle samples we have designed for FSB. There, it is exclusively the selection and overlaying of two existing things that has already led to the generation of the next two completely different door handles—I think that in our architecture projects as well we were never closer to the experimental laboratory—creating a totally new species with existing genetic material. But perhaps I'm becoming too didactic again.
I think, though, that it has become clear how the "contamination process" which we present in our discussion is meant to be. As we wish to exhaust the entire range of possibilities, care must be taken here, as you suggest, about where one obtains one's "contents" for this process, especially as we don't seem to know any fixed categories and are unwilling to allow ourselves to be restricted to certain sectors of the architectural genealogy in the respective work. On the contrary, it is precisely in the rather obscure niches that we often find something from which to derive new—or rather, different—contexts. Although we've been researching for quite a while in this field of estrangement, distortion, relationship and context, I look forward with great interest to our present approach to the representational.

Próximo número
Forthcoming issue
Kazuhiro Kojima

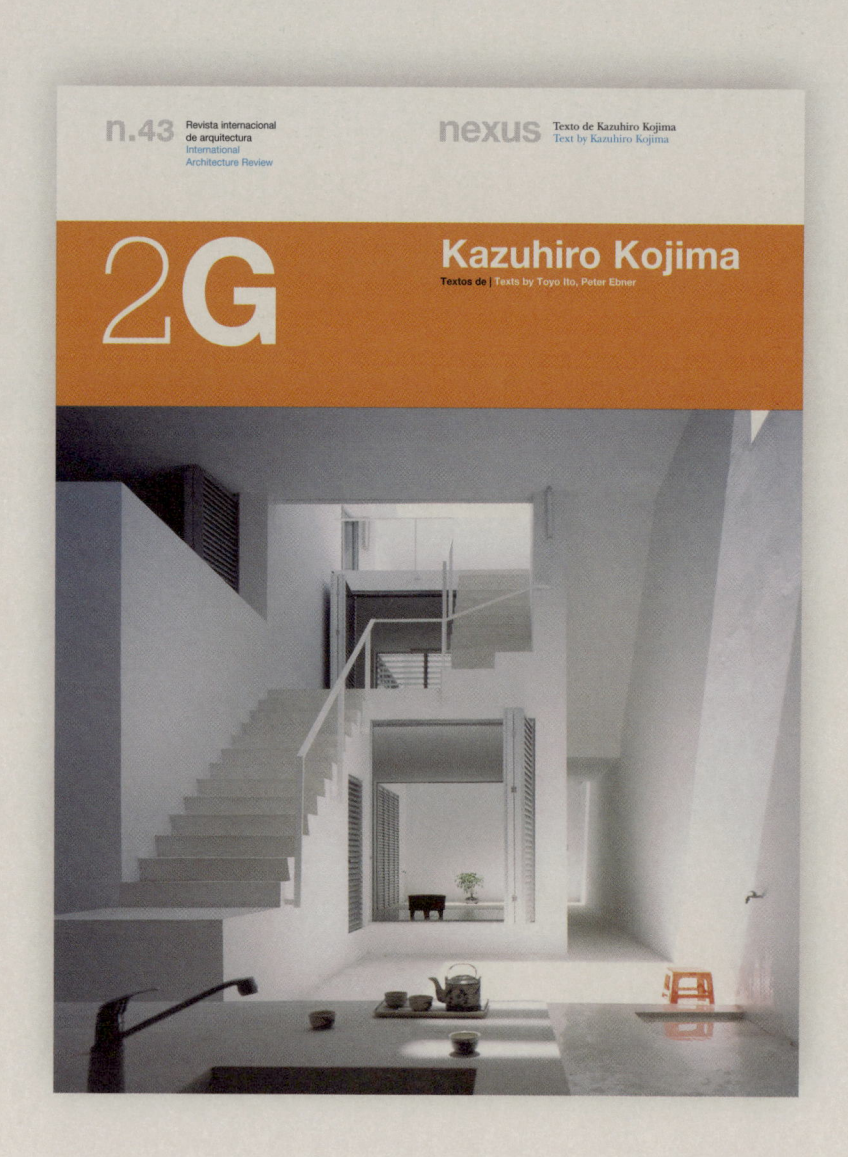

Introducción Introduction **Toyo Ito, Peter Ebner** | Viviendas Space Block Space Block housing, Hanoi | Centro de Investigación Científica y Tecnológica, Universidad de Tokio, Tokio Research Centre for Advanced Science and Technology, University of Tokyo, Tokyo | Universidad de Arquitectura, Ciudad Ho Chi Minh University of Architecture, Ho Chi Minh City | Viviendas Space Block Nozawa, Tokio Nozawa Space Block housing, Tokyo | Universidad de Bellas Artes y Ciencias Liberal Arts & Science College, Doha | Casa Himuro Himuro House, Osaka | Instituto de educación secundaria Hakuo Hakuo High School, Miyagi | Escuela primaria Primary School, Mihama | Escuela primaria y secundaria Primary and secondary School, Ota | Murayama, Tokio Murayama, Tokyo | Universidad de Asia Central, Naryn, República Kirguisa University of Central Asia, Naryn, Kyrgyz Republic | Viviendas SOHO, Pekín SOHO Housing, Beijing | Casa Jet Jet House, Fujisawa | Viviendas Space Block Space Block housing, Tainan | Viviendas Housing, Tianjin | Viviendas Space Block Kamishinjo Kamishinjo Space Block housing, Osaka | nexus Texto de Text by **Kazuhiro Kojima**